幼兒園

美感教育

黃文樹 編著

目次
CONTENTS

各篇作者簡介

作者	最高學歷	任教學校／單位／職稱	論文題目
黃文樹	國立高雄師範大學教育學博士	樹德科技大學通識教育學院教授	西洋幼教史中幼兒美術教育觀的演進──以幼教思想家的觀念為中心之探討
黃宇立	國立嘉義大學視覺藝術研究所碩士	國立嘉義大學視覺藝術系兼任助理教授	藝術教育之另類思考
張繼文	國立臺灣師範大學美術研究所藝術碩士／英國莎爾芙特大學藝術史學博士候選人	國立屏東教育大學視覺藝術系副教授	從當代視覺文化現象探討幼兒園美感教育
張鈺珮	國立高雄師範大學教育學博士	輔英科技大學幼兒保育系助理教授	新課綱後的嬰幼兒美感教育
林秀慧	國立嘉義大學教育學博士	輔英科技大學幼兒保育系助理教授	
邱憶惠	國立高雄師範大學教育學博士	臺南應用科技大學師資培育中心副教授	幼兒園美感教育的藝術實踐：以音樂教學為例
林琬淇	國立高雄師範大學教育學博士	正修科技大學幼兒保育系助理教授	運用PAAR課程模式進行幼兒園美感教育之教學實驗方案
黃娟娟	國立嘉義大學教育學博士	臺灣首府大學幼兒教育系兼任助理教授	小小新鮮人的「美感」悠遊行──新課綱美感領域之課程實踐
林伊瑋	國立嘉義大學幼兒教育研究所碩士	國立嘉義大學附小附幼教師	
吳昱玲	國立臺北教育大學幼教所碩士	嘉義市立光榮國小附幼教師	
洪珠淑	樹德科技大學兒童與家庭服務研究所碩士班研究生	屏東縣里港鄉三和國小教師	剛柔並濟的賞味：性別教育繪本圖像之內容分析──以「紅公雞」和「海馬先生」為例
郭洪國雄	國立彰化師範大學輔導學博士	樹德科技大學人類性學研究所助理教授	
史綺君	國立屏東教育大學幼兒教育系學士	高雄市私立怡青幼兒園園長	幼兒園美感教育實務教學經驗分享：繪本狂想曲
蔡惠容	國立屏東教育大學視覺藝術研究所碩士	高雄市立鎮昌國小附幼教師	美感藝術課程在幼兒園的運用──以「海洋首都」主題課程為例
黃莉莉	樹德科技大學兒童與家庭服務研究所碩士	高雄市私立蒲公英藝術幼兒園園長	美感教育與課程的另一種樣貌──以蒲公英藝術幼兒園為例
連郁芸	樹德科技大學師培生	樹德科技大學師培生	幼兒美感教育研討心得

主編序：幼兒園美感教育
學術研討會之緣起與特色

黃文樹

樹德科技大學通識教育學院教授

壹、楔子

本書是由筆者主持的「幼兒園美感教育學術研討會計畫」全部發表的論文之彙編，該計畫係教育部102年度補助師資培育之大學辦理學術研討會計畫之一。此一計畫經費大部分由教育部補助，少部分屬本校（樹德科技大學）預算，於此謹向教育部與校方致上敬謝之意。

本計畫經一番邀稿與公開徵文，獲得許多學者、專家、園長、教師、研究生的參與和支持，再歷經論文質量評估程序，揀擇出十一篇佳構，並按原訂計畫於2013年10月25日（週五）假本校圖資大樓LB103國際會議廳隆重舉行。此外，為了強化學術研討之意義與成效，本計畫特別安排學者專家分別擔任議程各場次之主持人及評論人，同時規劃多向溝通之時間，讓與會者充分交換意見，進行思想交流。

報名參加研討會活動者有60人之多，有來自南部各大學幼教系所、教育系所及師資培育中心之教授；有來自南部各縣市立小學、公私立幼兒園之校長、園長、教師；有本校兒童與家庭研究所研究生以及修習幼稚園教師教育學程之師資生等，構成一幅學

者、學校主管、教師、研究生、師培生共聚一堂互相研討幼兒園
美感教育議題之精彩畫面。

貳、緣起

衡諸中外教育史，可知美感教育向來是教育工作的重要環
節。美感經驗攸關生命品質之提昇，而生命品質又是教育關切
的焦點，顯見美感陶冶應在教育過程中享有舉足輕重之地位與
價值。

民國76年1月23日政府修正公布的「幼稚園課程標準」，以
及民國101年8月30日生效的「幼兒園教保活動課程暫行大綱」，
莫不將美術與勞作（合為「工作」）及音樂等美感教育領域課程
列為主要內容。「幼稚園課程標準」分列「音樂」與「工作」，
佔六大領域（其餘為健康、遊戲、語文、常識）的二大項，美感
教育佔全部幼稚教育課程內涵的三分之一。「幼兒園教保活動課
程暫行大綱」，雖將過去的「音樂」與「工作」併為「美感」一
領域，是六大課程領域（其餘為身體動作與健康、認知、語文、
社會、情緒）之一，但在幼兒園教育「總目標」明訂第六項「拓
展幼兒美感經驗」，此為「幼稚園課程標準」所無。可以說，新
的幼兒園課程暫行大綱對美感教育的重視相較於過去並未減弱。

「美感」指的是由個體內心深處主動建構的一種感知美好事
物的體驗。這種「感知美」的能力，一般是透過個人敏銳的感官
經驗對外在訊息的解讀，以及經由豐富的想像力，所引發出內在
心靈的感動和歡欣愉悅的感受。誠如「幼兒園教保活動課程暫行
大綱」所指出的，這種能主動感知事物的美及豐富愉悅的美感經
驗，將會激發幼兒以正向的情意回應其向外的探索，並且產生與

生活周遭環境相連結的情感，進而形成對生活環境的關懷及社會文化的認同。美感教育的功能確實鉅大，值得從事幼教研究與教學工作者賦予必要的研究發展。

在教育部、地方教育局（處）、大學幼教師資培育單位、幼兒教育機構等之通力配合與合作之下，我國幼兒園美感教育成效日益提高，值得欣慰。但不可否認的，幼兒園美感教育尚有待檢討和改進的空間。諸如，幼兒園美感教育的本質何在？其教育目標與課程和教學如何有機連結？美感能力的激發，在幼兒園教育中究竟如何有效的促成？欲達致美感教育的理想，幼兒園的設施、設備、教材與教具等宜如何規畫、設計、配備？第一線教師之教學活動設計與教學方法應作何種因應和調整？至於教學評量又怎樣實施為佳？等等課題，都需要大家進一步思考和改善。

職是之故，本計畫辦理以幼兒園教師為主（教育實習輔導教師優先）、幼教師資生為輔的幼兒園美感教育學術研討會，邀請這方面之學者發表研究論文，以及公開徵稿，同時安排幼兒園美感教育典範教師經驗分享，以加強幼兒園現職教師及幼教師資生在幼兒園美感教育工作之專業知能，增進其當前及未來之美感教育成效。本書即此一計畫之成果展現。

參、結語

近年來有關教育領域之學術研究，緣於教育行政部門之經費支持與政策引導，教育學術單位之熱烈投入，教育研究人員之積極參與等，呈現蓬勃發展之趨勢。但針對幼兒園美感教育之學術研究，則仍相當罕見。本書盼能起到拋磚引玉之效，期以激發更廣化、深化的探討和對話。當然，本書的論文內容，不可能十全

十美，諒必存在商榷之處，尚待各篇作者進一步修正、補強，歡
迎大家不吝指教。

西洋幼教史中幼兒美術教育觀的演進
——以幼教思想家的理念為中心之探討

黃文樹

樹德科技大學通識教育學院教授

摘要

　　本文主要採取文本分析法，輔以歷史研究法，依時序條理西洋幼教史中幼兒美術教育觀的演進，而以幼教思想家的理念為中心探討之。史前時代，幼兒美術教育是原始人生活教育的一部分，無專業性可言。進入古典時期，幼兒美術教育侷限於手工藝業者的初級性箕裘及學徒傳習。到了中世紀，流行預成論，兒童並未受到重視，幼兒美術教育乏善可陳。至文藝復興時期，兒童觀已進步，藝術工作者地位已提高，美術教育漸受關注，惟幼兒美術教育觀的史料依然罕見。邁入啟蒙時期後，康米紐斯、洛克、盧梭、裴斯塔洛齊等幼教思想家，先後提出關於幼兒美術教育之卓識，逐漸引起社會正視幼兒美術教育之功能與價值。時序跨進十九世紀至二十世紀前半期，兒童本位教育思潮興發，福祿貝爾、佛洛伊德、杜威、蒙特梭利諸賢在幼兒美術教育上各有慧眼，對幼兒美術教育之發展別有貢獻。二十世紀後半期，戰後的幼兒美術教育，由里德和羅文菲領軍，創造性自由表現的觀點，引導風潮，雖然中間有若干挑戰，但追求創造力培養與尊重幼童自我表現的理念迄今還是主流。要言之，西洋幼教史中的幼兒美

術教育觀的演進，與各時代社會的兒童觀及藝術觀是相應的，大致是一條由無到有，由漠視到重視，由哲學思考到心理學研究，由成人中心到兒童本位，由提供樣式到自發性自由表現，由關注手眼感官能力之發展到關注想像力及創造力之開發等趨勢向前進步。

關鍵詞：西洋幼教史、幼兒、美術教育觀、幼兒繪畫、幼教思
　　　　想家

壹、前言

　　「西洋」按普通的理解，是對歐美各國的泛稱。而「幼教史」乃是針對「幼兒」進行教育的歷史。「幼兒」，一般指幼小的兒童。依《辭海》的定義，幼兒係指「一足歲到六、七歲的小兒」（辭海編纂委員會，1990：1342）。至於「美術教育」，即指「造形藝術」（Plastic Art）或「視覺藝術」（Visual Art）的教育而言（王秀雄，1990：114）。本文所謂幼兒美術教育觀，指對於幼兒所施美術教育的觀點。

　　衡諸西洋幼兒教育史，在古代，幼兒美術教育，一直是處於被忽略的情境之中。直到十七世紀左右，人類社會因對兒童觀有了改變，幼兒美術教育才隨之逐漸受到注意。其後由於兒童本位主義的幼教思想家之提倡，以及關於兒童研究，特別是二十世紀以降兒童心理研究和繪畫發展研究的進展，加上現代繪畫新思潮流衍的助力，當代幼兒美術及其教育日益受到關注與重視。學界對於外國幼兒教育史、西洋藝術教育史，以及幼兒繪畫等議題的

研究論著，已有相當可觀的成果[1]。惟針對西洋幼教史中關於幼兒美術教育觀的演進之專題研究，極為罕見，尤其是對於向為主導幼教觀念與做法的西方重要的幼教思想家到底如何檢視幼兒美術教育，亦即他們在幼兒美術教育的立場與理念何在之研究，迄今尚付諸闕如。職是之故，本文擬參考既有的研究成果，主要採取文本分析法，輔以歷史研究法，依時序條理西洋幼教史中幼兒美術教育觀的演進——以幼教思想家的理念為中心之探討，冀能呈顯其發展脈絡。

---

[1] 這方面的研究，犖犖大者至少有下列諸作：江森（Horst Woldemar Jason）著，唐文娉譯：《美術之旅——人類美術發展史》（臺北：好時年出版社，1983年）；中央教科所比較教育研究室：《世界學前教育研究》（貴陽：貴州人民出版社，1989年）；世界教育史研究會編，梁忠義譯：《世界幼兒教育史》（長春：吉林人民出版社，1986年）；楊漢麟、周采：《外國幼兒教育史》（南寧：廣西教育出版社，1998年）；艾夫蘭（Arthur Efland）著，邢莉、常寧生譯：《西方藝術教育史》（成都：四川人民出版社，2000年）；王秀雄：《美術與教育》（臺北：臺北市立美術館，1990年）；羅文菲（Viktor Lowenfeld）著，王德育譯：《創造與心智的成長——透過藝術談兒童教育》（臺北：文泉出版社，1991年）；里德（Herbert Read）著，呂廷和譯：《透過藝術的教育》（臺北：藝術家出版社，2007年）；艾斯納（Elliot W. Eisner）著，郭禎祥譯：《藝術視覺的教育》（臺北：文景出版社，2002年）；黃壬來：《幼兒造形藝術教學》（臺北：五南圖書公司，2000年）；拉斯培（Rebecca T. lsbell）、雷尼斯（Shirley C. Raines）著，黃秋玉等譯：《幼兒創造力與藝術》（臺北：湯姆生出版社出版，洪葉文化公司發行，2004年）；馬蒂烏思（John Mattews）著，賴昭文譯：《線畫和繪畫：兒童與視覺再現》（臺北：心理出版社，2010年）；格羅姆（Claire Golomb）著，石孟磊、俞濤、鄒丹譯：《心理學家看兒童藝術》（北京：世界圖書出版公司，2011年）；瑪考爾蒂（Cathy A. Malchiodi）著，李甦、李曉慶譯：《兒童繪畫與心理治療——解讀兒童畫》（北京：中國輕工業出版社，2005年）；克勞迪（Evi Crotti）著，崔銀輝譯：《塗鴉：寶寶說給世界的話》（海口：南方出版社，2012年）等。

貳、史前時期

　　有文字歷史以前的原始遠古人的時代，謂之史前時期。遠古
人生活相當簡單，鑿穴而居，鑽木取火，採石為器，以狩獵、捕
魚、採集維生。對於史前美術之概況，黃冬富指出：

> 大約在一萬年前的新石器時代初期，人類在打造各種石製
> 工具時，在實用機能考量之外，也逐漸為了兼顧形式美而
> 加以琢磨或刻劃紋飾，已然算得上是早期藝術品製作之雛
> 型了（黃冬富，2003：11-12）。

認為一萬年前新石器時代的人類，除了生活實用的石器製作，已
有美術意味作品的製作。

　　美國學者江森（Horst Woldemar Jason）在《美術之旅——人
類美術發展史》一書，認為原始人的藝術應溯源到二萬多年舊石
器時代晚期。那時，歐洲的人類住在山洞裏，或以突出的巖石為
屏障，以捕獵馴鹿和其他食草類動物維生。他說：

> 我們現在已發現許多先民居住的洞穴遺址。……舊石器時
> 代最傑出的作品是畫在山洞岩壁上的動物圖像，例如法
> 國南部杜多根地區的拉斯考山洞壁畫，野牛、鹿、馬匹
> 以生動奔放之姿，躍然呈現山壁、洞頂，有些只用黑色
> 線條勾描出輪廓，另外一些彩度鮮艷的泥土和水著色，這
> 些畫全部生氣淋漓，洋溢著不可思議的生命力。讓人印象
> 深刻的是西班牙北部阿塔密拉山洞，洞頂的壁畫「受傷的

野牛」。垂死的野牛，雖已奄奄一息，但頭部還深具警戒
地朝下，作出自衛的動作。我們驚嘆的，不只是畫家敏銳
的觀察力，還會為雄渾有力的線條，富有層次肌理變化和
控制得宜的色彩明暗，深感驚嘆（江森著，唐文娉譯，
1983：19-20）。

依江森的觀點，舊石器時代晚期的歐洲西部的穴居人類所留下的
山洞壁畫已呈現相當精緻的藝術風貌。

　　另一位美國學者格羅姆（Claire Golomb）的研究，則把人類
最早期的藝術創作，更向前推到四萬年前。他在「藝術的起源」
一段文字表示：

洞穴藝術可以追溯到約公元前40000年生活在歐洲的克魯
馬努人。智人是以小型群體的方式群居的，……他們除了
製造生存所需的工具之外，還創作了黏土塑造的形象，用
石頭和象牙做的雕塑以及在石壁上的雕刻與繪畫。顯然，
這有力地證明了一點，即人類期望留下自己的生存印迹，
建構意義並交流意義。……從克魯馬努人發明的工具、可
攜帶的物品、岩石雕刻與壁畫的洞穴藝術、陵墓、飾品以
及衣物來看，……他們有許多的儀式與宗教信仰（格羅姆
著，石孟磊、俞濤、鄒丹譯，2011：189-192）。

這些說法，應是信而可徵的。

　　由於史前時代一方面生活必需之智識與技能，尚屬簡單，易
於學習；另一方面缺乏文字，因而上一代成人的經驗與技藝，都
透過日常生活或工作中，經由示範與操作，由下一代子女觀察模

仿而傳習下來，所謂「上所施，下所效」，極可概括該時代的教育模式。可以說，史前時代的幼兒美術教育是融入在生活中實踐的，是隨機而零散的，並無組織性與計畫性的教育活動，其過程是代間動作模仿與口耳相傳，有其極大的侷限性。

參、古典時期

此處古典時期，歷史上又稱上古時代，概指西方的古代希臘前文明、希臘時期及羅馬時期。西方古代希臘之前的文明，可以埃及文明為代表[2]。紀元前六千年前，人類社會生活制度已開始在受惠於尼羅河孕育之埃及建立起來。林玉體在《西洋教育史》說：

> 紀元前4241年時，埃及人就已使用了日曆。專家認為埃及人是歷史上最早使用日曆的民族。……埃及人因宗教活動而產生的文明更是令人驚異。他們馳名全球的金字塔建築所表現出來的雄偉、壯觀、單純、及莊嚴，實在無與倫比。……他們在宮殿式的墳墓上所雕刻的圖案及「文字」，更是一種藝術（林玉體，1984：7-8）。

---

[2] 西方古代文明，除了埃及文明之外，尚有古代希伯來文明、古代印度文明、古代巴比命文明等，本文限於篇幅不擬一一介紹。有興趣者可參見：朱維文：《希伯來文化》（杭州：浙江人民出版社，1988年）；蘇俄學者司徒盧威著，陳文林譯：《古代的東方》（北京：人民教育出版社，1955年）；吳一良，吳于廑：《世界通史資料選輯》（上古部分）（北京：商務印書館，1985年）；Bowen, James. (1975):《A History of Western Education》. Vol II. (London: Methuen & CoLtd.); Ulich, Robert. (1968):《Three Thousand Years of Educational Wisdom, Selections from great documents》. (Boston: Harvard University Press.)。

文字的發明與使用，對於教育與文化之發展帶來莫大的助益作用，它不僅造就了文字書寫的專業人員，而且促進了文化傳遞及教育工作的成效。

在古代埃及，幼兒教育主要在家庭中進行，由母親負撫育教養之責。子女主要在日常活動中接受教育。男孩稍長，即轉由父親教育。由於從事僧侶、建築師、木乃伊師等職務的人往往世代相襲，故在家庭中，常以父子箕裘的方式傳授專業知識或相應技能。

公元前八世紀，古希臘文明開始興起於地中海東部，持續成長約四百年後，到了希臘三哲的時代，是其學術思發展臻於頂峯階段。那時，代表希臘文化的是斯巴達及雅典兩個城邦，在教育方面，前者標榜軍國民教育，後者取徑民主教育與文雅教育，學風迥異。地處內陸的斯巴達因常與鄰邦戰爭，教育目的旨在培養強而有力的「戰士」，重視集體意志，反對一切足以發展個性的文學藝術活動，故幼兒美術教育幾完全被忽略。誠如美國學者艾夫蘭（Arthur Efland）在《西方藝術教育史》所言：「藝術在（斯巴達）教育中的地位是無足輕重的；……愛美在當時肯定會被認為是不可思議的。」（艾夫蘭著，邢莉、常寧生譯，2000：14）這應是契合史實的論斷。

與斯巴達形成對比的雅典教育，則以養成身心和諧發展的文化人為導向。雅典的極盛時期約在紀元前五百年左右，即立法者貝里克（Pericles，495-427B.C.）推行民主政治之際。史家指出：雅典社會，不管在公私場合，都是言談討論的所在。這正是「廣義教育」的極好註腳，也是社會教育的最佳榜樣。雅典人終生沉浸於這種政治教育的氛圍中，接受民主教育的薰陶。民主教育是注重個性的教育，個性既被尊重，則個人突出的才藝就有機會發

展；各人盡可能的發展他的潛能，則文化呈現出多彩多姿的畫面。多彩多姿就有美感，「美」的教育，或可說是貝里克立法的教育結果（林玉體，1984：21）。雅典人重視音樂教育與文學詩歌教育，與其政治文化實有密切關係。

根據研究，雅典幼兒在襁褓期間，通常由母親或奶媽撫育長大。富裕人家喜歡僱用斯巴達婦女當奶媽，因為他們善於調教嬰兒，而且身體健康，奶水充足。嬰兒斷奶後，則由出身女奴、但人生經驗豐富的家庭女教師照料。家庭幼兒教育的內容包括聽搖籃曲，唱歌，聽寓言、童話或神化故事，擲骰子，玩玩具，以及禮貌行為習慣的培養等（楊漢麟、周采，1998：23）。可見，雅典人對於幼兒的美育活動，多集中於音樂陶冶與文學啟迪。音樂與文學教育，不僅是幼兒教育的核心環節，實際上，它們也是整個希臘羅馬時代普通教育的主要課程──所謂「七藝」（文法、修辭、辯證、幾何、算術、天文、音樂）的重要內容。

據《西方藝術教育史》所述，公元前四世紀，古希臘已有繪圖班級的開設，繪圖教學最早出現於錫西安，然後再從那裏傳播到整個希臘地區。該書徵引馬羅（H.I. Marrow）1956年所著《古代教育史》（A history of education in antiquity）的研究，指出公元前三世紀的希臘，繪圖教師已被列為正式教職人員，而到了公元前二世紀時，繪圖在馬尼斯亞（Magnesia）等地區已被列入考試科目。至於學校中的繪圖課，主要是教導孩子用炭筆在木板上畫畫及模特寫生等（艾夫蘭著，邢莉、常寧生譯，2000：17）。惟限於史料，究竟這類繪圖班級學生的年齡有多大，是否包括七歲以下兒童，不得而知。

縱使民主的雅典人經常在街上、市場、法庭及戲院中參觀藝術家作品展覽（林玉體，1984：23），美術教育融入到社會生活

中，兒童在成長中耳濡目染，多少熏習到繪畫方面的美感教育，但受限於不看重技藝價值的時空條件下，學習繪畫並未得到積極的肯定。誠如艾夫蘭所言：

> 由於音樂演奏和視覺藝術在當時被認為不配成為出身高貴的孩子們所從事的職業，繪畫和雕刻被看做是低級職業，近似於一般體力勞動，因此它們在貴族子弟的正式教育中只處於一種次要的地位。那些以陶工、織工、畫匠或石雕匠為生存職業的人，都是在家庭作坊中學習這些手藝的，一般情況是子承父業，但偶爾家庭作坊有接受一些外人做學徒（艾夫蘭著，邢莉、常寧生譯，2000：12）。

可以說，古希臘兒童的美術教育，並未受到重視。

此處須要一提的是，古希臘三哲、也是當時最重要的教育思想家中的柏拉圖（Plato, 427-347 B.C.）和亞里士多德（Aristotle, 384-322 B.C.）。在哲學上，柏拉圖提倡觀念主義（idealism），劃分世界為二，一是形而上的觀念（idea）世界，一是形而下的現象（phenomena）世界。觀念世界是永恆的、絕對的、無形的、真實的、不變的、普遍的；現象世界則是觀念世界的「摹本」，是短暫的、相對的、有形的、虛假的、易變的、個別的，故在知識追求或價值取捨上，觀念世界優於現象世界。對柏拉圖來說，最高的真實可以「理型」（ideal forms）（即觀念的形式、理想的形式）中尋找到。理型是做為原型的典範，自然界物體或人為的作品則為「模仿」的結果。

關於柏拉圖的藝術論，傅佩榮指出：就柏氏而言，藝術是「模仿」，甚至是「模仿的模仿」。以人的雕像或肖像畫為例，

它是自然界中個別的人的副本或模仿——個別的人已是摹本，雕像或肖像畫是對此副本的再仿製，故是模仿的模仿。然而，真實必須於理型中求之，才有希望；藝術家的作品至少與真實隔了兩層（傅佩榮，1986：327）。例如，「床」的理型或觀念（idea）是永恆的、真實的、無形的；木匠依「床」的觀念打造我們所看到的有形的床；最後畫家再描繪那張有形的床成畫面上的床。所以繪畫呈現的是表象，不是真實。柏拉圖的最高志趣，一向在觀念世界，自然會瞧不起繪畫、雕刻等視覺藝術了。依他的觀點，若有人獻身於學習與製造這種真實之摹本之影，實在非常可惜；美術教育並不值得特別投入。

　　儘管繪畫、雕刻等視覺藝術的價值被柏拉圖所質疑，但他並未主張將它們完全排除在教育之外，原因很簡單，他不是斯巴達人。艾夫蘭指出，柏拉圖認識到，兒童的理性力量尚未成熟到能夠自己來處理這些理型，那麼假使他們能模仿到接近理想形式的藝術就可發揮一種有效的作用。所以柏氏認為，在兒童的成長過程中，健康、理想的藝術還是必要的，但其前提是：首先藝術家必須是那些能夠識別真正「美的本質」的人；其次他們有決心讓學童生活在充滿美麗景色和悅耳聲音的健康環境中，使下一代接受一切美好的事物（艾夫蘭著，邢莉、常寧生譯，2000：20）。就此看來，若提供學童模仿的藝術品是出自富有哲學素養的作者，及生活環境經過美化，以這些條件實施幼兒美術教育，應與柏拉圖的教育思想是契合的。

　　亞里士多德雖師承柏拉圖，但在美術教育觀上，卻與乃師不同。在哲學上，亞氏不相信「超驗觀念」的存在，故自然不會把繪畫藝術當作摹本的摹本，離真實有兩層之隔。傅佩榮指出，亞氏傾向於主張：藝術家要設法掌握自然事物之中理想的或普遍的

要素,然後透過造形的途徑傳譯出來。亞氏在《政治學》(又稱《政治篇》)一書認為,繪畫是透過姿態或容貌等外在因素,來指示心靈的或道德的情境,這對於青少年人格教育、道德教育具有很大的作用,可以幫助他們對藝術家的作品得到更直接的判斷(傅佩榮,1986:459-460)。可以說,亞里士多德看重了美術教育對於學童人格陶冶和美德養成的正面價值,而予以肯定。

緊接於古希臘文化的是古羅馬文化。羅馬人主實用,重政治,尚法律。他們早在紀元前450年就已制訂「十二銅表法」(Twelve Tables),獨步歷史。紀元前146年,羅馬人征服了希臘人,以實用性來過濾希臘的哲理性,教育中的文法與修辭成為重點課程。在藝術方面,依艾夫蘭的研究,羅馬有很多雕刻家致力於仿製希臘雕像。現存的羅馬帝國後期的一些文獻中,有若干關於皇帝曾經學過素描和繪畫的記載。此外,有傳記史料顯示,曾有羅馬將軍僱用希臘人教他的兒子很多種科目,其中包括造型術和繪畫(艾夫蘭著,邢莉、常寧生譯,2000:25)。可以說,羅馬時代的美術教育,是很「希臘的」,以希臘視覺藝術為範式,而幼兒美術教育並不普遍,僅見於極少數帝王與將軍之家。

肆、中古時期

自西元476年西羅馬帝國滅亡(西元395年羅馬帝國分為東西)迄西元1492年哥倫布(Christopher Columbus, 1451-1506)發現新大陸,在西方慣稱為中古時期,又稱中世紀(Middle Ages)。這段時期,歐洲社會處於封建化的歷史長流中。由於摧毀西羅馬帝國的日耳曼部族當時尚是原始、粗野階段,不懂得古典文化的價值及其重要性,故在其鐵蹄踐踏下,古典文化衰落。在這種普

遍愚昧、落後的狀況下,使得宗教和僧侶有機可乘,獲得了政治、經濟、文化思想的控制乃至壟斷權。希臘羅馬的古典文化,在中古時代初期遭受到日耳曼民族的摧殘,其後又被基督教教會所壓抑,於是式微到了極點。

歐洲中世紀的文化,是基督教宰制的文化,舉凡政治、經濟、文學、藝術、教育等,莫不受到教宗與教會的主導。以藝術為例,當時繪畫藝術作品是不少的,但同教育一樣,都是為基督教教會服務的宗教性繪畫;所有畫家、雕刻家不過只是為教會工作的工匠而已。畫作表達的意象往往是上帝、耶穌的偉大,聖母的慈祥及聖嬰的早熟、聰睿,教堂的肅穆,聖徒的虔敬,以及超自然界的宏力和宗教的神聖性等;畫作的對象,不外是《聖經》中的人物、故事及其場景,以及信徒對基督的信仰情況等。

基督教徒信仰上帝為唯一真神,對其他宗教有排他性。該教主張人性本墮落(human nature is corrupted)──人類有「原罪」[3](original sin),需要仰賴上帝的救贖;眾生像迷途的羔羊,經過牧羊者(喻傳教士)之引導,才能走出歧路,步向正道。基於這種人性惡理論基礎,基督教教育採取保守的嚴管嚴教措施。猶如林玉體所言,在基督教裏,甚至有兒童是撒旦附身的說法,教徒及時人往往誤以為兒童的任性,剛愎不馴,執拗違抗等,正是性惡的表徵,為拯救、矯治孩子這些惡性,只好採取嚴厲的管教措施。因此在基督教世界裏的兒童教育,都絕少有輕鬆自由的氣息。這種作風,在新教革命後的清教徒社會中,依然存

---

[3] 「原罪」是基督教教會在思想意識上主要提倡的觀念之一。教會引證《聖經》,宣傳自從人類始祖亞當和夏娃偷嚐禁果,其後代子孫便有了「原罪」。由於人是帶著「原罪」來到世間,因此人生在世就要不斷用自己的血汗來洗滌自己的罪惡,以求得上帝的赦免和救贖。

在（林玉體，1984：91-82）。

　　另一方面，基督教由「原罪」的立場出發，推行禁欲主義，宣布「肉體是靈魂的監獄」，要求節制一切成為萬惡之源的欲望。教會為了使禁欲主義與上帝信仰為人們所奉行，乃屬行文化專制主義，一則禁止文化教育的傳播，二則扼止一切與基督教教義不同的精神文化的滋生。禁欲主義體現於教育場景的情況，有如論者下面所述：

　　　　教會鼓吹人人必須經歷苦難生活的磨難，不斷贖罪，才能
　　　　淨化靈魂。為了得到未來天堂的幸福，人人應當聽從教會
　　　　的訓誡，常年敬畏上帝，實行禁欲；應當從幼年起就抑制
　　　　兒童嬉笑歡鬧、遊戲娛樂的願望，並採取嚴厲措施來制止
　　　　這類表現。在教會學校中，宗教居於所有學科的「王冠」
　　　　地位；兒童從小要盲信、盲從聖書及其講解人──教師
　　　　（或傳教士）的權威，不允許有任何自主性及獨主意識的
　　　　流露（楊漢麟、周采，1998：55）。

這段話勾勒出中世紀學校教育中文化專斷的輪廓。

　　此外，中古時代對於兒童身心發展的科學研究尚未起步，社會上流行著「預成論」（predetermination theory），視兒童為「小大人」，深深影響兒童教育。預成論認為，當婦女受孕時，一個極小的、完全成形的人就被植於精子或卵子中，人在創造的一瞬間就形成了。兒童（或是新生嬰兒）是作為一個已經製造好了的小型成年人降生到世界上來的，兒童與成人的差別，僅僅是身體大小及知識多少的不同而已。這種預成論，可徵之於當時的繪畫作品，例如義大利著名畫家喬托（Grotto, 1266-1336）所畫

的「聖母子」（見圖一，木板，油畫，180×90cm，現存於翡冷翠的聖喬治教堂）及「莊嚴的聖母」（見圖二，木板，油畫，325×204cm，現存於翡冷翠的烏菲茲美術館）；又如同為義大利的畫家弗蘭且斯卡（Francesca，約1415-1492）所畫的「塞尼加里亞的聖母」（見圖三，木板，油畫，61×53.5cm，現存於烏比諾的馬爾克美術館）。

圖一　喬托的「聖母子」

（資料來源：張戎鴻主編《喬托》，彩色圖頁4）

圖二　喬托的「莊嚴的聖母」

（資料來源：張彧鴻主編《喬托》，彩色圖頁34）

圖三　弗蘭且斯卡的「塞尼加里亞的聖母」

（資料來源：張彧鴻主編《弗蘭且斯卡》，彩色圖頁73）

　　依《外國幼兒教育史》所述，預成論流行下的社會，兒童被看成小大人，一旦他們能行走和說話，就可加入成人社會，玩同樣的遊戲，穿同樣的服飾，要求有與成人同樣的行為舉止（楊漢麟、周采，1998：56-57）。預成論對兒童教育的主要影響是，否認兒童身心發展的特性，漠視兒童自身的興趣與需要，而完全以成人為中心對他們施以成人化⁴的教育模式，要求整齊劃一，方法簡單粗暴。社會這種兒童觀與教育觀，直到十八世紀盧梭的時代尚未消退。

　　在中世紀，教會辦有教義問答學校及僧侶學校，教育宗旨皆指向拯救靈魂，教育內容有限，初級課程有一般的讀寫算三R教育之外，另有音樂，而這些課程多與宗教目標有關，如學習識字是為了讀《聖經》，學習唱歌是為了參加日常祈禱活動；高級課程則有傳統的七藝。至於兒童美術教育活動，在現有的研究文獻中並未有相關的記載和討論。

　　到了中世紀中期，商業活動漸趨旺盛，新的職業階層已經出現，各行各業人員為了本行業的利益，保障從業人員之安全及貿易之順利進行，乃有了行會組織。行會把從事同一職業的手藝人組織起來，確定他們相互間的關係和對顧客的義務。在此一社會發展之下，對中下階層人民而言，技藝的學習乃成為必需，藝徒制度（apprenticeship）遂水到渠成。艾夫蘭指出，學徒生涯一般始於13歲或14歲，約經過5或6年的觀摩學習與實作，由師傅發給證書。如果再能通過一項權威性的考試，他就有可能獲得進入師傅行列的資格，這項考試通常包括準備一件符合要求的「傑作」（艾夫蘭著，邢莉、常寧生譯，2000：31）。關於行會的美術

---

⁴　例如，小男孩被要求穿紳士服或騎士服，猶如成年男子的裝束；小女孩則被要求妝飾，穿拖地長裙，打扮得像貴婦人。

教育，艾夫蘭引用十四世紀學者琴尼尼（Cennino Cennini, 1360-
1437）的文章說到：

> 學徒應該花六年的時間，攻克色彩難關，學會壓縮尺寸和
> 碾磨石膏粉；掌握塗色、用媒染劑進行修飾處理、製作
> 金棉線和作壁畫的經驗（艾夫蘭著，邢莉、常寧生譯，
> 2000：31）。

可見，藝徒訓練有其規章和標準。不過，這些行會的藝徒教育，
顯然未納入學前兒童教育在內。

伍、文藝復興時期

　　歐洲人在十四世紀左右，逐漸掀起古學研究的學風，特別
是西元1453年東羅馬帝國滅亡後，希臘學者多逃往義大利避難，
以講授古典文學為職務，文藝復興運動於焉大興。文藝復興的英
文Renaissance，本是「再生」（Rebirth）之意。該運動初本偏重
於文學方面，以後乃漸及一般思想、藝術與社會問題等。十四、
十五、十六世紀這段文藝復興時期的文化特徵是：崇人文、重自
由、貴現世、尚美術、尊知識，它既是古典文化的復萌、再生，
也是對於中古世紀神本的、禁慾主義的、文化專制的、追求來世
幸福的基督教文化之反動。可以說，文藝復興的人物與思想等，
都是從中世紀主義解放出來的，他們所創造、建構的是多彩多姿
的人文主義（Humanism）文化。
　　就繪畫來說，文藝復興時期作品的風格確實迥異於中古時
代。對此，林玉體作了下面清晰的比較：

> 當時（文藝復興時期）畫家輩出，他們的作畫對象，不外
> 自然與人體，這又是反中世紀精神的。……他們的作畫，
> 大都以自然界為背景，且更大膽的描繪了女性的畫像。畫
> 中顯現出豐潤的肌膚，栩栩如生的表情及恬靜的笑容，認
> 為這才是真正的「人」。中古世紀的繪畫則不然，中古繪
> 畫大半是神像而非人像，而神像又都是憂鬱古板加上嚴
> 肅；文藝復興的畫家則不然。文藝復興的畫家如畫聖母，
> 全是窈窕的少婦；如畫（幼年）耶穌，無不是活潑的幼
> 童。二者相異，有如霄壤之別（林玉體，1984：160）。

這從女性與幼童肖像畫風，清楚判別了文藝復興美術之大別於中
世紀。

文藝復興時期的兒童觀實已比中古世紀向前邁進了一大步。
楊漢麟、周采指出：

> 以人文主義做主導，文藝復興時期的人文主義教育家和思
> 想家，批判了性惡論的兒童觀，反對把兒童看成被「原
> 罪」汙染的待救贖羔羊；認為兒童是自然的生物，應當得
> 到成人的悉心關懷、照顧（楊漢麟、周采，1998：60）。

文藝復興時期的兒童觀已由過去的「小大人」慢慢恢復了他們本
來的面貌——天真的、活潑的、甜蜜的、純潔的特徵。例如當時
畫家拉菲爾（Raffaello, 1483-1520）所畫的「草地上的聖母」（見
圖四，木板，油畫，122×80cm，現存於巴黎的羅浮宮）及「椅
上聖母子」（見圖五，木板，油畫，直徑71cm，現存於佛羅倫
斯的帕拉蒂美術館）；再如提香（Titian，約1489-1576）所畫的

「聖愛與俗愛」（見圖六，畫布，油畫，118×279cm，現存於羅
馬的波格塞畫廊）；又如葛雷柯（Greco, 1541-1614）的「聖家族
與聖安娜」（見圖七，畫布，油畫，127×106cm，現存於特雷多
的聖凡多提斯塔療養院）。

圖四　拉菲爾的「草地上的聖母」

（資料來源：福蘭吉斯著，王靜、桑芸菲譯，《拉菲爾》，頁61）

圖五　拉菲爾的「椅上聖母子」

（資料來源：福蘭吉斯著，王靜、桑芸菲譯，《拉菲爾》，頁113）

圖六　提香的「聖愛與俗愛」
（資料來源：張或鴻主編《提香》，彩色圖頁24-25）

圖七　葛雷柯的「聖家族與聖安娜」
（資料來源：張或鴻主編《葛雷柯》，彩色圖頁28）

　　文藝復興時期，社會對藝術家的角色評價也較往昔大大提昇，即由工匠上升到藝術家，甚至到天才，從而影響到對於美術教育的看法。艾夫蘭在《西方藝術教育史》指出，在1475年前後，義大利佛羅倫斯有一批人文主義者，公開反對過去那種把藝術家看作能工巧匠的傳統觀念，認為藝術家的作品是人類經驗中具有特別價值和意義的創造品，他們為藝術家進入社會文化精英階層鋪平了道路（艾夫蘭著，邢莉、常寧生譯，2000：36）。隨著達文西和米開朗基羅這類具有超凡創造力的成功藝術家，在諸侯宮廷和教皇府邸中受到歡迎和尊重的這一事實，一種含義更廣泛的藝術教育，或者是以培養藝術天才的美術教育之需求，突出地被關切了，而這是中世紀行會藝徒教育制度所不能提供的。

　　一種符應具有藝術天賦學生的美術教育機構逐漸形成。它的具體形式就是學院立足於探索普遍的藝術學知識。依艾夫蘭的研究，這些最初的學院並不是現代意義上的藝術學院，因現代藝術院校有由專業教師指導的正規學習課程，而這些文藝復興藝術學院是由一群不同年齡的人所組成的，其中有初學者，也有學識淵博的大師，他們總是聚集在一起或是作畫，或是觀看別人示範新的繪畫技術或法則，或是討論藝術理論和其他有關的思想與文化發展的情況（艾夫蘭著，邢莉、常寧生譯，2000：38-39）。限於史料記載不足，我們無法確切了解，這類藝術學院組成份子中初學者的年紀究是多大，但若觀諸1531年完成的版畫「巴喬・班迪內利藝術學院」（見圖八），則最小的參與者至少是十五、十六歲的青少年。

圖八　巴喬‧班迪內利藝術學院
（資料來源：艾夫蘭著，邢莉、常寧生譯，《西方藝術教育史》頁42）

陸、啟蒙時期

　　十七、十八世紀是歐洲的啟蒙時代，標誌著理性與知識的興發。捷克百科全書派、泛智論教育家康米紐斯（John Amos Comenius, 1592-1670）、英國經驗主義教育思想家洛克（John Looke, 1632-1704）、法國啟蒙思想家佼佼者盧梭（Jean Jacques Rousseau, 1712-1778）、瑞士平民教育實踐家裴斯塔洛齊（Johann Heinrich Pestalozzi, 1746-1827）等四人，接踵活躍於啟蒙時代的歷史舞臺，引領教育思想的走向，在幼兒美術教育上，有他們的獨特見解。

　　一者，康米紐斯反對基督教會力倡的「原罪」論及宗教蒙昧主義，提倡發展科學的時代精神，在論著中對各級教育都有探究，尤以家庭幼兒教育著墨為多，被稱為「幼教前驅」（朱敬先，2004：27）；「圖畫書之父」（何三本，1995：455），這

些稱譽，勾勒出他對於幼兒教育的重大貢獻和影響。史家指出，近現代許多幼兒教育理論兼實踐家，特別是「幼教之父」——福祿貝爾（參後）學說的重要細節，差不多都是建立在康米紐斯的基礎之上（克伯爾編，任寶祥、任鍾印譯，1991：395）。傑出的幼兒教育家蒙特梭利（參後）在創立自己的理論時也明顯受到康氏的影響。

康米紐斯在1632年以捷克語發表《大教育學》（1657年又用拉丁文改寫，中譯《大教學論》），提出有系統的學校教育制度及教學原理原則；反對傳統「女性完全不能追求知識」的謬論，力主男女兩性都應該進學校（康米紐斯著，傅任敢，1990：41-42）。他在本書批判向來「學校不是為整個社會設立，而只是為富人設立」，因為窮人沒有錢能夠進學校（康米紐斯著，傅任敢譯，1990：52），從而鼓吹普及教育的理念。他於書中並強調兒童階段感官教學的緊要性，認為教育應從「人生的春天」——兒童時期開始（康米紐斯著，傅任敢譯、1990：90），而教導兒童應以活生生的自然課本取代純文字的書本，亦即宜透過感官對實物進行觀察與瞭解來開啟兒童的心靈。

1633年，康氏付梓另一本著作《母育學校》（1652年改名為《幼兒學校》），是歷史上第一部幼兒教育專著。他又於1658年出版的《世界圖解》（orbis sensualium pictus，又名《世界圖繪》、《可感界圖示》），乃中外教育史上最富歷史地位與意義的帶插圖的啟蒙教育教科書（黃文樹，2010：12）。《世界圖解》提供幼兒一本直接觀賞之圖畫書（參見圖九），圖畫相當寫實、真切，印刷清晰精美，畫出高山、低谷、樹木、鳥、魚、馬、牛、羊、各種昆蟲，各種年齡、行業、高度的人們，以及各種生活常見的器具、物品等等。全書共計150個單元，由187幅插

圖九　《世界圖解》內容之一
（資料來源：楊漢麟、周采《外國幼兒教育史》，頁80）

圖及對插圖加以解說的文字，圖文並茂、對照，作為幼兒教材極為適當，受到極大的歡迎。它自出版發行後，被迅速譯成歐洲各國的文字，流行達200年之久，啟迪了一代又一代的幼兒。愛立克（Ulich Robert）在《教育思想史》一書提到：完成《浮士德》、《少年維特的煩惱》等、馳名宇內的德國作家歌德（J. W. V. Coethe, 1749-1832），在其自傳裏稱《世界圖解》是他童年時代「唯一的一本書」（Ulich, 1945:196）。無怪乎教育史家譽康氏擁有「在教育史上首屈一指的地位」（Cuberley, 1920:415）。

　　在《母育學校》一書中，康米紐斯以滿腔的熱血，把兒童比喻作「上帝的種子」，比作比金銀珠寶還要珍貴的「無價之寶」，並警告那些欺侮兒童的人，要他們像尊敬上帝那樣去尊敬兒童。康氏還把兒童比作一面鏡子，認為從他們那裏可以看到「謙虛、有禮、親切、和諧以及其他基督徒的品德」（楊漢麟、周采，1998：71；任鍾印，1990：15）。此外，他也從教育適應

自然的原則出發，把兒童比喻為種子、嫩芽等，聲稱：「任何人在幼年時代播下什麼樣的種子，那他老年就要收穫那樣的果實。」（楊漢麟、周采，1998：72；任鍾印，1990：22）這種觀點，也見於他的《大教學論》：

> 只有在兒童時代，筋肉還能接受訓練的時候，手和別的部分才能施以訓練，做出熟練的動作。假如一個人要想成為一個優秀的書法家、畫家，……他就必須從小從事那種技巧，因為那時他的想像是活潑的，指頭是柔順的（康米紐斯著，傅任敢譯，1990：35）。

再度強調教育要即早在兒童時期起軔，其主要理由是童年期的學習效率最高。可見，康氏完全從正向的立場，提出新穎的正價兒童觀及幼教觀，衡諸在他之前的幼教史上尚未有人講得如此深刻。

康米紐斯主張學校教育應該力求完整性，他說：「人人應該接受到一種周全的教育，並且應該在學校裏面接受到。」（康米紐斯著，傅任敢譯，1990：45）但他同時強調，這並不意味一定要求人人懂得一切藝術和科學，因為要精通一切是不可能的。他的具體建議是：我們應該集中精力，藉助學校的課程與教學，通過科學與藝術的學習來培植我們的才能和德行（康米紐斯著，傅任敢譯，1990：45-46）。他在《大教學論》說：「一切兒童都有一種畫畫的天生慾望」；畫畫的練習可以使他們感到快樂，他們的想像就可以從感官雙重動作（眼的觀察與手的書寫或描繪）得到激發（康米紐斯著，傅任敢譯，1990：148）。依他的觀點，兒童美術繪畫活動，有助於感官的訓練及想像力的培養，

同時可以促進文字書寫能力的發展。

康氏為母育學校（幼兒學校）擬定的課程計畫，包羅萬象，有物理、天文、地理等自然科學，另外有語文、歷史、政治等人文學，還有幾何、算數、音樂、美術等，表現出一種多科化的泛智論傾向。他極為重視訓練兒童的「體外感覺」及分辨事物的能力。其中，尤為重視視覺能力的培養。對此，楊漢麟、周采指出，康米紐斯接受了培根的經驗主義影響，認為感覺是知識的主要源泉，所以為發展兒童的視覺，培養兒童的觀察力，提出了相當細緻的意見。例如，他建議在兒童二、三歲時，即向他們顯示塗過顏色的東西，及看天空、樹木、花朵和河流等。四歲後，為擴大兒童的視野，可帶他們到戶外去觀察各種動植物，或欣賞書中的圖畫（楊漢麟、周采，1998：75）。依康氏觀點，通過不斷擴展範圍的觀察，兒童的視覺和觀察力有了發展，也就會獲得關於地理、天文和自然等方面的初步知識了。

這裏，有需要澄清的是，康米紐斯《大教學論》闢有一章，專門論述「藝術教學法」，惟此章，乃針對中等及高等教育階段藝術教材教法而說，不是探討幼兒美術教育。在此章，他的觀點，並未超越當時一般的藝術學校的教學模式，仍然強調模型教學、範本（含圖像和圖畫）教學，石膏像教學等，重視示範與模仿，要求正確、明確（康米紐斯著，傅任敢譯，1990：163-170）。至於兒童美術教育及其教材教法，則除本文上面所述外，未見康氏的其他討論。

二者，洛克是哲學史上極重要的經驗主義（Empiricism）者，宣稱人之初，心靈像一塊白板，一無所有；斷言一切知識來自於後天經驗。他認為，「原罪」之說並無根據，人性之善惡，是後天環境習染而漸成的。洛克的知識論，是典型的經驗論，不

過，他的兒童教育觀，則採折衷路線，承認兒童有他的天生傾向，教育一方面要給兒童自由發展，一方面要施以必要的管教和引導。他於1693年發表《教育漫話》（Some Thoughts Concerning Education，又稱《教育論叢》），對兒童之道德教育、人格教育、知識教育、技藝教育等方面多有著墨。

洛克強調一切德行、知識、能力的培養，都要靠及早學習。他說：「凡是有心教育兒童的人，便應該在兒童極小的時候早早加以教導。」（洛克著，傅任敢譯，1990：27）兒童教育宜怎樣實施，洛克認為教師應首先認識兒童的天性，再給予最適性的教導。他在《教育漫話》云：

> 教育兒童的人，應該仔細研究兒童的天性和才能，並且應該經常試試，看他們最容易走哪一條路子，哪一條路子最與他們相適合；此外還要考察他們的本性，看它怎樣才能改良，看它合於做什麼；他應當知道兒童缺乏的是什麼，……我們所能做的或者所該做的，乃在盡量利用自然的給予，……大力給以幫助。人人的天生才智都應該盡量得到發展（洛克著，傅任敢譯，1990：41）。

依其觀點，孩童自有他的天性傾向，教育工作者宜順導其本性，以最適合他們的方式來協助他們充分發展天生才智。

雖然洛克並不鼓勵上層社會階層的家庭小孩發太多時間學習繪畫，因為繪畫學習需要挹注極長的時間才能精熟，而如此會妨害他們成為紳士的教育計畫（洛克著，傅任敢譯，1990：141-142），但他還是建議兒童學習包括畫圖、雕刻、細木工、園藝、琢磨等為主的手工技藝課程。因為在新鮮空氣中進行這類活

動可增進健康，調劑生活，並獲得許多必要的知識技能。特別是學習圖畫，更有助於手的運用和語文學習，以及生活應用與社會溝通。他說：

> 當他（兒童）寫字寫得又好又快的時候，我覺得他不獨應該繼續習字，使手得到練習，同時還應該學習圖畫，使手的運用更純熟；圖畫對於一個紳士有時候是極有用的；尤其是在旅行的時候，有些東西那怕寫滿整整一頁紙，都不能夠寫明白，使人懂得，但是只要好好地畫下幾根線條就可以幫助他表達出來。一個人無論看見多少建築，遇到過多少車輛和服裝，他只要施展一點點圖畫的技巧，就很容易把關於它們的觀念保持下來，傳給別人（洛克著，傅任敢譯，1990：142）。

這可見洛克是從實用的立場，看重繪畫學習、培養繪畫能力的教育價值。

此外，洛克也十分肯定圖畫對於協助兒童讀書閱讀的助益。他以引導兒童閱讀《伊索寓言》[5]（Esop's Fables）為例道：

> 《伊索寓言》是一些故事，可以使得兒童感到有趣。……如果《伊索寓言》裏面有插圖，那就更可使他（兒童）高興，更可以鼓勵他去閱讀，使他的知識逐漸增長；因為這種視覺中的事物，如果兒童的觀念中沒有它們，單聽人說到是沒有用處的，而且也不能夠使他們得到滿足；這種觀

---

[5] 《伊索寓言》，是古希臘文學家伊索（Esop）的傳世著作，為一種諷刺文學。

　　念不能從聲音中得到，只能從事物的本身或事物的圖像內
　　獲得（洛克著，傅任敢譯，1990：138-139）。

此處洛克從兒童閱讀心理論定圖畫之功能，已為當代閱讀心理學
研究獲得證實。

　　三者，盧梭乃十八世紀法國啟蒙運動健將，在所著《愛彌
兒》（Emile）大倡兒童中心教育（child-center pedagogy），成為
激起人們對於舊有兒童教育和兒童藝術的看法產生戲劇性變化的
主因之一。貝克（D.W Baker）撰文道：《愛彌兒》確實是在下
個世紀（十九世紀）福祿貝爾（參後）的幼教活動中達到高潮
的、以感性認識為基礎的、一系列的教育改革的催化劑（Baker,
1982:36）。與此類似，林玉體在《西洋教育史》表示：

　　　　教育上以成人、上一代、或教師居主宰地位的時間相當
　　　　長，盧梭等人發起的哥白尼式教育革命才慢慢的轉移了教
　　　　育的重心；這種改變，使得二十世紀時，教育主宰力量轉
　　　　而趨向另一極，將兒童、學生、下一代視為教育的主人
　　　　（林玉體，1984：480-481）。

其意是指，二十世紀掀起的兒童本位教育思潮，實源於盧梭的幼
教改革理念。此一論說，應是公允的。

　　盧梭在《愛彌兒》書中呼籲父母和教育人員應注意與尊重兒
童的本質與主體性，而不是傳統社會腐化的、不合理的要求。他
在《愛彌兒・自序》云：

　　　　我們對兒童是一點也不理解的：對他們的觀念錯了，所以

> 愈走就愈入歧途。最明智的人致力於研究成年人應該知道
> 些什麼，可是卻不考慮孩子們按其能力可以學到些什麼，
> 他們總是把小孩子當大人看待，而不想一想他們還沒有成
> 人（盧梭著，李平漚譯，1998：2）。

盧氏於此針對傳統社會看待兒童是「小大人」的錯誤觀念和教育
方法提出批判。依其觀點，傳統兒童教育，一意關切教育的歸宿
處，以致教育僅僅用成人社會的需要做模型，來生硬地鑄造兒
童，完全忽略兒童的身心發展與需要。在他看來，為改善這些問
題，務必做一百八十度的轉變，亦即教育應尊重兒童的天性，以
兒童為本位而非以成人本位或教師中心來實施教育。

　　雖然盧梭在1749年〈科學和藝術究竟能否增進人類的道德〉
徵文中，主張藝術愈進步，人類的心靈愈墮落，但他所極力反對
的是那些導致淫驕奢侈之風的上流社會虛偽文飾的成人藝術。相
對的，他認為幼兒教育的重心在感官能力的訓練，而繪畫學習活
動有助於感官訓練，應予重視。在他看來，幼兒應到大自然中，
多看多摸多嗅，去接觸外界實物，要讓兒童學習繪畫，以增強他
們的觀察力及手指靈敏。他在《愛彌兒》說：

> 孩子們是善於模仿的，他們看見什麼東西都想畫，所以我
> 要我的這位學生（愛彌兒）也學習這門藝術，其目的，不
> 是為這門藝術而學這門藝術，而是在於使他的觀察正確和
> 手指靈巧（盧梭著，李平漚譯，1998：171）。

言下之意是，兒童繪畫課程的意趣在於手、眼感官能力的靈敏
訓練。

　　至於如何指導幼兒繪畫，盧梭反對過去用模型或圖畫樣本[6]讓兒童描摹或照著畫的被動方法，而主張透過自然界實際景物觀察進行繪畫。他說：

> 如果一位教圖畫的老師只知道拿一些仿製品來教他（愛彌兒）描畫，只知道教他照著圖畫出來，那麼，我是不願意請這位老師來教他的；我希望他的老師不是別人，而是大自然；他的模特兒不是別的，而是他所看到的東西。我希望擺在他眼前的是原件而不是畫在紙上的圖形，照著樹木畫樹木，照著人畫人，以便養成習慣，仔細地觀察物體和它們的外形，而不至於老是拿那些死板板的臨摹的繪畫當作真實的東西來畫（盧梭著，李平漚譯，1998：171）。

這可見，他是強調實景、實物的觀察和描摹，認為如此才能藉由繪畫學習來達成感官教育目的。

　　四者，裴斯塔洛齊受到盧梭深遠的影響，盧氏把教育重點指向兒童，裴氏更把教育對象聚焦於猶如小乞丐的貧童上。回溯1789年7月14日，法國人民攻進巴士底獄，決心打垮國王和貴族。其後，法國和普魯士、奧地利兩個大國發生戰爭。約十年後，拿破崙派軍隊四出征戰鄰近各國，歐陸許多地方陷入混亂，造成了甚多無家可歸的流浪兒童。當時有一些慈善人士基於人道主義，設立慈善機構來收容孤兒。其中，裴斯塔洛齊的作風與眾不同，他除了安頓這些貧童、孤兒，還用無比的愛心教育他們，

---

[6] 依艾夫蘭《西方藝術教育史》的研究，素描（含圖畫樣本）臨摹、石膏象（含模型）臨摹和模特兒寫生等，是自十七世紀到十九世紀末藝術學校的核心教學方法（頁47）。

發揮了不求回報的教育奉獻精神，贏得世人「貧童教育之父」的尊稱。

在兒童觀及教育作用上，裴斯塔洛齊認為每個人生來都內蘊著各種潛能，教育之功能在於協助學童開展其天賦能力，使人盡其才，有用於社會。他在《林哈德與葛篤德》（Leonard and Gertrude）一書道：

> 為人在世，可貴者在於發展，在於發展個人天賦的內在力量，使其經過鍛鍊，使人能盡其才，能在社會上達到他應有的地位。這就是教育的最終目的（裴斯塔洛齊著，北京編譯社譯，1991：732）。

認為每個人都應該透過將人生與社會密切結合的教育辦法，使其得到人的品德、家庭幸福、工作能力等，直到能實現自我和社會的需要。

裴氏發揚並擴展盧梭的自然主義教育觀，提出「直觀教學」（intuitive teaching）──即直接觀察實物的教學，亦可說是「實物教學」。依林玉體《西洋教育史》所述，裴氏把所有實物的觀察教學歸約為三類：一是字（word），乃實物名稱之認識，即語言（language）；二是形（form），乃實物形狀之認識，即寫與畫（writing and drawing）；三是數（number），乃實物數量的計算，即算數（computation）（林玉體，1984：335）。依其觀點，人的認知過程，係通過感官觀察實物，把握物體的外形和數量，並藉由語言文字來形成概念。換言之，在裴氏看來，人係通過三種途徑進行學習：聽聞聲音（言語和歌聲）；辨認形式（測量和繪畫）；認識數字。裴氏這一種把實物的「直觀」予以心理

化的理念，視形狀、數目和詞彙是構成初步教學的三大要素，並顯示繪畫學習在教學上佔有重要的地位。

裴斯塔洛齊在《耶特魯德是如何教育其孩子的》一書中，提及他的圖畫教學法。依芙夫蘭在《西方藝術教育史》的介紹，裴氏主張圖畫教學，應從測量入手，以避免往昔藝術教學常見的因始於錯誤的觀察和扭曲的結構，而導致反復推翻和重畫的毛病。過去，在使用幾何線條和幾何圖形之前，學生們通常是通過模仿範圖（示範的畫作）而進行自學，但裴氏卻認為孩子們學習運用這種方法時間太長且無法預測。故他另尋一種始於簡單形式並逐步趨向複雜的教學方法──即由使用線條開始，運用線條來勾勒和判斷感覺的物體（艾夫蘭著，邢莉、常寧生譯，2000：101）。

艾夫蘭徵引了下面裴斯塔洛齊對其圖畫教學法的概括性說明：

> 我們開始（向學童）說出這些直線的名稱，如水平線、垂直線和斜線；先描繪斜線的上升與下降，再形容向左或向右上升、或向左或向右下降的線條。接著我們說出不同平行線的名稱，……我們把通過這些線條連接而形成的主要角稱作直角、銳角和鈍角。我們用同樣的方法教會（孩子）掌握所有測量標準並叫出他們的名稱（艾夫蘭著，邢莉、常寧生譯，2000：101）。

可見這種繪畫教學方法，很強調觀察與測量，它很大程度地使美育與智育──特別是幾何教學結合在一起。同時可發現裴氏主張的兒童繪畫課程與前述盧梭所言教愛彌兒繪畫，並非為藝術而學習，而是為了訓練其眼的觀察力和手的靈巧性，似有同揆之處。

柒、十九世紀至二十世紀前半期

　　十九世紀至二十世紀前半期，先後出現了一批揭舉兒童本位教育思想旗幟的學者，諸如德國的福祿貝爾（Friedrich Froebel, 1782-1852）；瑞典的愛倫凱[7]（Ellen Key, 1849-1926）；美國的杜威（John Dewey, 1859-1952）；義大利的蒙特梭利（Maria Montessori, 1870-1952）；比利時的德可樂利[8]（Ovide Decroly, 1871-1932）；英國的尼爾[9]（A.S.Neill, 1883-1973）等人。幾乎歐美都有高呼「兒童至上」或「學生第一」的學者。其中，福祿貝爾、杜威、蒙特梭利三人在幼教史上影響很大，他們在幼兒美術教育方面提出不少精闢論點，對幼兒園美育帶來新意。另外，奧地利的佛洛伊德（Sigmund Freud, 1856-1939），是精神（心理）分析學說創始人，並未標舉兒童本位教育口號，但他對於幼教及幼兒美術的論述，具有重大的影響力。此處依序說明福氏、佛氏、杜氏、蒙氏等四人之幼兒美育觀點，並按年代穿插簡述有關幼兒美術教育發展史重要之人與事。

[7]　愛倫凱是兒童教育家及婦女運動家，於1899年刊行《兒童世紀》一書，提出「兒童是二十世紀的主人翁」口號，聞名遐邇。她又於1909年出版《婦女運動》，倡述婦女解放。

[8]　德可樂利於1901年在比利時首都布魯塞爾創辦特殊兒童學校，收容聾啞學童施以教育，特重兒童的獨特個性和需要；又曾設立「理想學校」（good school），學校位於市郊鄉村，學童可垂釣、飼養家禽、種植花草，完全與大自然為伴。

[9]　尼爾於1921年創辦「夏山學校」（Summerhill）於倫敦市郊，是一所完全以兒童為中心，讓兒童自由發展的學校，摒棄一切管訓、約束、道德訓練和宗教教育；學生無拘無束，但卻主動自發，充分獲得「自由」。有關「夏山學校」的介紹，可參見尼爾著，王克難譯的《夏山學校》（臺北：遠流出版社，1994年）。

　　首先，傳統教育只注重大人，盧梭及裴斯塔洛齊才轉移教育
的重點對象指向兒童，到了福祿貝爾更將受教育的年齡向下延伸
三至六歲的幼兒。1837年，福氏在家鄉白藍根堡（Blankenburg）
設立一所幼兒學校，至1840年，為這所專收三至六歲幼兒的學
校，取名為「幼兒園」（又譯「幼稚園」），比喻幼兒學校是兒
童的花園，園裏的幼苗象徵幼兒，教師不啻為園丁，幼兒的發展
及教保猶如幼苗的生長及培植。這一學校名稱及教育理念，普遍
的獲得從事幼教工作及社會輿論的認同和喜愛，由此，全球性的
幼兒園教育運動由點而線而面，興發不已。

　　雖然福祿貝爾思想帶有神祕主義的宗教色彩，但在他眼裏，
兒童具有圓滿的內潛性和自發性的開展性。林玉體認為，福氏的
兒童觀及其幼教觀是：承認幼童潛藏著神性，故幼兒教育的首要
功能，乃是將潛藏著的神性予以開展（unfolding）。而其方法，
只有在無拘無束的自我活動中才有可能。幼童是創造性的，不只
是接受性的。自我活動不但與神性發展有關，還可培養獨立自
由的幼童人格（林玉體，1984：352）。可以說，自由的自我活
動，乃是福氏幼兒園教學第一法則。而這一法則，對後來的藝術
教學法帶來鉅大影響。《西方藝術教育史》便指出：福祿貝爾的
「自我活動」，直接導致了二十世紀強調「自我表現」的藝術教
學方法的產生（艾夫蘭著，邢莉、常寧生譯，2000：147）。這
個論定，當是無可置疑。

　　福祿貝爾認為，幼兒期的教育對於人一生發展，是至關繫
要的；幼兒期是「真正的人的教育」開始的時期。如果說，三歲
前的家庭教養重點在於幼兒身體的養護及感官的發展，那麼，三
至六歲的幼兒園教育則應多注意其心智的發展。幼兒園教育的主
要任務在於變內因為外因，讓孩子通過參與人和物的外部世界活

動，來展現自己的天性（張煥庭，1979：323）。楊漢麟、周采
指出：福氏認為幼兒時期的生活要素中，語言、遊戲和繪畫是當
中的三大結構，故他把幼兒園的訓練分為三種方式：一是唱歌；
二是動作與姿勢；三是建造，而與這三種活動相關的是兒童語言
的發展。這三方面並不是分離的，而是有機連結的。比如，講故
事時，用唱歌來表演，用動作及姿勢或圖畫來表現有關情節等
（楊漢麟，周采，1998：183-187）。

　　至於福氏幼兒園的課程，則主要建立於以活動和遊戲為主的
體系，重要內容有歌謠、恩物[10]（gifts）、作業（occupations）、
運動遊戲，以及自然研究等。其中，作業是他為幼兒園確定的另
一種教育活動形式及課程，其種類很多，有繪畫、紙工、拼圖、
串珠、鑲嵌、泥塑等。此外，作業應用恩物知識所練習的材料包
括的東西很多，如有各種大小、色彩不同的紙、紙板。使用這些
物品，可以將其折成各種不同的型態。有供應繪畫、雕塑、編織
一類工作的材料；還有泥、沙、濕黏土等。與恩物中的立體教具
相對應的作業遊戲，有泥塑、紙版、折紙及木雕；與恩物中的平
面教具相對應的有圖畫、織紙、織席、編條、縫紉、串珠、穿紙
等。由這些可見，美術領域的作業與恩物，在福氏的幼兒園課程
設計中佔有殊重成份。

　　在美國有許多的幼兒園特別重視福祿貝爾的恩物與作業，其
主事者或倡導者強調這兩者能為孩子後來的工業圖畫教育提供基

---

[10] 恩物，是福祿貝爾創製的一套供幼兒園兒童學習使用的教具。它是自然的
　　象徵，如球象徵地球、整個世界；圓形體象徵動物的形體；方形象徵礦
　　物；圓柱體象徵植物的形體等。兒童通過這些恩物，由簡及繁，由易而
　　難，循序漸進地認識自然，進而洞察神性。在19世紀以前，孩子們的玩具
　　大多數是日常生活中成人用品的小型仿製品。像恩物中的積木這類象徵性
　　實物，在福祿貝爾之前尚不多見，它們在學校中運用更是前所有有。

礎。克拉克（I.E. Clarke）的下面引言足資佐證：

> 福祿貝爾的這種教學方法很快就把孩子引向了對自然的摹
> 仿：按照格子畫畫，手就有了嚮導和方向——（第十種恩
> 物）。畫畫一步一步地變成了一種專心致志的工作；久而
> 久之眼睛就得到了訓練，並且能夠在對諸形式進行綜合性
> 處理的同時，準確地判斷出測量點；孩子們開始熟悉各種
> 線條、角度和幾何形式的科學名稱。它們是如此巧妙而令
> 人信服地構成了由瓦爾特‧史密斯教授制定的工業繪畫教
> 學體系的預備課（Clarke, 1992:663）。

這道出了福氏教具中與繪畫學習有關的恩物和作業之教育功能及
其後續長期的正面效應。

在福祿貝爾逝世後不久，英國科學理性主義教育思想家、
被稱為「社會達爾文主義之父」的斯賓塞（Herbert Spencer, 1820-
1903），雖非高張兒童本位教育旗幟的人物，甚至相反地主張教
育應為未來生活做準備，但他在1878年運用進化論的理論為以
兒童的天性為基礎的繪畫教育辯論。依麥克唐納（Macdonald）
在《藝術與教育的歷史與哲學》（History and philosophy of art
education）一書的引述，斯氏的話是：

> 假如教師不僅在使繪畫成為教育的一個組成部分方面，而
> 且在選擇藝術教育的方式上都能接受自然的提示，那麼他
> 們準會做的比現在好。兒童首先想要表現什麼？體積龐大
> 的事物、色彩絢麗的事物、令人愉快的圓形物、非常愛他
> 們的人；牛群和小狗（他們喜歡用許許多多奇怪的形象來

表達自己的興趣）；到處可見、規模巨大和各方面形成對比的房屋。畫畫過程中最大的樂趣是什麼？塗色。在沒有別的更好的材料和用具時，紙和鉛筆就是好東西；一支畫筆和一盒顏料——那可是寶貝啊（Macdonald, 1970:321）。

斯賓塞相信，「兒童的早期藝術表達了他形成新的習慣和調整及發展心智所必須得到滿足的需求」；幼兒美術教學的關鍵是「繪畫活動是否能開發和培養它的能力」（Macdonald, 1970:322）。斯氏的結論指出：滿足兒童的藝術需求，無論對其自身的發展，還是對「人類的永恆進化」都是必要的（Macdonald, 1970:322）。

與斯賓塞從事學術活動時間相近的美國早期進步主義教育家帕克（Francis Wayland Parker, 1837-?），在1873年獲聘為麻省昆西地區學校總監。在那裏，他摒棄了傳統教科書和死記硬背為基礎的教材教法。在他領導地區學校的圖畫課增添了手工和個性表現的內容。依科爾澤尼克（Korzenik）對帕克教育觀的描述，藝術課程是其主張的課程中心，而包括姿勢、聲音、演講、音樂、繪畫、製作、書寫、造型等都是他重視的藝術表達方式。摘引科氏的描寫如下：

對帕克來說，兒童的教育要求運用各種不同的媒介進行表現。帕克指出：「每個兒童都天生具有藝術家的氣質；他們酷愛用沙和黏土造型，……給孩子一支炭筆，他就會充分發揮自己的想像力：人群、羊群、馬群、房屋、樹木、飛鳥，隨著孩子的大膽和自信不斷地從他的筆端下湧現出來。實際上，除了書寫，所有這些表達方式從一開始就是

> 孩子自發性、持續不變地在運用。他們唱歌、製作、造
> 型、塗色、畫畫，用所有有關想像力描繪的形式來表現一
> 切。」（Korzenik, 1984:290）

透過藝術表現與發表，以培養學童各種能力，似乎是帕克領導的
學校的核心目標。

　　在上面斯賓塞、帕克為兒童繪畫教育需求發聲之際，心理學
邁入科學的實驗心理學時代，脫離了哲學思辨的範疇。1879年，
德國心理學家馮德（Wilhelm Wundt, 1832-1920）在萊比錫大學創
立歷史上第一所心理實驗室，採科學實驗的嚴謹態度、方法進行
客觀的心理學研究，標誌著「科學的」心理學之誕生。接著，
馮德的第一個美國弟子賀爾（Granvill Stanley Hall, 1844-1924），
於1883年發表《入學兒童的心理內容》（The Content of Children's
Mind on Entering School），提出科學性的兒童研究成果，證明兒
童的心理有別於成人的心理，主張在教學之前，應先了解兒童。

　　在發展心理學上，賀爾深受達爾文進化論的影響，傾向「復
演說」（recapitulation theory），認為兒童心理發展反映著人類發
展的歷史。他指出兒童的發展包括三個基本階段，相當於人類進
化史上的猿人（the ape）、蠻人（the savage）及早期文明人（the
early civilized man）階段。它們在現代教育中分別相當於學前期、
小學期、青春期。例如幼兒常於深夜啼哭，便是一種返祖現象。
因遠古時代，人在猛獸出沒的森林中棲息，無時不處於危險境
地，故經常驚醒。他深信，如果想要瞭解人類的進化，就應該研
究幼兒的發展過程；反過來說也成立。

　　從十九世紀1880年代賀爾的研究開始至二十世紀1920年代，
歐美興起了一波兒童研究熱潮。依《外國幼兒教育史》的初步統

計，這段期間，世界各國創辦了二十種左右的兒童研究刊物，有二十五個國家成立了全國性的兒童研究學會，大量的兒童研究論著紛紛問世（楊漢麟、周采，1998：345-346）。其中，有些學者在賀爾的研究基礎上，進一步比較兒童藝術與部落藝術，英國學者薩利（James Sully）即是箇中人物。另有些學者，則廣泛調查兒童繪畫作品進行研究分析，德國的凱欣斯泰納（Georg Kerchensteiner, 1854-1932）、英國的庫克（Ebenezer Cooke）；奧地利的齊澤克（Franz Cizek, 1865-1946）等三人是他們中的佼佼者。

薩利的《兒童研究》（Studies in Childhood）是他將兒童藝術按發展階段進行分類研究的結晶。薩氏在1890年的研究報告指出：

> 在大多數兒童這種最初的、稚拙的美感表達中，我們都可以看到與人類審美趣味的最初的表現方式相連繫的地方。喜愛發光的事物、花朵的色澤、強烈的色彩對比，以及某些運動形式，如羽毛的擺動——特別受歡迎的身體飾物，等等。眾所周知，這些都是未開化人的特徵，在文明人看來這種審美趣味是幼稚的表現（Sully, 1890:299）。

薩利的論述中，不斷地引用賀爾的觀點，有力地舉證兒童繪畫藝術與原始繪畫藝術的類似性，並認為兒童繪畫發展是他們智力發展的一個具體表徵。他把二、三歲幼兒的早期塗鴉稱作是一種「模仿遊戲行為」（imitative play-action），那是一種隨意描繪符號（symbol）而不是形象（likeness）的行為。薩利是歷史上最早使用「兒童藝術家」（the child as artist）此一稱謂的學者（Sully, 1890:298-330）。

　　較之薩利，凱欣斯泰納的研究範圍要廣泛的多。凱氏曾於1904、1905年間大量收集慕尼黑地區近5萬張兒童繪畫，並盡可能地排除那些已受到教師介入指導的作品。其調查結論指出：兒童繪畫能力是自然地和有規律地朝著空間視覺真實這個階段發展（艾夫蘭著，邢莉、常寧生譯，2000：212）。換言之，依凱氏的觀察，兒童的繪畫是由隨意的符號向著「寫實化」──即再現事物外貌的形象──之方向發展的。至於庫克則是植基於兒童研究新發現的基礎上對傳統的藝術教育提出質疑和檢討的學者，他批評過去所謂「畫筆對初學者來說太難駕馭了」的論調（Cooke, 1912:96）。庫克的研究促進了兒童藝術研究朝藝術教育中自我表現方向的發展。

　　在齊澤克之前，學界尚未有人明確界定幼兒畫是「藝術」，幼兒畫頂多被比作原始野蠻人的藝術，雖然當藝術家開始發現「原始」藝術具有相當重要的美學意義時，兒童藝術也隨之受到重視。依艾夫蘭《西洋藝術教育史》的說法，齊澤克是史上聲稱兒童繪畫也是藝術的第一人（艾夫蘭著，邢莉、常寧生譯，2000：254）。據維奧拉（Viola）的考察，當齊澤克還是個藝術初學者時，他就已經對兒童藝術產生研究興趣，並有了重大的發現──認為他們畫出了十分不同尋常的事物，但風格卻相當一致，即他們畫的畫與在1890至1900年代仍被忽視的某種藝術風格有著相似之處。他認為幼兒的塗鴉是一種幼兒才能夠創造出來的藝術，理應得到尊重（Viola, 1936:14-16）。

　　齊澤克曾在1890年代於維也納創辦一所私立兒童藝術學校，內有幼兒部。依艾夫蘭的研究，1904年，維也納藝術與工藝學院（Vienna School for Arts and Crafts）院長把齊澤克的幼兒部合併到他的學院，這種狀況一直維持到1938年齊氏退休為止（艾夫蘭

著，邢莉、常寧生譯，2000：256）。齊氏有自己一套的幼兒美
術教學法，他比上個世紀的盧梭更堅持避免受所有成人的影響，
他的幼兒藝術班根本不進行正常意義上的教學活動。依麥克唐納
的記述，齊氏的幼兒美術教育特徵是：「不強調技巧，不重視步
驟的教學模式，……所有方法、材料、主題、目的等概由兒童自
由地選擇。」（Macdonald, 1970:345）這無疑是一種完全尊重幼
童創造性的自我表現教學風格。

　　前面所列舉斯賓塞、帕克、賀爾、薩利、凱欣斯泰納、庫
克、齊澤克等七人，對幼兒心理學及幼兒藝術確有其研究與實踐
成果，引起了人們對幼兒心理與幼兒藝術教學及研究的注意，
但他們七人在幼教史的影響力卻遠遠不及稍後繼起的佛洛伊德、
杜威。

　　佛洛伊德強調「潛意識」（subconsciousness）對人的心理與
行為的深層影響作用。潛意識世界包括人的原始衝動和各種本
能，以及出生後和本能有關的慾求。由於他們不能為風俗、習
慣、道德、法律所容，而被壓抑，處於意識閾之下；但是它們並
不會消失，而是在人不自覺的情況下活動著，以求滿足。高覺敷
在《西方心理學史》形容，佛洛伊德所提的潛意識就像一個由原
始衝動、各種本能以及被壓抑欲望所組成的過去經驗的大倉庫
（高覺敷，1982：377）。這個大倉庫是人類動機的真正源泉。

　　潛意識概念，是佛洛伊德的理論基礎。佛氏在代表作——
1910年出版的《精神分析引論》謂：

> 精神分析的第一個令人不快的命題是：心理過程主要是潛
> 意識的，至於意識的心理過程則僅僅是整個心靈的分離的
> 部分和動作（佛洛伊德著，高覺敷譯，1986：8）。

潛意識雖然被壓抑在心理世界的深層，但它卻是內容最龐大，在感覺、知覺不到的中間影響我們的人格與行為。佛氏基於此一立論而建構出來的精神分析學說，對社會與文化各層面，產生了鉅大的影響。儘管他的著述中關於精神分析在教育領域的應用問題，未作過任何具體討論，但有學者聲稱：「也許在歷史上再也沒有甚麼能比佛洛伊德心理學對教育的影響更大了。」（布魯柏克著，吳元訓譯，1991：163）。

佛氏於《精神分析引論》一再指出早期經驗及早期教育問題的重要，認為早期幼兒生活之美滿與否，是左右其後人格發展正常或變態的主要因素。他說：

> 我們往往由於注意祖先的經驗和成人生活的經驗；卻完全忽視了兒童期經驗的重要。其實兒童期經驗更有重視的必要，因為他們發生於尚未完全發展的時候，更容易產生重大的結果，正因為這個理由，也就更容易致病。……由觀察的結果，可以深信幼時的經驗有其特殊的重要性（佛洛伊德著，高覺敷譯，1986：289-290）。

他強調幼年生活經驗和教育對於人的心理發展和人格發展的重大意義。

佛氏另著《藝術論》一書，是他於1908年至1928年間發表的有關藝術的論文集。本來藝術家將自己對美的理想追求或世俗的願望，以獨特的才能使它成為一種新的現實而廣受愛好的作品，惟在佛氏眼裏，由於潛意識的往外宣洩，可以昇華為美術、文學或音樂的創作，故這些藝術傑作都有著它們深一層的意涵。例如此書中〈達芬奇幼年時期的一記憶〉裏，即針對達芬奇（一般譯

為達文西）畫的「蒙娜麗莎」（見圖十）、「聖母子與聖安娜」（見圖十一）等二作加以綜合剖析，認為這些作品與達芬奇一段「幼年時期的記憶」有很深的關係。這段記憶是：

> 記得是極年幼時候的事，我（達芬奇）還在搖籃之中的時候，有一隻兀鷹飛舞下來，以尾巴撥開我的嘴，好幾次用他的尾巴輕啄過我的嘴唇（佛洛伊德著，王安崇譯，1996：29）。

佛氏認定，一個人自他還在搖籃時期就記得的事，是非等尋常的。

圖十　達芬奇的「蒙娜麗莎」
（資料來源：麥克蘭諾著，楊柳譯，《達文西》，頁117）

圖十一　達芬奇的「聖母子與聖安娜」
（資料來源：麥克蘭諾著，楊柳譯，《達文西》，頁127）

　　佛氏認為在達芬奇本身也不十分知道它的意義的這段幼兒記
憶的殘滓背後裏，隱藏著對他心理發展特徵具有極貴重證據。
他說：

> 在道德上極被重視的兩性關係，……不是別的，這實在是
> 因為我們（男兒）在乳兒時期，把母親或者是奶媽的乳房
> 含在口中吮吸時，我們每個人都曾經感覺到的快感的，那
> 種狀態的被再現的事物。這種最初生存的喜悅之肉體上的
> 印象，未被破壞而銘刻在我們腦海裏，殘留下來的。……
> 現在才知道為什麼達芬奇將他所謂兀鷹體驗的記憶放在乳
> 兒時代了，隱藏在這個空想背後的事，結果不外乎是吮吸
> 母親的乳房——或者是被餵奶的記憶。他與其他很多藝術

家同樣地，打算將這個對於人類來說是美麗的情景，於「聖母及其子」（按：即「聖母子與聖安娜」）的畫像裏表現出來（佛洛伊德著，王安崇譯，1996：32）。

他追溯考察達芬奇的童年，發現達芬奇把自己比擬為兀鷹之子，以兀鷹代用母親，與他是私生子——自出生就沒有見過親生父親的事，是符合的。達芬奇的一生中最初的歲月是僅僅與母親兩人在一起過的。他推定說，達芬奇的這段幼年記憶是由母親餵奶的事與吻撫的事之回憶而編寫成的（佛洛伊德著，王安崇譯，1996：37）。在這心理分析基礎上，佛氏進一步指出，「蒙娜麗莎」中婦人的嘴唇，畫成深具魅力的謎樣的微笑，是他腦海裡喚起對母親的記憶，而創造出來的母性的讚美（佛洛伊德著，王安崇譯，1996：39-41）。在佛氏看來，「蒙娜麗莎」等作品，是達芬奇幼年期的綜合歷史的編織物，忠實地反映著他幼時經驗。

在佛洛伊德之後的許多兒童教育家，不同程度地接受了他的理論，主要表現在二方面：一方面是教育管教的鬆綁，另一方面是對兒童繪畫的深化研究。就前者而言，他們認為，教育的真正任務不是壓抑兒童的情感，而是使這些情感得到昇華並進入有利於社會的途徑和渠道。創辦「兒童學校」（Children's School，後改名瓦爾登學校，Walden School）的南姆伯格（Margaret Namberg）即是其中一人。南氏這所兒童學校，開始時先成立幼兒部，再逐步設置小學部。她明白規定辦學目的是：「運用精神分析原理來教育一般學童」（Narmberg, 1928:2），她說：

所有導致精神緊張和精神壓抑的清規戒律都是與生物學、心理學和教育學方面的最近發現相違背的。我們務必在建

設性和創造性的工作中，尋找到引導和運用童年其生命活
力的各種方法（引自Cremin, 1964:210）。

此類認同佛氏理論的兒童學校，乃因此開始注重美術、文學、音
樂等學科的教學。去除傳統教育那些狹隘的、壓抑的、教條的的
框架，建立一種保持與尊重兒童生命活力的教學模式，無疑是佛
洛伊德理論在兒童教育上的應用，而這種理論落實在幼兒美術教
育，便是創造性自我表現[11]觀念的被認可。

　　就後者而言，他們受佛氏理論的啟迪，以兒童繪畫作為進行
幼兒行為診斷與治療研究的主要材料。《外國幼兒教育史》一書
指出，像美國學者阿爾修勒（R. H. Alschuler）、哈特維克（B. W.
Haltwick）及日本學者淺利篤等，均深受佛氏精神分析學說，尤
其是潛意識概念的影響，對兒童畫加以研究，他們一致提出：兒
童畫不可視為無意義的簡單塗鴉，而是其潛意識的表現，畫面上
的表象符號或色彩均有特殊的象徵意義。他們力圖從畫面上分析
兒童的需求、親子關係乃至攻擊性傾向等隱義，從而確定幼兒的
特質或問題徵結所在（楊漢麟、周采，1998：378）。

　　杜威在1916年發表了他的教育哲學代表作《民主主義與教
育》（Democracy and Education），宣揚民主教育觀、兒童中心

---

[11]　艾夫蘭在《西方藝術教育史》徵引考利（Malcolm Cowley）的看法，認為
　　美國1920年代起逐漸興起的創造性自我表現運動，除了肇因於佛洛伊德
　　的理論，尚與當時三種萌芽的社會觀念有關：一是兒童拯救觀（the ifea of
　　salvation by the chlid）——每一個人在出生時都有著特殊的潛能，可是在
　　生長過程中，這些潛能逐漸被一個規範化的社會和機械的教育方法所扼
　　殺和毀滅。二是自我表現觀——每一個人的生活目的，都是為了表達自
　　己的思想，在美的生存環境裏通過創造性的勞動和美的生活，實現自己
　　的完美個性。三是自由觀——阻礙自我表現的一切法規、習俗或藝術教
　　條都應該被打破和廢除（頁249）。

（child-center）學說、實驗主義教學論等教育革新理念，風行草偃，很快成為先進國家的教育主流思想。他所提出的「教育即生長」（education as growth）「教育即生活」、「問題解決法」、「做中學」（learning by doing）、「教育即經驗改造」等口號，幾可說是家喻戶曉。

　　杜威的教育學說，是植基於對過去許多對立的哲學與教育論說的統整、折衷[12]，以及從自己的教育實務經驗加以醞釀、創造性的思考而謹慎提出。他於1896年，創辦芝加哥大學實驗學校，第一年招生有16名學生，年齡自4歲到14歲不等，兩名教師；六年後，學生增至140名，教師也增至23位，辦學旨趣在於實驗民主化、生活化教育的理想。從這個實驗學校可知，杜威有著豐富的兒童教育經驗。

　　尊重學生主體性，採取以兒童的自然發展及真實生活經驗為基礎，實施統整性課程與教學，是杜威實驗學校的教育原則。他在《經驗與教育》聲明進步學校共同的原理是：

> 反對從上面的灌輸，主張表現個性和培養個性；反對外部紀律，主張自由活動；反對向教科書和教師學習，主張從經驗中學習；反對透過訓練獲得孤立的技能和技術，主張把技能和技術當作直接達到切身需要的手段；反對為遙遠的未來作準備，主張儘量利用現實生活中的各種機會；反對固定的目的和教材，主張熟悉變化著的世界（杜威著，姜文閔譯，1992：6）。

---

[12] 如對於傳統二大對立的知識論——理性主義與經驗主義的持兩用中；又如對於社會本位與個人本位教育目的矛盾的統一化解等，彰顯了杜威折衷性的教育主張。

這些主張，都是引領著二十世紀兒童教育向前推進的革新精神和明確觀念。

根據《西方藝術教育史》的考察，杜威的實驗學校，在1898年增設了一個附幼部，招收4歲和5歲的兒童，後來又設置了幾間手工教室，而藝術課是安排在一個大閣樓裏進行（艾夫蘭著，邢莉、常寧生譯，2000：221）。該校的美術教學方式，並非將之作為一個單獨科目孤立實施，而是融入於一個大的設計活動中進行。其概況是：

> 孩子們大量的接觸各種類型的原材料，他們在使這些原材料按照自己的設計意圖形成各種形狀的過程中獲得滿足。這些形狀在一定的指導下逐漸變成具有更深刻的意義和藝術性的作品（艾夫蘭著，邢莉、常寧生譯，2000：222）。

可以說、兒童參與這種設計教學法的情境，是出於他們內在的需求，在美術活動與操作中獲取經驗，並熟悉用具及其生產、創造過程，進而獲得心理滿足。

1934年，杜威出版《藝術即經驗》（Art as Experience），是他探討美學與美術教育的專著。他在書中強調「藝術是以人的經驗為源泉的」，是與人的生活密切連結的（杜威著，高建平譯，2010：5）。他舉例說：

> 帕台農神廟是一件偉大的藝術品。然而，它僅僅在成為一個人的一個經驗時，才在美學上具有地位。……雅典公民他們並非將帕台農神廟當作一件藝術品，而是當作城市紀念物來建築的。這座神廟只是他們的經驗的表現而

已。……要對體現在帕台農神廟上的審美經驗進行理論化
的人，必須在思想上意識到該神廟所介入其生活的人（杜
威著，高建平譯，2010：4-5）。

這段話頗能點出杜氏「藝術即經驗」的理念。

　　基於「藝術即經驗」理念，杜威認為，手工藝者或生活產品
製造者工作之際，盡力將他的手工作品做好，並從中感到樂趣，
對它的材料和工具具有真正的感情，這就是藝術的投入。在他看
來，生活品即藝術品，他說：

> 文身、飄動的羽毛、華麗的長袍、閃光的金銀玉石的裝
> 飾，構成了審美的藝術的內涵。……室內用具、帳篷與屋
> 子裡的陳設、地上的墊子與毛毯、鍋碗壇罐，以及長矛等
> 等，都是（古人）精心製作而成，我們今天找到它們，將
> 它們放在藝術博物館尊貴的位置。然而，在它們自己的時
> 間與地點中，這些物品僅是用於日常生活過程的改善而已
> （杜威著，高建平譯，2010：7）。

這些說法應是契合史實的。此一見解，證明了美的藝術與日常生
活的緊密聯繫；藝術反映的是與社會生活結合在一起的情感和
思想。

　　既然藝術與審美的性質藏於每一個日常經驗中，那麼兒童
的藝術教學，便值得在幼兒園統整性的設計教學中融入進來。杜
威在《學校與社會》一書中，對於將勞作、藝術等納入兒童教育
中的作法，賦予積極的肯定和讚同（杜威著，林寶山、康春枝合
譯，1990：20）。他表示，兒童都有使用紙筆的本能與興趣，所

有的兒童均喜歡利用形狀及色彩的媒介來表達自己。在他們利用
繪畫表達自己的過程中，若教師提供適當的建議來引導，則他們
的觀察力和想像力便可以得到增強（杜威著，林寶山、康春枝合
譯，1990：29）。按杜威的自述，其所辦實驗學校中四至八歲的
幼稚部及小學低年級的教材，完全選自兒童四周社會生活環境，
並且儘量使兒童用接近社會的形式，如遊戲、手工、工藝、故
事、圖畫、對話等方式來表現（杜威著，林寶山、康春枝合譯，
1990：69）。他認為，繪畫同遊戲一樣，都能使幼兒生活達到心
理的、感情的滿足和實現（杜威著，林寶山、康春枝譯，1990：
93）。

　　上述杜威在《藝術即經驗》的理念，也見於他所著的《學校
與社會》一書。他明白表示學校教育應該發現並實踐「藝術即經
驗」的事實和觀念，不可忽視藝術教學的重要性。他在《學校與
社會》中說：

> 文藝復興時代的作品之所以偉大的原因是因為出自人生的
> 手工藝術（manual arts），它不是從另一種高尚的氣氛中
> 產生，而是在人類的居家生活及日常生活中的心理過程中
> 發現到的，學校應該重視這種關係。……所有的藝術都與
> 身體器官有關──如眼和手，耳和聲音；……藝術也與觀
> 念、思想與精神有關。……藝術是思想及表達工具的生動
> 「結合」。在理想的學校中，藝術活動可視為商店或工廠
> 的象徵，它透過圖書館、博物館而又回復到活動之中，此
> 種象徵即所謂的「結合」（杜威著，林寶山、康春枝譯，
> 1990：57-59）。

　　杜氏既把藝術觀念引進到博物館，也把它引進到工作室，他舉例說，如編織藝術課程教學活動，宜配合參觀編織品博物館，讓學童觀摩、接觸各種原料樣本、各種器具及圖畫（或圖案）、製作流程等，使藝術、科學與實業在統整性教學活動中有機地連絡起來（杜威著，林寶山、康春枝譯，1990：59）。

　　由杜威教育觀引伸、推展出來的「進步主義教育運動」（Progressive Education Movement），無疑是二十世紀勢力龐大的一大股教育運動。1918年，「進步主義教育學會」（Progressive Education Association）成立，選聘杜威為名譽會長。體現杜威兒童教育觀的學校，形成了進步主義教育運動，這些學校的活動計畫真實地反映了實際生活的現狀。它們最重視兒童的興趣愛好，把它做為選擇學校教學內容的圭臬。凡與兒童生活脫節的，或是空洞抽象的概念等概被剔除於課程教學之外。此性質的學校教育，注重兒童無拘無束的表達活動，傳統靜態的學習變成動態的表演、繪畫、歌唱及工作等。

　　投入學術與教育活動時間幾與杜威同時，而對幼教同杜氏一樣帶來鉅大影響作用的是蒙特梭利。她於1907年在羅馬貧民區開辦了一所招收三至六歲貧民兒童的幼兒學校，稱之為「兒童之家」，將早期研究心智障礙兒童教育的先驅伊塔（Jean Itard, 1774-1858）和塞根（Edouard Seguin, 1812-1880）的教育方法經過適當修訂，運用於一般正常兒童，取得了極大的成功，並引起了國內外人士的注意。她的教育思想建基於生物學與醫學之上，強調「自立教育」（auto-education）（又譯「獨立教育」、「自動教育」）及感官訓練[13]的重要性，主張教育的任務端在使兒童走

---

[13] 蒙氏的感官訓練，又稱感覺訓練，主要包括視覺、聽覺、嗅覺、味覺、及觸覺的訓練，而其媒介即所謂「蒙氏教具」，每一類教具基本上都由

向自我教育的正途，亦即使孩子成為自己的主人，自我處理自己
的事情。

　　蒙氏承襲康米紐斯、盧梭、裴斯塔洛齊、福祿貝爾等人的
兒童觀，提出兒童具有一種內在的生命力。她在《童年的祕密》
云：人的胚胎學研究顯示，活的生命的內在力量以一個驚人的創
造性生長，趨向發展的目標；這個誕生的生命力，本身已包含了
整個有機體進程的神祕潛能，而這將是它的活動、特性和適應環
境的源泉（蒙特梭利著，馬榮根譯，1992：23-24）。這種內在
的生命力，正像一個「生殖細胞」，確定著個體發展的準則。她
在《發現兒童》一書說：

> 兒童有一個會成長的身體與會發展的心智。他的身心發展
> 都是出於同一個來源，就是生命，我們不應腐化或埋沒兒
> 童神祕的潛能。……成長的泉源是內鑠的。……兒童成長
> 是因為其生命的潛能得以發揮，生命所從出的肥沃種子能
> 依照自然的定數而發展（蒙特梭利著，許惠珠、邱琡雅
> 譯，1990：68）。

依其觀點，兒童的生長，是由於內在的生命潛力的發展，使生命
力顯現出來。

　　緣於內發論，蒙氏批判傳統死板、僵化的幼兒教育，指出：

> （傳統式）學校裡，兒童的人格之自發性表現受到壓抑，

若干部件組成。所有部件除了某一向度（如大小、重量、頻率高低等）
有量的差異外，其餘的性質相同；每種教具各訓鍊一種特殊的感覺。此
外，教具能控制兒童使用不當的錯誤。

兒童有如一具屍體一般。兒童固定坐在課桌椅上，就像實
驗室裏的被針固定的蝴蝶一般。兒童張開雙手所獲取的枯
燥乏味的知識正象徵著蝴蝶之浮華不實的雙翅（蒙特梭利
著，許惠珠、邱琡雅譯，1990：11-12）。

她表示，在她辦學的當時，「的確有些教師受了盧梭的影響，已
經訂定了顧及兒童自由的美好原則」，但多數人依然沿襲傳統保
守的教育模式（蒙特梭利著，許惠珠、邱琡雅譯，1990：12）。
「兒童之家」的教育原則之一是「自發表現」，亦即提供「有準
備的環境」，讓兒童在其中獨立地活動，自然地表現，並意識到
自己的內在力量。他另於《幼兒與家庭》宣稱：「成人絕對不應
該依照自己來塑造幼兒，而應該聽其自然。」（蒙特梭利著，王
愉文譯，1991：39）在她看來，允許兒童自由發展其活動乃是幼
兒學校當務之急。

　　為了讓兒童在學校裏能夠按其內在生命力自發性地表現，
「兒童之家」並沒有什麼固定的形式，而是提供兒童可以充分活
動和發展的設施、設備，允許他們隨意取用或移動。例如「工作
室」便是「兒童之家」很重要的場所。《蒙式教學手冊》對「工
作室」描述道：

（工作室）置有長玻璃櫃和帶有二、三格小抽屜的櫃。玻
璃櫃很矮，兒童可輕鬆自如地到櫃中取放各種器具。……
牆的周圍掛有黑板，兒童可以在上面繪畫、寫字；還貼有
兒童喜歡的各種圖片，並經常調換內容（楊漢麟，周采，
1998：288）。

在這樣的環境中，兒童是主人，他們饒有興趣地活動著。活動內容包括談話、清潔、運動、用膳、午睡、手工、唱歌、照料動植物，以及各種感官訓練和知識學習等。兒童的學習、工作可由自己安排掌握，不受規定時間的限制。很明顯的，蒙氏的教學環境設計及教學方法，相較於傳統的幼兒教育，是一種非常新穎的主張。

蒙特梭利的幼教思想中，強調美育與感官訓練的密切聯繫。她說：

> 美育……與感官練習息息相關。豐富一個人的感官經驗與培養其區辨刺激微小差異的能力，可以增進其感受力和增添其樂趣。美是存在一片和諧中，而不在雜亂之中；而和諧意味著彼此極為類似，若不是有敏銳的感官是不可察覺的。感官遲鈍的人無法欣賞到大自然與藝術中的和諧之美（蒙特梭利著，許惠珠、邱琡雅譯，1990：157）。

蒙氏認為我們的四周充滿了無數美妙的事物，但可惜人們由於視覺遲鈍而無由欣賞到。故她強烈主張藝術教育應「根基於對真實事務的觀察」；藝術學習「意味著一個人必須發展他的感官以及雙手的動作」（蒙特梭利著，許惠珠、邱琡雅譯，1990：153-155）。

在「兒童之家」，繪畫學習是屬於「手工」活動的重要部分。蒙氏強調繪畫練習主要是作為幼兒握筆寫字的準備。她說：

> 我們所謂「描繪」的練習，實際上是要訓練手以準備寫字。今天大家都在談論自由畫，許多人很奇怪為什麼我要

嚴格限制兒童的描繪行為。我要他們描出幾何圖形，然後
要他們用特殊的握筆方式去塗滿它，或者讓他們用彩色筆
去為已經畫好輪廓的圖形著色。……這個過程乃是書寫行
為的組成要素（蒙特梭利著，許惠珠、邱琡雅譯，1990：
291）。

據此，楊漢麟、周采指出：

蒙特梭利的手工作業主要是指繪畫和泥工。……她主張兒
童在學習寫字前，先要學習繪畫，以作為基礎，故她將繪
畫稱為寫字的「間接法」。具體做法是：首先準備各種立
體的圖形，作為教具，讓兒童用手觸摸圖形輪廓，再將形
體放在紙上，要兒童將輪廓勾畫出來，最後用色筆塗滿所
繪輪廓。至於泥工，即要兒童塑成各種器具或動物。……
泥工既可練習手的動作，也為兒童提供了自我表現的途徑
（楊漢麟、周采，1998：304）。

可見蒙氏的繪畫教學法，並非「自由繪畫」；在她的教學體系
中，繪畫教學是建築在感官教育基礎上的，實際上只是一種無想
像力的對外界事物的臨摹，所要培養的是精細的觀察力和良好的
手控能力。

捌、二十世紀後半期至今

　　1949年第二次世界大戰結束，自1950年代以後到現在，所謂
「現代藝術」的面貌是多端的，其變化之急遽，為過去所不及。

而幼兒美術教育觀在之前的發展厚基之上,又有更深入、更多元的研究論點和主張問世。這些發展與整個二十世紀藝術與教育的多重演進是息息相關的。

二十世紀是藝術變革、創新的時代。溯自1907年,塞尚的大型回顧展,使年輕一輩藝術家清楚地意識到,一切視覺形式可以被簡約成錐體、立方體和柱體。到1911年,畢加索(Pablo Picasso)等人已經在塞尚的基礎上發展出立體派。佛朗明說,整個二十世紀,藝術流派紛呈,既有學院派寫實主義的延續發展,又有致力於深層潛意識揭示的表現主義、超現實主義(Fleming, 1968)。此外,畢加索從非洲原始藝術汲取創作靈感;克利從幼兒繪畫的童稚特性裏得到津梁;康定斯基擯棄外在形象,企圖從純形式的分析中找出藝術的基本元素等,在在體現了現代藝術的求新求創精神。

藝術追求變革與創新,不僅表現於整個二十世紀大時代,也往往體現於個別藝術家,西班牙藝術家達利(Salvador Dali, 1904-1989),便是一個典範。依王秀雄〈編織夢與幻想的畫家——達利〉一文,達利早期先學印象派與點描派繪畫,以及寫實派技巧,並實踐之;接著(1922年)研究與表現馬諦斯的色彩分割法;而後1924-1927年探討並創作畢卡索的立體派風格;1927年研讀佛洛伊德之著作,開始對潛意識心理產生興趣,那年的作品「鮮血比蜂蜜還甜」,是其透過細膩寫實的手法,大膽描繪潛意識意境的處女作。到1930、1940年代,他的超現實主義藝術,更有飛躍的進展。而戰後的1950年代起至1970年代,達利的繪畫創作,除了延續以描繪夢境與幻想為止的潛意識世界的超現實藝術之外,也加入了歷史畫(王秀雄,1990:44-54)。在王氏看來,達利的繪畫藝術頗具流暢性、變通性、獨特性、精密性,是

一極富創造力的大師。

　　戰後藝術之嚮往創新、創造精神，也反映於兒童美術教育方面之發展，這與英國的里德（Herbert Read, 1893-1968）和原籍奧地利、後移民美國的羅文菲（Viktor Lowendeld, 1903-1960）二人的觀點是分不開的。他們兩人，對現代美術教育的影響甚大，凡是先進民主國家的美術教育，皆一定程度的接受了兩人思想。誠如美術教育史家所言：

> 里德（Read）在1943年，曾經非常詳細地觀察全球大部分兒童藝術形式的基本類似點，結果後來產生了一個令人矚目且具有結合力的團體。這便是……「國際透過藝術的教育」協會之設立，即「INSEA」。這是聯合國科教文組織（UNESCO）支持下，1951年夏天在英國Btistol舉行的「普通教育的美術教育國際研討會」的具體收穫。……戰後的美術教學法是Lowenfeld所啟發帶動的，他建議兒童在不同藝術發展的階段中，應該鼓勵他使用自己適切的材料和主題來創作。課程的主要目的在於幫助兒童的發展，而不是以教材的價值來作考慮（王秀雄，1990：105）。

這段對里德、羅文菲二人的論定與評價，應是契合史實的。

　　里德於1943年出版《透過藝術的教育》（Education Through Art）一書，提出涵括視覺（美術教育）、觸覺（造型教育）、聽覺（音樂教育）等的培養，對兒童能力發展非常重要。他在該書首章，確立「自由」是教育最重要的原則，認為倡導此一原則是從盧梭肇始，其後，裴斯塔洛齊、福祿貝爾和蒙特梭利相繼發揚光大之。到了杜威，才將自由發展獨特性與發展社會意識統一

起來（里德著，呂廷和譯，2007：85-86）。里德對於這一教育
觀的發展趨勢是完全認同的。此外，他也很「欣賞」從盧梭、裴
斯塔洛齊，到杜威一脈相傳下來的「實物教學法」或「直觀教
學法」，以為這是極富教育意義的（里德著，呂廷和譯，2007：
122）。還有里德自陳：「我敬慕佛洛伊德（Freud）」（里德
著，呂廷和譯，2007：89）。他的《透過藝術的教育》，有許多
地方是把佛洛伊德的精神分析心理學融入進來，而提出其個人的
藝術昇華說。

　　依里德所述，教育的本質即在培養藝術家──善於各種表現
型式的人。他說：

> 教育可以界說為表現型式的培養──即是教兒童和成人怎
> 樣造出聲音、意像、動作、工具與器皿。一個能把這些東
> 西做好的人，就是一個受過良好教育的人。假如他能造美
> 好的意像，他是一位優秀的畫家或雕刻家；假如有優美的
> 動作，是一位優秀舞蹈家或勞工；假如能造良好工具和器
> 皿，是一位優秀手工藝家。思想、邏輯、記憶、感性和智
> 力等一切機能，都與這些歷程有關。……所以，教育的目
> 的就是創造藝術家──善於各種表現型式的人（里德著，
> 呂廷和譯，2007：89）。

里德如此深刻強調藝術應為教育基礎，這在教育史上是絕無僅
有。他這一番說法，乍聽之下，似有偏頗之嫌，說「教育目的就
是創造藝術家」未免太狹隘？但仔細推敲之，其實上面的論述，
是與教育原理相當符應的。今日講求的「培養基本能力」、「培
養專業知能」、「養成各種人才」、「濡化健全人格」等教育目

標，其旨趣不就是里德所表達的「創造藝術家——善於各種表現型式的人」嗎？

　　教育應如何實施，才能達成上述培養藝術家的教育目的？里德認為提供「自發性」的「自由表現」的教學情境是最重要原則。他說：「兒童自出生即開始表現自己，他以某些本能欲望開始，那是他必須讓外在的世界知道的欲望。」（里德著，呂廷和譯，2007：171）他將「自發性」定義為「毫無抑制的從事創作或表達自己」（里德著，呂廷和譯，2007：173）。在此原則之下「教師的角色就是隨從、嚮導、啟發者、心理助產士。」（里德著，呂廷和譯，2007：254）這裏的「心理助產士」概念，當然是希臘三哲的第一哲蘇格拉底（Socrates, 470~399B.C.）所提出「助產士法」之應用，其意指教師如同助產士只是協助學生（孕婦）順利將胎兒（教育之結果）生產出來。這是西洋教育主學生本位、兒童中心，教育方向採由內而外「引出」或「開展」觀念的源頭。

　　在幼兒美術發展與教學實務上，羅文菲的著力，似比里德深。他於1957年刊行的《創造與心智的成長——透過藝術談兒童教育》，實是根據兒童的心智發展以探討兒童的美術發展階段，而把它分為塗鴉階段（scribbling，2~4歲）、前樣式化階段（或稱圖式前階段，preschematic，4~7歲）、樣式化階段（或稱圖式階段，schematic，7~9歲）、理智之萌芽階段（或稱寫實的萌芽階段，duoing realism，9~11歲）、擬似寫實階段（pseudo-realism，11~13歲）等階段。這些階段的發展，皆是知覺、感情與知識（或概念）的統合成長所帶來的結果。他對這五個兒童美術發展階段的特徵，以及教學上可提供的適應性藝術刺激的題材、技巧與評量方法等之說明，相當詳細（請參見其《創造與心

智的成長──透過藝術談兒童教育》第三至第七章的討論）。

羅文菲在上書首章，先就現代教育走入偏頗之缺失針砭道：

> 到目前為止，教育在它最富有意義的目標上已經失敗了。
> 我們雖在專門領域中獲致高度成就（尤其是科學成就），
> 而提高了物質生活的水準，但卻遠離了情感和精神所需要
> 的事物（羅文菲著，王德育譯，1991：1-2）。

這數句愷切評語，讓我們看到了人文主義的復活，可說是現代教
育重科技輕人文、重物質輕精神流風中的一股清流。針砭時下整
個教育方向扭曲之餘，羅氏也對於家庭教育及初等學校教師方面
的缺憾提出檢討。他認為，兒童對藝術的看法是與成人不同的，
藝術對他們來說主要是一種表現方式。但許多家長和教師，在兒
童開始塗鴉時，卻心急地希望看到合於成人觀念的構圖，要求
「正確」的比例和「優良」的色彩設計，這種種干擾實在層出不
窮（羅文菲著，王德育譯，1991：10）。他以一個已經出現神經
質和抑鬱的兒童個案為例說：

> 我深入調查這個案例，發現這孩子（一位教師的兒子）受
> 到反覆地模倣自然情形和運用正確比例「漂亮地」描繪的
> （負面）影響。因為父親要看的是「好的」、「完美」的
> 圖畫，而不是小孩自己的圖畫，結果抑過了兒童的想像
> 力，而使之由整個人的經驗變為視覺的經驗。當小孩知道
> 他沒有能力依照父親的要求而畫時，他便失去自信心而停
> 止自己的創造。自信心喪失妨礙了兒童完整的發展（羅文
> 菲著，王德育譯，1991：11）。

　　與此一實例因父母或施教者觀念不正確而衍生類似問題的幼童，恐不在少數。還有，羅氏對於當時很流行的「定型的圖畫練習本」及「著色畫」也多所批判，認為這些對兒童的創造力會造成很大的「破壞性」（羅文菲著，王德育譯，1991：13-15）。

　　那麼，為救治這一時代教育重症，羅氏提出的補偏救弊的處方，是自幼兒起即採取透過創造性自由表現的藝術教育作為兒童教育重心。這與前述里德可說是英雄所見相近。羅氏說：

> 在一個均衡發展的教育系統裡，強調每一個人的思想、感情以及感受力都必須均衡的發展，俾能開發每一個人的潛在創造力。藝術教育，如在兒童早期施行的話，便很可能造出富有適應力和創造力的人；否則，便可能培養出雖有豐富的學識，但卻不曉得如何去應用，以致成為缺乏內涵，而且難以與環境融洽相處的人。由於感性、思考和感覺，在任何創造過程中均同等必要，因而藝術就是平衡兒童的智慧與情感所不可或缺的工具（羅文菲著，王德育譯，1991：2）。

這席話，字字珠璣，堪稱是教育史上最尊崇藝術教育地位與價值的一段宣言。

　　美術教育的目標，究在創造藝術家，或是充實美感經驗，或是訓練手、眼等感官能力，或是陶冶美的素質，或是涵泳全人人格，諸家論說重心不一而足。在這方面，羅文菲將之聚焦於創造力的培養。他說：

> 藝術教育的目標是使人在創造的過程中，變得更富於創造

力，而不管這種創造力將施用於何處。假如孩子長大了，
而由他的美感經驗獲得較高的創造力，並將之應用於生活
和職業，那麼藝術教育的一項重要目標就已達成（羅文菲
著，王德育譯，1991：3）。

根基於此，關於美術教育實施的過程，他首先強調教學活動應具
有創造性與自由性，以增進兒童健康成長，並激發學童的創造
力。其次，教學應因材施教，假如學童缺乏的是感性經驗，則他
們所需要的便是啟發開導；假如他們的心靈或所知是受限的、不
足的，他們所需要的便是充實經驗。

　　他表示，擴大幼兒的經驗範圍意味著教師應以兒童個人的程
度為基準，對兒童思想、情感和感受力的啟發都以兒童的程度和
發展的階段為本。他舉例說：

　　例如愛蓮只在紙張的小角落塗抹的話，教師要她把塗抹的
　　面積擴大，或將整張紙畫滿，將會徒勞無功，因為光是指
　　示，根本不能刺激她使用大動作，亦不會使她發現紙張的
　　意義。因此，她的參考範圍必須予以擴大，也就是說，塗
　　鴉的動作必須發展為更具意義的動作，從紙張的一部分區
　　域擴大到其他更全面的區域。在這個例子中，我們可以向
　　愛蓮說：「你到過溜冰場了嗎？」——「告訴我你是怎樣
　　溜冰的？」——「假如這張紙是溜冰場，讓我們用蠟筆
　　在上面溜冰。」孩子的每一動作均引導出另一更有意義
　　的動作，終而學到了更多（羅文菲著，王德育譯，1991：
　　4-5）。

　　類似這種教師植基於幼兒生活經驗，引導他們思考，以擴大幼童的經驗架構的具體例子，在羅氏《創造與心智的成長——透過藝術談兒童教育》書中，俯拾即是，深具第一線幼兒園教師的參考價值。

　　自從上面里德和羅文菲分別付梓他們在兒童美術教育的代表作也是權威之作，極力倡導「創造性自我表現」以來，歐美幼童之美術教育實務莫不受其影響，迄今並未消滅。西洋藝術教育史家艾夫蘭在1997年所言：「創造性自我表現，現在已成了藝術課程的代名詞。」（艾夫蘭著，邢莉、常寧生譯，2000：297）應可佐證。特別是羅文菲的《創造與心智的成長——透過藝術談兒童教育》，「是戰後最有影響的藝術教育方面的教科書」（艾夫蘭著，邢莉、常寧生譯，2000：305），此一史評奠定了學界的一般看法。

　　要補充說明的是，羅文菲的兒童美術教育觀自1950年代後，很快迅且持續地長期發生鉅大、具體的影響過程中間，歐美學界也有若干重要人物一邊評論羅氏的幼兒美術教育觀，一邊提出另類觀點。他們依艾夫蘭的研究，至少有下列三人：一是巴肯（Manuel Barkan）。他是杜威觀點的繼承者與發揚者，不認同自我表現是美術教育的主要目標，而認為美術教育應作為促進兒童與他人交流的一種手段。二是麥克菲（June K. Mcfee）。她在研究「直覺」（perception）的過程中，對羅文菲關於「表現階段」（含2～4歲塗鴉階段與4～7歲前樣式化階段）的理論產生了懷疑。麥氏認為在幼兒美術教學上，適當的刺激與計畫性的培養兩種途徑是不可缺少的。三是艾斯納（Elliot Eisner）。艾氏的研究論著[14]，對僅僅強調以兒童自我表現和創造力培養為目標的美術

---

[14] 艾斯納的代表作是《藝術視覺之教育》（Educating Artistic Vision），初次出版於1972年。該書有1991年由郭禎祥初翻的中譯本（臺北：文景書

教育發起了猛烈的抨擊。他積極倡導一種立足於高結構性教材的美術課程思想（艾夫蘭著，邢莉、常寧生譯，2000：306-308）。以上三位兒童美術教育學者，一個強調幼兒與社會的有機互動與溝通的重要性；一個側重教導傾向的刺激與養成；一個聲揚結構性教材設計對提升美育目標之緊要意義。他們或多或少對當前幼兒美術教育帶來影響作用。

玖、結語

　　綜合上述可知，史前時代，幼兒美術教育是原始人生活教育的一部分，靠極簡單的代間模仿與口耳相傳方式隨機進行，無專業性可言。到了古典時期，兒童美術教育充其量只是普羅大眾，特別是一般手工技藝行業者對自家小孩或來做學徒的兒童所實施的非常初級性的觀摩和習作教育。這是時代侷限使然，那個時代只重成人貴族式的博雅教育（liberal eduction）——尤尊哲學、數學、文學、辯證等哲理教育，且又將繪畫學習視為價值與地位較低的職業訓練之列，加以佔居當時教育主流思想的柏拉圖觀念主義之衝擊，含蓋幼兒繪畫學習在內的美術教育乃為之邊緣化、次級化。

　　整個中世紀的教育是以基督教教育為導向，世俗美術教育被排除於主流的教會學校門牆之外。而當時社會流行預成論，並未重視兒童的身心發展和需要。至於行會的藝徒教育制度，有美術教育，但係以青少年為對象，不包括學齡前兒童，故在那個時代，幼兒美術教育還是乏善可陳。

　　局；2000年再版）。對艾氏的美術教育觀，可參見劉豐榮撰的《艾斯納藝術教育思想研究》（臺北：水牛出版社，1980年）。

　　文藝復興時期是尊主人本的、尚重美術的，兒童觀是進步的，畫家、雕刻家等美術工作者，已由過去的工匠化身為藝術家，甚至天才。美術教育在此一社會文化發展有利形勢下，產生了專業性的培育機構。雖然現有史料對於這個時期的幼兒美術教育的描述依然罕見，但社會上正價的兒童觀以及美術學校的形成等在在意味著兒童是逐漸受到喜愛而被尊重的，而美術教育活動也日益得到應有的關注與支持。

　　邁入啟蒙時期，幼教思想家接踵而起，倡立新穎而進步之說。康米紐斯反對原罪論與宗教蒙昧主義，宣稱幼兒是無價之寶，強調幼兒教育的重要性，主張若要成為優秀的畫家，必須從小學習繪畫。他堅信一切兒童都有畫畫的天生欲望，實施幼兒美術教育活動，有助於感官訓練、書寫能力及培養想像力。同樣的，洛克呼籲教育工作應及早從幼兒起輙，教師首先要認識兒童天性，給予適性教學。洛氏建議兒童學習繪畫、雕刻等手工藝術課程，因其有多方面功能，深具長遠價值。而盧梭確立了兒童本位教育思想，催生了十九世紀至二十世紀掀起的兒童本位教育思潮。盧氏宣揚讓兒童學習繪畫，意在增強他們的觀察力及手指靈敏度，以為各項發展之憑藉，而非為藝術而學藝術這樣較單純的專業傾向。裴斯塔洛齊承傳並擴展盧氏觀點，提出直觀教學觀，重視繪畫與測量在兒童認知過程中的關鍵性作用，大大彰顯繪畫學習的重要性。

　　時序跨入十九世紀至二十世紀前半期，一批揭舉兒童本位教育思想的教育家在歐美各國高呼「兒童至上」口號，許多兒童研究機構紛紛成立，兒童研究成果逐漸累積。兒童在社會上的地位提高了，兒童的興趣、需要和尊嚴，被廣泛地重視了。福祿貝爾創立「幼兒園」，堪稱是劃時代之作，他以兒童的自由的自我活

動作為幼兒園教育的第一原理，並認為繪畫與語言、遊戲是幼兒
生活三大要素，尤其推動的恩物與作業教學活動中，繪畫始終佔
有特殊的角色成份。而隨著福氏幼兒園之風行全球，繪畫課程與
教學在幼兒園教育現場裏乃成為常態性活動。而佛洛伊德則另闢
谿徑，掘發幼年經驗及潛意識世界對人一生發展的關鍵性影響。
他的精神分析理論，增進了人們對幼兒教育的重視，也促成了不
少幼教工作者及幼兒美術教育工作者對於營造保持兒童生命活力
與提供創造性自我表現情境的關注與認可。

　　杜威等同「藝術」及「經驗」，強調藝術是人的生活經驗
為動力源泉的。他十分肯定將美術、勞作納入兒童教育中的作
法，並在自己的實驗學校內落實。他表示，每個兒童都有繪畫的
本能與興趣，他們均喜歡利用繪畫表達自己；繪畫同遊戲一樣，
可使幼兒生活達到心理的、感情的滿足和實現。杜威實際上已成
為二十世紀教育發言人，他的實驗主義教育思想，在幼兒園及小
學教育之影響力無疑是更具體、宏大而普遍的。當然在幼兒園教
育中，蒙特梭利的宏力相較於福祿貝爾、佛洛伊德與杜威是毫不
遜色的，這從世界各地普遍設立以「蒙氏教學法」為招牌的幼兒
園可證。蒙氏教育中，美育與感官訓練密切聯繫，美術學習係幼
兒發展手、眼等感官的重要準備；培養精細的觀察力和良好的手
控能力是繪畫學習的核心旨趣。就今日幼兒教育及國民教育一再
強調的發展學習者的基本能力目標盱衡，蒙氏的幼兒繪畫教育理
念，並無可議之處。

　　二十世紀後半期，戰後到目前為止的幼兒美術教育，是由里
德和羅文菲領軍的，尤以後者在實務教學上的影響力為最大。里
德確立自由表現應作為幼兒美術教育的第一原則，並宣稱教育的
本質在於培養藝術家——即善於各種表現型式的人，彰顯了藝術

應為教育的基礎和核心。而羅文菲對於兒童美術發展階段及與之相適應的各年齡層美術教學的題材、技巧與評量等，皆有完整的探討和分析，理論價值與應用價值皆高，足資第一線的幼兒園教師之參引。他所揭示的創造性自由表現的幼兒美術教育法則，雖然遭受挑戰，但迄今仍然是主流思想。

要言之，西洋幼教史中的幼兒美術教育觀的演進，與各時代社會的兒童觀及藝術觀是相應的，大致是一條由無到有，由漠視到重視，由哲學思考到心理學研究，由成人中心到兒童本位，由提供樣式到自發性自由表現，由關注手眼感官能力之發展到關注想像力及創造力之開發等趨勢向前進步。

參考資料

一、中文部分

中央教科所比較教育研究室編（1989）。《世界學前教育研究》。貴陽：貴州人民出版社。

王秀雄（1990）。《美術與教育》。臺北：臺北市立美術館。

司徒盧威著，陳文林譯（1955）。《古代的東方》。北京：人民教育出版社。

尼爾（A.S Neill）著，王克難譯（1994）。《夏山學校》。臺北：遠流出版社。

布魯柏克著，吳元訓譯（1991）。《教育問題史》。合肥：安徽教育出版社。

世界教育史研究會編，梁忠義譯（1986）。《世界幼兒教育史》。長春：吉林人民出版社。

艾夫蘭（Arthur Efland）著，邢莉、常寧生譯（2000）。《西方藝術教育史》。成都：四川人民出版社。

艾斯納（Elliot W. Eisner）著，郭禎祥譯（2000）。《藝術視覺的教育》。臺北：文景出版社。

任鍾印（1990）。《柯美紐斯教育論著選》。北京：人民教育出版社。

朱敬先（2004）。《幼兒教育》。臺北：五南圖書公司。

朱維文（1988）。《希伯來文化》。杭州：浙江人民出版社。

江森（Horst Woldemar Jason）著，唐文娉譯（1983）。《美術之旅——人類美術發展史》。臺北：好時年出版社。

克伯爾編，任寶祥、任鍾印譯（1991）：《外國教育史料》。武漢：華中師範大學。

克勞迪（Evi Crotti）著，崔銀輝譯（2012）。《塗鴉：寶寶說給世界的話》。海口：南方出版社。

何三本（1995）。《幼兒故事書》。臺北：五南圖書公司。

佛洛伊德（Sigmund Freud）著，高覺敷譯（1986）。《精神分析引論》。北京：商務印書館。

佛洛伊德（Sigmund Freud）著，王安崇譯（1996）。《藝術論》。臺北：協志工業出版社。

杜威（John Dewey）著，姜文閔譯（1992）。《經驗與教育》。臺北：五南圖書公司。

杜威（John Dewey）著，高建平譯（2010）。《藝術即經驗》。北京：商務印書館。

杜威（John Dewey）著，林寶山、康春枝合譯（1990）。《學校與社會》。臺北：五南圖書公司。

里德（Herbert Read）著，呂廷和譯（2007）。《透過藝術的教育》。臺北：藝術家出版社。

吳一良、吳于廑（1985）。《世界通史資料選輯》（上古部分）。北京：商務印書館。

林玉體（1984）。《西洋教育史》。臺北：文景出版社。

拉斯培（Rebecca T. lsbell）、雷尼斯（Shirley C. Raines）著，黃秋玉等譯（2004）。《幼兒創造力與藝術》。臺北：湯姆生出版社出版，洪葉文化公司發行。

洛克（John Locke）著，傅任敢譯（1990）。《教育漫話》。臺北：五南圖書公司。

格羅姆（Claire Golomb）著，石孟磊、俞濤、鄒丹譯（2011）。《心理學家看兒童藝術》。北京：世界圖書出版公司。

高覺敷（1982）。《西方心理學史》。北京：人民教育出版社。

馬蒂鳥思（John Mattews）著，賴昭文譯（2010）。《線畫與繪畫：兒童與視覺再現》。臺北：心理出版社。

張彧鴻主編（1975）。《喬托》。臺北：大陸書店。

張彧鴻主編（1975）。《弗蘭且斯卡》。臺北：大陸書店。

張彧鴻主編（1975）。《提香》。臺北：大陸書店。

張彧鴻主編（1975）。《葛雷柯》。臺北：大陸書店。

張煥庭（1979）。《西方資產階級教育論著選》。北京：人民教育出版社。

麥克藍諾（Milena Magnano）著，楊柳譯（2013）。《達文西》。臺北：閣林國際圖書公司。

康米紐斯（John Amos Comenius）著，傅任敢譯（1990）。《大教學論》。臺北：五南圖書公司。

傅佩榮（1986）。《西洋哲學史I》。臺北：黎明文化事業公司。

黃壬來（2000）。《幼兒造形藝術教學》。臺北：五南圖書公司。

黃文樹（2010）。《幼兒園繪本教學理念與實物》。臺北：秀威資訊科技公司。

黃冬富（2003）。《中國美術教育史》。臺北：師大書苑有限公司。

福蘭吉斯（Paolo Franzese）著，王靜、皋芸菲譯（2013）。《拉菲爾》。臺北：閣林國際圖書公司。

蒙特梭利著，許惠珠、邱琡雅譯（1990）。《發現兒童》。臺南：光華女中。

蒙特梭利著，王愉文譯（1991）。《幼兒與家庭》。臺南：光華女中。

蒙特梭利著，馬榮根譯（1992）。《童年的祕密》。臺北：五南圖書公司。

裴斯塔洛齊（Johann Heinrich Pestalozzi）著，北京編譯社譯（1991）。《林哈德與葛篤德》。臺北：五南圖書公司。

楊漢麟、周采（1998）。《外國幼兒教育史》。南寧：廣西教育出版社。

劉豐榮（1986）。《艾斯納藝術教育思想研究》。臺北：水牛出版社。

瑪考爾蒂（Cathy A. Malchiodi）著，李甦、李曉慶譯（2005）。《兒童
繪畫與心理治療──解讀兒童畫》。北京：中國輕工業出版社。
盧梭（Jean Jacques Rousseau）著，李平漚譯（1998）。《愛彌兒》。臺
北：五南圖書公司。
辭海編纂委員會（1990）。《辭海》，上海：上海辭書出版社。
羅文菲（Viktor Lowenfeld）著，王德育譯（1991）。《創造與心智的成
長──透過藝術談兒童教育》。臺北：文泉出版社。

二、英文部分

Baker, D.W. (1982). 《Rousseauis, children:A historical analysis of the romantic paradigm in art education》. Unpublish doctoral dissertation Pennsylvania Atate University, University Park.

Bowen, James. (1975). 《A History of Western Education》. Vol.II. London: Methuen & Coltd Company.

Clark, I.E. (1892). 《Art and industry:Education in the industrial and fine arts in the United States:part II, Industrial and manual training in public schools》. Washington, DC:U.S. Government Printing Office.

Cooke, Ebenezer (1912). 〈The basis and beginnings of brushwork〉. In Holman H. (Ed.). 《The book of School handwork》 (Vol, 1, pp 92-108). London:Caxton publishing Company.

Cremin, L. (1964). 《Transformation of the School》. New York: Vintage Books.

Cuberley, E.P. (1920). 《The History of Education》. New York: Houghton Mifflin Company.

Eisner, E.W. (1972). 《Educating Artistic Vision》. New York: Macmillan Publishing Company.

Fleming, W. (1968).《Arts and ideas》. New York:Holt, Rinehart & Winston Company.

Gardner, H. (1973).《The arts and human development》. New York:John Wiley Company.

Korzenik, D. (1984). 〈Francis Wayland Parker's vision of the arts in Education〉. In 《Theory into Fractice》. 23 (4), pp 288-292.

Macdonald, S. (1970). 《History and philosophy of art education》. New York: Ameriacan Elsevier Press.

Namberg Margaret (1928). 《The Child and the World:Dialogues in modern Education》. New York: Harcourt Brace Company.

Sully, J. (1890). 《Studies in childhook》. London:Longmans & Green Company.

Ulich, Robert (1945). 《History of Education Thought》. New York: Ameriacan Book Company.

Ulich, Robert. (1968). 《Three Thousand Years of Educational Wisdom, Selections from great documents》. Boston: Harvard University Press.

Viola, W. (1936). 《Child art and Franz Cizek》. Vienna: Austrian Jusior Red Cross Company.

藝術教育之另類思考

黃宇立

南華大學視覺與媒體藝術系兼任助理教授

摘要

　　藝術教育本之於教育心理、美學理論，落實於教學場域，今以統合心理學觀點、美學觀點來建構一個完整的藝術教育理論，從中梳理出正確的教育理念與發展目標，作為推展藝術教育的方向指引與實施藝術教育的實務參考。而藝術要達成全人發展的教育任務，有賴於良好的課程規劃與優良的教學品質方能克盡其功，本研究將以不同的角度、另一種思考的方式來探討兒童藝術教育的學習層面、學習型態及教材教法。學習層面部分提出水墨媒材在幼兒藝術教育的重視與應用，在學習型態上強調合作學習的重要性，在教材教法上以教師課程發展的觀念，強調教師由課程的詮釋、選擇和實施中發揮創意，進行藝術教育創意教學，確實達成藝術教育目標。

關鍵字：水墨、合作學習、創意教學

壹、前言

　　席勒指出透過藝術教育能夠讓兒童獲得感性與理性之統一，藉由美感教育的實施，可讓兒童由感性趨於理性，並且促成感性與理性之發展與統一，成為完全的人（劉豐榮，2000）同時美學家蘭吉也指出吾人之思考方式有推證式思考，亦即語言思考模式與非推證式思考亦即視覺思考模式兩種，透過藝術教育可讓人表達深刻、豐富的，包含再現的、觀念的，感情的與美感的意義。所謂視覺時代來臨正是當下，視覺思考啟發與應用，是現今藝術教育進行非常重要的教育目標。艾斯納曾在「文化優越」與「文化不利」兒童藝術空間表現之比較研究中，明確的證明兒童藝術表現能力深受文化環境與學校教育所影響。由此可知藝術教育不僅要佈陳優良的藝術環境氣氛，提供刺激學習的因素，還要有正確的教育理念、正確的發展的方向、目標，藝術教育才不致於發生偏廢甚至落空。藝術教育要達成教育任務，還需透過詳盡的課程規劃，優良的教學品質才能克盡其功。現今學校的一般藝術教育，普通採行制式化的教科書，教科書內容又常與生活脫節，且一般藝術教育未受家長與學生之重視，實難以達成藝術教育所欲達成的充實國民精神生活與陶冶人格的基本教育目標。（黃壬來，2007）的確學校藝術教育尚有許多問題存在，除了黃壬來所言外，尚有對藝術教育理念不甚理解甚至有誤解誤用的現象，教材教法上，對教科書過度依賴，無法針對學生的能力、興趣、需求等做創意性的思考與詮釋，藝術學習上，偏重於教師教法的探究，忽略了兒童學習方式和模式的探討，兒童的學習型態過於強調個性的發揮，較缺少合作學習的機會。媒介材料也過於西化或

過去慣用的材料媒介，不敢大膽的嘗試，開發新的材料媒介。就
學習層面而言，偏重於創作課程。艾斯納認為藝術教育的學習層
面有三方面：（一）發展創造藝術形式的能力（二）發展美感知
覺的能力（三）當作文化現象來瞭解藝術的能力。因此藝術教育
之學習必須指導兒童學習如何創造有美感與表現之特性的視覺型
式，瞭解兒童如何學習看藝術與自然中的視覺形式，以及明白藝
術之理解如何產生。（劉豐榮，2000）藝術教育應兼顧創作、批
評與文化三層，不可因批評與文化的教學較難，學生也比較沒有
興趣就不教。有鑑於以上之省思，個人特於本研究中彙整，分析
綜合藝術教育理念與思潮，作為釐清藝術教育的應有方向的指導
與實施藝術教育的實務參考。提出水墨材料的重視與應用，及在
幼兒藝術教育實施策略，俾使幼兒感受另類多元媒材的美感經
驗。強調合作學習的重要性，讓兒童經由合作學習的體驗，在人
格、情感解決問題等方面能力得到適宜的發展。重視欣賞課程的
實施，融合創作、欣賞一體，並鼓勵兒童經由感受、體驗形成審
美經驗。以詮釋的角度出發，檢視教師面對教室層次的課程應有
的態度及如何詮釋，並選擇應用富創意的教法實施與教學。以下
依藝術教育理論基礎、水墨媒材在幼兒藝術的教育實施與運用，
合作學習在藝術教育中的地位，從心解讀教科書等議題，在藝術
教育中做一種另類的思考。

貳、藝術教育理論基礎

　　藝術教育探討的是有關於兒童在藝術領域中對藝術創作、
批評、文化之議題，而藝術教育之理論基礎可從兩方面來加以探
討；其一是從心理觀點分析探討兒童藝術發展特徵及其學習心

理；其二從美學觀點研究藝術性質及其教育功能。現今一般藝術
教育者無不試圖統合兩者論述學說，以建構成為完整的藝術教育
理論。

　　就美學之運用於藝術教育而言，主要有以下四種不同的論
說，茲分述如下：

一、現象與美學

　　現象學由胡賽爾所提出，強調對意識和直接經驗的所有形
式，做深層描述性內省的分析，面對藝術品，運用系統論的方
法，以多層次深層次的精確理解作品。因此現象學強調作品的意
涵是跟讀者發生關係的。作品意涵的詮釋，近年來從「作者中
心」傾向於「讀者中心」。（王秀雄，2007）

二、符號論美學

　　符號學是研究符號產生意義的方式，乃至於組合符號的文
法。其構成由代表語言的聲與形的特徵與代表字聲與字形所指涉
的概念，符號論美學強調藝術中的審美活動和藝術現象總結為文
化符號，王秀雄指出人有發明並應用符號進行活動並創造的能
力，人的思維和行動都是符號化的，人透過符號創造了所有的文
化，構成的人類經驗的交織之網。人是善於創造與應用符號的動
物，即使是幼兒也是善用於創造符號來傳達表現自己的情感與意
涵，因人們可以透過符號的創造與應用來乘載、傳達更多的知
識、情感，讓世界變得更清晰有秩序、有意義，讓人生活更有把
握與節奏，人們應用符號來思考與認知世界的同時，也進一步運
用符號創造文化。藝術教育的工作重點，無非是引導兒童，經由
藝術活動的進行，勇於創造自己的情感符號，利用自己獨特的、

情感的視覺符號，來表達自己的情感與意涵。

三、後結構主義美學

後結構主義乃由索緒爾（*Ferdinand de Saussure, 1857-1917*）的語言學發展而來。由法國羅蘭‧巴特所提出，巴特以創造性文本來解釋文本的結構和意義是處理在歷史性的變化和開放之中，解構也就成為一切文本的屬性，認為創造性文本是活動的，可由讀者的積極參與並產生新的解釋與意義來，讀者不再是被動的消費文化者，能夠創造的、自由地對文本發揮響應動作，此即巴特之名言「作者之死」。因此創造性文本在開放解讀的進程中，具有解構與複性特徵的。

四、解釋學美學

解釋學美學乃是由德國哲學家加達墨爾（Hans Georg Gadamer, 1900-）所提出加達墨爾把藝術視為一種獨特的存在方式，藝術的本質與特徵取決於觀照者的理解、認同與參與，藝術的意義和真理不是離開人而孤立存在，亦非靜止不變，而是不斷生成、演變的歷史過程，其價值與意義在不斷地揭示存在的意義。（王秀雄2007）這種說法無非確立了藝術使藝術家存在的概念，讓吾人不再以作家為中心來撰寫美術史，畢竟一位作家的形塑有其時代與社會的因素存在，因此美術史的解釋不僅要有作家的性格人生觀與世界觀，同時也必須含有社經結構及意識型態的探討，如此才能深入且有趣的分析，解釋作品的意涵及美術史的解釋。

就心理學之運用於藝術教育而言，主要有以下四種不同的觀點，茲以分述如下：

一、精神分析理論

　　人在原我的潛意識層裡，隱藏著與生俱來的原始慾望，再加上後天因現實環境壓力下，積壓抑制而沉潛在心裡深層中，無不隨機發動表現出來，以滿足慾望獲得快感。藝術表現乃是潛意識的意念提升到意識層面的過程。此種表現乃潛意識材料之產物，這些潛意識材料提升到意識表面影響現前的知覺與藝術表現。因此潛意識影響兒童之藝術表現；客觀實在與兒童表現間之差異正反映出兒童象徵式表現之潛意識過程。（劉豐榮，2000）以教育的立場而言，兒童的藝術表現有時常不自覺地將潛意識的需欲、挫折投射出來，據趙雲（2007）的觀察研究，常態兒童的行為表現並不一定都受潛意識的支配，可出自於有意的創作或模仿。

二、認知理論

　　發展理論者從觀察個體在自然成長過程中，瞭解個體心智發展的秩序性的改變，藉由這些瞭解來促進個體健康的成長。在藝術教育上主張兒童繪畫表現方式隨著其成長階段，而有所不同。皮亞傑（piaget）的認知發展理論為：

（一）感覺動作期（Sensoniimotor period）出生到兩歲左右，個體以身體動作與感覺來體驗環境。

（二）運思前期（Preioporational period）2至7歲左右，逐漸能運用符號來代表對環境的認識與體驗，但尚無法進行邏輯思考。

（三）具體運思期（Concrete operation）7至11歲左右，已能進行推理，以具體的事物或經驗從事合乎邏輯的思考。

（四）形式運思期（Formay operational）11歲左右至成人，能夠

掌握更多的變項，進行抽象的思辯。

皮亞傑認知發展理論之論點，在7歲以前兒童的心像並不足以表現物體第三度空間。而七歲乃運思前期與具體運思期的轉變關鍵。在運思前期階段兒童的繪畫發展傾向自我中心的，沒有能力去看或思考他人的觀點，兒童辨認物體憑藉的是物體易有或不相連續的特徵。因此階段的兒童並無法有意識地察覺或區分不同觀點下物體所呈現不同的面貌，因此兒童無法全面掌握透視或形狀中正確的長度比例。隨著個體認知方面的整體成熟，在具體運思階段中的兒童，已發展出邏輯思考的能力，並獲得長度與量的保留觀念。7-8歲之後，兒童終於能從其觀點協調物體各部份的長度以及正確的物與物之間的空間關係（陳瓊花，2007）。羅恩菲爾（Vikttor Lowenfeld）透過許多兒童繪畫之實徵研究，歸納出許多兒童藝術發展經歷以下五個階段；

（一）塗鴉階段（Scribbing stagos）二到四歲

（二）前圖式階段（Preschematic stages）四至七歲

（三）圖式階段（Schematic stages）七到九歲

（四）寫實萌芽期（Dawbing rwalism stages）九到十一歲

（五）擬似寫實階段（Pseudorealistic stases）十一到十三歲

三、艾斯納藝術學習理論

艾斯納從各家所主張的兒童藝術理論中，作了綜理性的融合、研究，在相互矛盾的論說裡折衷調和，建立了一貫系統的兒童藝術理論。總歸出以下五項兒童藝術之特徵，分述如下：

（一）兒童藝術發展階段具有規律性與穩定；兒童藝術發展與兒童心智發展有高度相關性，隨著年齡成長有以下規律而穩定的發展程序；

1、機能性快感（Function pleasure）之階段；此階段指二歲以前之兒童，兒童使用材料乃作為其刺激之來源，較少將材料作為表現工具。

2、圖畫記述（Pictograpns）之階段；大約三、四歲之兒童，開始創造象徵其世界之意象，並以簡化平面的與二次元的形來象徵物體。

3、再現的（Representaion al）階段：大約九或十歲的兒童，會以更廣泛、更適當地的技巧以創造更具視覺說服力之繪畫。

4、美感－表現的（Aesthetic-expessive）階段：約為青春前期，此期兒童追求作品之美感與表現。

（二）兒童藝術具有超越文化的普通性：強調教師適時適地加以引導兒童，以增進兒童藝術成長速度。

（三）兒童藝術有誇大局部內容的傾向：四歲至十歲間的兒童易將其認為重要的物體誇張放大，而所謂的「集中性」與「局部分解效用」。

（四）兒童藝術發展會出現高原期：均十二、三歲的兒童在期圖畫技巧之精密性方面會達到高原期。

（五）兒童藝術表現的改變乃是學習的結果：兒童透過適宜的藝術教育與指導，可以很快、很順利的完成藝術發展接般的目標。

四、完形理論（Gestaltheory）

完形理論將完形心理學與繪畫做了緊密連結，認為繪畫與個體的視覺經驗密不可分，兒童並非將物體當作所見部分之總合來看，而是看到知覺整體或大腦所組織的整體意象，也就是兒童在

繪畫上的表現不完全等同於單純複製物象，而是表達個人對該對象物的物體的視覺觀念，再以完形心理學的規則將這些記號組織起來，並產生意義，是一種「結構性等同」的表現方式。因此劉豐榮（2007）指出，兒童畫之簡化與變形反映了其「知覺意象」與「網膜意象」之變形，當兒童愈趨成熟時，愈能將「知覺意象」與「網膜意象」維持相一致。此亦即藝術教育者所要思考探討與著力點。

僅管許多學者對兒童繪畫發表各階段的劃分，不盡相同，但對兒童繪畫發展的軌跡研究大致符合，從幼兒隨意畫出一些沒有形象，錯綜複雜的線條，吾人稱之為塗鴉或錯畫。漸漸地能畫出物體的輪廓線，甚或畫出一些笨拙的、充滿象徵意味的圖形，往後能由客觀的觀察、知覺體驗生活周遭的環境中，開始嘗試描繪周邊物件、自然，但受限於表現能力的發展，往往會碰到創作瓶頸而受到挫折，甚至於停止了繪畫。為能將藝術教育之理論作為系統化之梳理，建立一廣博而具教學實用之論說，在此特以兒童藝術發展特色及兒童藝術教學要領兩項作為彙整，而發展階段的分段依據則以我國現有學制為依據，即以幼兒期、低年級、中年級、高年級四期之藝術發展階段作為歸納統整的分段立場。

首先就兒童藝術發展的特點而言，以下依幼兒期、低年級、中年級、高年級分別敘述之：

一、幼兒期藝術發展特點

（一）幼兒藝術教育發展的概況

1、能專注、有意在紙上畫出凌亂的線條，經由材料的使用而獲得刺激與滿足感。

2、由於手眼間逐漸獲得協調，能夠在紙上畫出上下或左右的直線。

3、可在紙上重複畫出圓圈。

4、以象徵符號的線條畫出其所知、所想，能把握外界物體的形體概念，具有創造符號及使用符號的能力及分辨符號和實際事物之間的區別。

5、幼兒對外界事物的概念是自我中心的、直覺的象徵化，且只注意某些細節，缺乏部分與整體之間的聯繫。

6、幼兒塗鴉是一種認知的學習活動，經由模仿與成人的增強再繼續練習下可獲得腦、視覺、手的協調。

7、把觀察的印象依自己的方式組合成為主觀表現形式。

（二）題材選擇方面

1、動的刺激比靜的刺激更能引起幼兒的反應。

2、喜歡以人為表現題材，特別是爸爸、媽媽。此時蝌蚪人最為代表。

3、除畫人之外，也開始畫某些他所喜愛的小貓小狗和小白兔、小鳥之類。

4、有趣的故事內容或遊戲中的感覺。

（三）色彩能的發展

1、幼兒尚未有色彩的概念，色彩概念發展比形的概念發慢。

2、對物體形象的把握都由明暗的差別認識形象的存在，故先有明暗的概念再產生色相彩度的概念。

3、幼兒塗鴉前期對色彩是一種無意識地愛好而無意向的態度。

4、塗鴉後期會以不同的顏色說明不同的事物。

5、四歲左右能使用同色相不同色調的變化來作畫，已逐漸發現顏色與物體的關係。

6、幼兒園大班的兒童只要感官正常，大多能分辨寒色與暖色的不同。

7、幼兒喜歡看色彩鮮艷的東西，尤其紅、黃、綠等美麗的顏色。此期男女孩都喜歡紅色，不喜歡暗淡的色彩，但男孩受到傳統觀念影響，漸漸改為喜歡藍色。

8、幼兒期多數比較喜歡用紅、黃、綠、青等鮮明的色彩。繪畫塗鴉是有意創作並非是錯畫。

9、幼兒在美麗明亮的色彩生活環境中，如淡藍、黃、草綠、橘紅的，情緒愉快可刺激增進智商的提高。如在難看的、暗淡的或是單調的色彩環境，如黑、棕黃、白等顏色的空間下，容易使人疲勞、焦躁因而影響學習能力與社會行為的發展。

（四）造形空間能力的發展

1、生活周圍的事、形狀的變化比較多，其特徵也比較顯著，動的、富於變化的、特殊的東西比較容易引起幼兒的注意，因此幼兒把握事物的特徵時，會比較注意形狀這種屬性。

2、形的辨識方面，二至二歲半能辨別圓形、方形，對三角形辨識力較差。五歲能辨識圓形、方形和三角形。

3、採取展開式或摺式的自我中心的表現方式，以一種認為最合理、最方便的方式把所看到的事物特徵組合、壓縮在一個平面上，而採用俯瞰觀點作畫。

4、受知覺恆常性的影響，對某一事物的知覺組合表現，因此景物距離的遠近、體積的大小以及形狀、色彩，都保持在兒童知覺中的特徵。

5、幼兒作畫時會把他認為最重要、感覺最強烈的部分，以誇張或變形的手法作表現。

6、透明畫法、光線的應用。幼兒在進入幼兒園後在生活中對強烈地受感動或引起興趣的事物，會留下深刻印象及知覺經驗的成長、知識範圍的擴張，因此作畫時不限於事物的內部、外部的特徵，也不限於事物的固定角度，都能內外混合，或是多重角度融合在一起，表現出自己的心像。

7、把最想表達的事物畫在畫面中間，而且畫得大大的，不重要的就忽略過，甚至不畫。

8、地平線、基底線的出現。大約在三歲半至四歲左右兒童繪畫的畫面上開始出現一種平淡無奇、歪歪斜斜不夠直的線，此即具有象徵意味的地平線。

9、強調主觀感覺及觀點不固定的現象，常常以正面和側面結合或側面和俯瞰混合再起的繪畫表現，可說是一種多觀點的表現。

10、擬人化的繪畫表現，在幼兒的生命概念中，無論什麼物體都是有生命的、有感覺的。幼兒會把他自己的情緒、感覺等投射到他生存環境中的事物上去，因此繪畫表現時便以擬人法的畫法表現出其所知、所感、所想。

二、低年級藝術發展特徵

（一）低年級藝術發展之概況

1、兒童不重視造形是否優美，也不是要畫一幅成功的作品，他們只是從製作過程中，發洩自己的感情、表達自己的構想。

2、仍以自我中心，主觀表現方式。兒童以主觀的看法、想法去觀察，體認外界的事物，所以是畫其所知，而非畫其所見。

3、藝術創作過程中興趣很高，但注意力不能持續很久。

4、兒童作畫時絕非憑空想像，常常無意中把平日對環境的觀察與體驗適當地融合進作品中。

5、繪畫不純粹是為了滿足自己，有時藉由繪畫作品更能完整表達自己的意願，所以常加上文字說明。

6、剛進入小學就讀，為適應新的環境，新的學習方式，同時也開始關心老師和小朋友對自己的看法，在創造力的表現方面，會受到一些影響而呈現下降的現象。

7、小肌肉的發展較幼兒為好。知識經驗也較前擴展，只要適當指導，繪畫能力便能獲得良好的發展。

8、兒童無法全面掌握透視關係或形狀中正確的比例。

（二）題材選擇方面

1、兒童進入小學後，語言的表達能力日益流暢，興趣和生活範圍均較廣泛，也較能分辨現實與幻想，繪畫題材選擇與生活也關係較多。

2、動的刺激仍比靜的刺激較能引起兒童的興趣。

3、人物、可愛的動物是兒童最喜歡的題材。

4、童話故事、遊戲項目一樣受到兒童的喜愛。

（三）色彩能力的發展

1、逐漸建立明暗概念。

2、具有寒、暖色系顏色分辨的能力，特別能辨識紅、黃、藍、綠四色。

3、受先入為主的觀念影響，產生概念化的用色方法，通常以咖啡色畫樹幹，同一綠色的葉子，畫人物時不管男女老少都用同一膚色作畫。

（四）造形、空間能力的發展

1、已經不再畫蝌蚪人，人的頭、身軀、手臂及腳部能詳細畫出來。

2、強調自認為重要的部分，應用誇張或變形的表現方式，形成誇張變形的部分成為畫面的主體。

3、受知覺恆常性的影響，會對他所熟悉的物體的特徵混合表現出來。

4、兒童發展了我與環境，或與他人或物的關係，所以也發現了空間，然而是一個完全主觀的空間。

5、地平線的應用又稱為基底線。兒童在作畫前會先在畫面中央或較低的位置，畫上一道橫線，然後再把所要的人、樹、房子、花等東西排在上面。這線條與成人所表現的地平線意義不同，它意味著一切物體的基部，有時不一定畫出，但仍沿著紙底邊為基底一字排開。

6、天空是以一排列在畫面上端的雲朵或是以藍色在畫面上邊畫出一長排線條表示天空，但不與地面或屋舍、樹木等連接、重疊再一起。

7、展開和摺式表現方式，此期的兒童仍處於自我中心，不僅以俯瞰與平面混合表現，同時也會以參與者或旁觀者的不同立場，採行特別觀點的主觀觀察方式來表達個人的情緒經驗。此期的兒童能並用直立及其他手法來完成他的畫面。

8、X光透視畫也是低年級兒童常用的繪畫表現方式，此期在低年級兒童畫中可以看出他們知識範圍逐漸擴展的痕跡，表現內容更豐富，表現手法更成熟。

9、立體塑造表現，以綜合法的表現較多。在一塊油土上另加一團土就成為頭，外加四條構成手和腳。

（五）欣賞美感發展特徵

1、此期兒童會在畫面上畫出重複的造形，此乃韻律感的前身。有創意及敏銳審美力的兒童，能將重複的形式運用到裝飾上，為畫面增添了不少熱鬧氣氛。在正確指導下，此期的兒童會自動放棄誇張的表現方式。

2、審美的思考方式扮演著藝術家亦是欣賞者的角色，自覺可以從畫面上感受出藝術家的情感。

3、重視視覺技巧的認知發展上，注重圖畫的瞭解。

三、中年級藝術發展特徵

（一）中年級藝術發展之概況

1、走出自我中心的世界，客觀去探索、觀察廣闊的現實生存世界，進入視覺寫實期，對環境事務能用心、詳細的觀察，並能把握個別事物特徵異同。

2、兒童能從其觀點協調物體各部分的長度以正確的物與物之間的關係。

3、不再憑直覺去認識環境，可以透過觀察，採取一個合乎邏輯的角度去表達進行表現。

4、此期兒童又將出現一個創作低潮，但可自由出入想像和夢幻世界，自由跨越於主觀和客觀的境界裡。因此作品富有趣味，內容也很豐富，可以說是兒童的「藝術黃金期」。

5、兒童直接進入「理智萌芽」的階段，對於幼兒期深信不疑的童話和夢幻產生懷疑，而對於現實的生活環境，開始以客觀的態度去觀察和探索。

6、兒童逐漸在注意觀察客觀的環境下，希望畫得很像，能夠符合視覺影像，畫面上就變得注意細節，忽略了整體。但受於感覺經驗的支配，觀察與感覺經驗之間未能獲得適當的協調，因而產生挫折感。

7、精細動作協調發展良好，喜歡操作小物件，也喜歡畫較細微的線條。

8、能有目的、有計畫地從事設計活動，但兒童的表現能力及興趣差異性大。

（二）題材內容方面

1、逐漸從觀察中瞭解環境，對環境亦已有相當的認知，因此幾凡生活可以觀察、體驗的事物都可以成為創作題材。

2、此期是童話時期的巔峰，但偏向喜愛閱讀、表現真實故事、生活故事、歷史故事、民俗活動典故的內容。

3、由於精力充沛，漸趨獨立，崇拜英雄和權力，喜歡冒險，常以想像畫、科幻畫……等等來表達好奇心。

4、人物和動物亦是此期兒童喜歡表現的內容。

（三）色彩能力的發展

1、已有明暗的概念，能夠辨別球體所顯示的光線和陰影的細部變化。

2、能夠應用寒暖色作畫，並有無彩色黑、白、灰的概念。

3、瞭解到任何顏色會因光線照射的強弱、遠近的變化，不能一色塗到底。同時也打破固有色的概念，相信任何顏色都可當任何東西的顏色，只要表現出明暗變化和形狀即可。

4、可以用色彩的濃淡做出明度與彩度的對比，使主題突出，領悟出色彩的相關性。

（四）造形、空間能力的發展特徵

1、放棄圖式的表現法，人物的表現每一部分都具有本身的意義，即使部分從整體分離出來，仍不失其表象意義，人物外型傾向寫實。

2、渴望顯現男女性別，以長褲或裙子、髮型來區分男女性別。但一般來說人物表現僵硬，長褲或衣裙並不隨動作而呈現皺褶來。

3、由於視覺概念的增強，不再採用強調、忽略、誇張、變形等方法，而注意細節的描寫，但往往缺整體性的關注。

4、捨棄基底線的應用，改用平面的處理。兒童因觀察力的增強，捨棄基底線的使用，改用地平線的處理方式。在平面上方的事物較遠，下方則是較近的位置。同時也了解地平線的意義，於是天空與地平線連接在一起，用色時直接塗到地平線上。

5、重疊法出現，因地平線的出現，不久便發現重疊現象的視覺概念。過去不敢將東西互相重疊，採取並列的方式來表示空間，現已瞭解遮蓋並不表示受損或缺少了某部分，仍然保持完整。

6、簡單的大小、遠近的空間關係，過去一向全神貫注某一物體的描寫，而忽略了物與物的大小、比例、遠近的關係，現在基於客觀性的觀察力逐漸萌芽，已能瞭解遠小近大的現象，已做出遠近的感覺。

（五）欣賞、美感經驗的特徵

1、開始留意作品的成果，因為有寫實的傾向，所以對自己的作品，開始產生批評意念，拿自己的作品與他人的作品比較，關心作品的好壞，若不滿意自己的表現，往往會失去信心。

2、有很強的設計意願，此種表現裝飾的類型，常表現於衣服的花樣等處；能夠以水彩的明度、彩度的對比美感來

突顯繪畫主題。

四、高年級藝術發展特徵

（一）高年級藝術發展之概況

美術創作上逐漸發展成視覺型、觸覺型兩種不同的類型，決定這兩種類型的因素羅恩菲爾認為是心理的而非生理的。

1.視覺型

是比較理性的，他是一種旁觀者的觀點從事創作活動，比較注重視覺與美的效果。

(1) 強調三度空間的表現，作品中的空間關係是由客觀的視覺經驗而建立，注意到物體近大遠小，近的清晰，遠的模糊。

(2) 注意畫面的整體性優於細節描繪，創作時先從事物的外輪廓線開始表現。

(3) 創作時，能注意到人物各部分比例正確與否，物體因光線而發生的明暗、陰影，以獲得立體感。

(4) 依觀察所得的結果使用顏色。

(5) 關心色彩在不同條件下的視覺變化，如受距離、背景、光影的變化影響。

(6) 作品不能說是絕對寫實，仍然受到個人主觀知覺的影響，造成主觀的視覺經驗和真實仍是有距離。

2.觸覺型：

是比較主觀類型，是屬於感情型的。

（1）以本身強烈的、主觀的感情經驗作創作，如物體的大小、色彩皆是依個人的感情反應

（2）常用地平線表現空間觀念，畫面空間的透視取決於主觀的價值和情緒，不太注意空間的深度。

（3）常以參與的態度，把自己作為主角，並表現出強烈的個人情感。

（4）以誇張的手法表現重要的部分，且仔細描寫，其他景物則表現得很簡略。

（二）題材內容方面

1、由於寫實能力的提升，寫生題材逐漸增加，甚至有些兒童能細緻表達畫面。

2、歷史故事、英雄事蹟、幻想、科幻的題材仍受兒童喜愛。

3、能規劃作品表達出個人對環境、生態、人生、環保等議題的看法。

（三）色彩表現方面

1、兒童對明暗的鑑別力已和大人相差無幾，畫面可作細膩的描寫，也要配合理性的描畫態度，應用創造力，依實際的變化狀況，再利用黑白互襯的方法表現出來。

2、可以適當應用明暗當色彩，或是色彩當成明暗的相互移調，色彩的強弱對比，寒色系和暖色系色彩的認識與應用漸趨成熟。

3、能依照光線、大氣、動作的不同而應用色彩的不同變化。

（四）造形、空間的表現特徵

1、觀察力增強，能留意到物體的明暗、色彩及正確的比例。

2、有明確的立體感與空間感，能夠表現出個體的充實及個體與個體之間的相關關係。

3、能夠表現出正確、適宜的大小、比例關係。

4、個別差異與性別差異更顯著，而產生兩種不同的表現類型。父母或教師可能認為視覺型的兒童描寫技巧佳、注意視覺和美的效果，所以作品比較好。認為觸覺形的作品，在繪畫技巧及心智表現上，可能是停留或退步。其實二種不同類型的兒童，所呈現出二種不同美的作品。

（五）欣賞、美感表現特徵

1、兒童開始具有品評能力和陳述藝術經驗中品質的層面。（Johnnson, 1982）

2、陳瓊花（Chen, 1996）以美術專業和非專業的學生為研究對象，探討其繪畫表現上，像與否問題的觀點。此研究發現，美術專業與否對此問題的思考有顯著的差異。特別是高年級的學生對於藝術的認知和審美價值之間的區分較為明晰。

藝術教育的實施要依據兒童藝術心智發展成熟的程度來實施教學，依照兒童藝術發展的特徵，藝術教學以下依幼兒階段、低年級階段、中年級階段、高年級階段的指導要領說明如下：

一、幼兒階段藝術教育指導要領

（一）營造一個溫馨、自由、接納、關懷、開放的學習氣氛，讓幼兒能自由自在揮灑自己。

（二）多鼓勵幼兒的創作行為，多認同幼兒的創作成果，多傾聽幼兒的創作說明與對話。

（三）規劃多元的媒材，讓幼兒滿足媒材探索的興趣，從中培養創作動能。

（四）學習環境的佈展，多利用色彩較鮮艷的顏色，以刺激幼兒學習意願。

（五）上課方式多使用生動活潑的方式實施教學，特別是透過說故事、做遊戲等。

（六）能夠布置幼兒塗鴉區，以圖畫紙或宣紙，讓幼兒能自由自在的塗鴉。

（七）幼兒喜歡用單一顏色做畫，可以鼓勵兒童換一下顏色畫看看，並指導兒童正確拿筆的姿勢。

（八）必要時提供一些參考架構，做為欣賞或模仿學習。

（九）讓幼兒從觀察和嘗試中去發現與創造，將有趣的、印象深刻、感覺強烈的部分大膽的、優先的畫出來，而且盡量在畫面上畫大一點。

二、低年級藝術教育指導要領

（一）題材的選擇，以學生體驗所見、所想、所感為內容，並鼓勵大膽創作表現，積極營造開放學習空間，激發創造動能，給予充分表現兒童自主性。

（二）肯定兒童主觀表現形式與特徵，不急於糾正或以成人的觀

點強制訓練繪畫技巧，以免扼殺繪畫興趣與創造力。

（三）提供機會讓兒童多體驗、多觀察生活中人、事、物，透過造型或混色配色和遊戲來增進兒童體會造型及色相的豐富變化。

（四）兒童觀察人、事、物的指導要領，乃引導小朋友看東西時要從整體著眼，不要先注意細部。對整體有所瞭解後，再分解為幾個局部仔細觀察。如人的觀察，先掌握人的整體造型動態，再分成頭、軀幹、手、腳做觀察。

（五）可以利用彩色筆著色來指導兒童認識寒暖色調，並從實際水彩操縱中瞭解暖色系之間，都是好朋友，相互搭配變產生調和的感覺，寒色系亦同。

（六）教師應以關心、瞭解、肯定、鼓勵的態度面對兒童，使其獲得信賴而能積極自我肯定、增進創作的表現。

（七）兒童畫得指導要領為：

　　1、重要的先畫。

　　2、畫之前先用手在紙上比一比要畫多大？

　　3、畫的東西不要多，要大、要仔細。

　　4、主題大小要隨紙張大小變化。

三、中年級藝術教育指導要領

此期兒童正值主、客觀統合期，其指導要點如下：

（一）善用各種教學策略刺激、引導兒童的想法，多指導觀察，及有計畫性的應用各種媒材，表現各種題材，適時指導創作技巧，使兒童能深入體驗構思描繪對象的形、色，以獲得主、客表現的統合。

（二）繪畫表現上進入擬似寫實期階段，不論在輪廓、比例、形

態上都趨向寫實，此時可適時指導或示範表現技巧，以縮短心智能力與表現能力的差距，將有助於他們的學習與繪畫動能的維持。

（三）指導兒童調色、配色、介紹色彩屬性及色彩機能的相關美感智能。

（四）中年級兒童已有明暗的概念，可以用軟質鉛筆或是蠟筆，指導兒童依使力的輕重塗出有層次的濃淡，可由淡到黑，或由黑到淡，讓兒童了解有濃淡的黑白變化。

（五）指導兒童色彩除有寒暖色系外，尚有無彩色黑、白、灰。無彩色是寒暖色系兩邊都討好的色彩，寒暖色配在一起時，可做為緩衝而取得協調。

（六）指導兒童每次以三原色中的任何一色去調所有的顏色，每碰一次調出來的顏色都塗一小塊在紙上，看誰能調出最多顏色來。

（七）指導兒童詳細觀察事物的細節。並盡可能地注意細節的描繪，並從細節中的探討中，逐漸對整體產生新的認識。

（八）教師善用創意教學，引起兒童創作的興趣，一方面適當地給於技術和方法上的指導，使他們突破創作低潮，並嘗試用變換題材和引起興趣的話題。

（九）繪畫的指導要領：中年級階段想像力豐富，極具創造性。
　　1、要畫之前先要計劃如何畫？如何強調主題？
　　2、重要的要排在中間，人、事、物要有呼應、平衡。
　　3、要求變化，同樣的動作、一樣的東西不畫兩個。

四、高年級藝術教育指導要領

此期兒童進入擬似寫實期階段，兒童心智比較合乎邏輯，表

現方式如下：

（一）開始重視作品的好壞及作品完整性，故此期應加強寫生技
　　　巧指導，以培養其觀察力、表現力。

（二）介紹各種創造工具及表現技法，提供豐富的表現空間，使
　　　其熟練並能應用自如。

（三）教師需明確指出表現條件和目的，刺激兒童瞭解物體大
　　　小、比例、空間運用，整體構圖的完整性、主題的明確與
　　　美感要素的教導，如明暗、對比、遠近、色相等……，能
　　　將整體與細節協調產生一種新的表現。

（四）指導兒童色彩明暗當合技巧，熟悉將明暗翻譯成彩色，將
　　　彩色翻譯成無彩色的明暗，以獲得色彩使用的技巧，表達
　　　出立體感和空間感。

（五）兒童在繪畫表現差異極大，呈現視覺型和觸覺型的兩種不
　　　同的表現風格，教師應注重個別差異，因材施教，不可任
　　　意批評兒童作品，使其失去繪畫動機。

（六）繪畫的指導要領：高年級的兒童對形的把握與大小相差無
　　　幾，注重個別性的發展。

　　　1、畫面不要用線分成兩半。

　　　2、畫的東西避免排列式的平均分配。

　　　3、畫面要安定，講求平衡、統一、調和。

　　　4、每樣東西的縱橫直線上，不再有同樣的動作、東西重複
　　　　出現。

　　　以上從教育學、心理學的論說，與美學的思潮中，梳理出兒
童藝術發展的特徵，並從兒童藝術教育的要領，以提供從事藝術
教育工作參考。兒童藝術教育的目的，不是培養未來的藝術家，

而是透過藝術的活動，涵養學生的藝術與人文的素養，使得將來的主人翁具有感性與理性相偕合的人格，同時在資訊時代裡能瞭解多元視覺文化。因此藝術教師負有如何啟發發揮創意性的教學，是非常重要的。

參、水墨媒材在幼兒藝術教育的應用

傳統水墨承載著東方一千多年的文化精華，同時也傳承著東方人生活情趣與審美趣味，更說明了中國人對自然獨特的認識方式與世界把握的重點。在哲學家、美學家的眼中水墨的氤蘊最能代表著那玄之又玄的道。因此中國人一直在水墨的創造中，追求一種天人合一的情態，體驗天地與我並生，天地與我合一的境界。在水墨的創作中實現激發人的精神，引發了人的生活理想，擴展了人的生活空間。在水墨的創作中確立了意境的審美美學，建立了筆墨的文人審美準則與文化觀。而今水墨卻成為老、舊與時代脫節的東西，似乎已走到盡頭，無法與世界接軌。

一、水墨畫的教學現況

衡之現今台灣兒童藝術教育的現況，水墨媒材的教學在國小藝術與人文領域，從中年級開始列入教學範圍，在詳盡的瞭解與分析下，發現水墨教材上有以下幾個問題存在。

（一）水墨教材設計偏少。以水墨媒材為教學設計的分量在所有的課程設計的比例偏低會讓教師有一種不重要，甚至不教也沒關係的感覺。

（二）水墨教材缺乏完整學習架構。藝術教育任何一種媒材形式的學習創作，都需仰賴媒材品質的瞭解與形式技巧的應

用，而媒材品質的瞭解與形式技巧的應用是一定的難易與學習進度，因此完整的學習組織架構，是兒童學習成功的必備條件。

（三）兒童缺乏處理水墨媒材的先備條件。一般兒童對具有東方文化特色的水墨媒材大部分都很陌生。學生接觸水墨媒材的機會也較少，形成水墨教學先備能力不足，而影響水墨教學上的實施效果。

（四）家長、教師觀念的偏差。一般家長、甚至教師都會認為水墨就是代表著舊文化、老思想，應該去除掉，同時也會感覺到水墨媒材似乎跟現實生活很難搭上關係。

（五）教師能力不足。由於教師非美術科系畢業，或對水墨沒有興趣，因此對水墨教材、教法不熟悉，造成水墨教學活動無法順利推展。

二、幼兒藝術教育推展水墨媒材的可能性

傳統水墨文化觀，不適合國小階段的兒童學習，更不適合幼兒階段的兒童來學習，但是，吾人以不同於傳統的觀念，應用現代教育思潮，適宜的水墨媒材教材教法配合幼兒的心智發展的特點與藝術創作的濃厚興趣來實施水墨教學，相信一定能增進幼兒藝術學習的領域，使深具東方文化特色水墨播下發展的種子，以下就幼兒階段實施水墨媒材教學的理由說明如下：

（一）幼兒藝術發展階段正處於塗鴉期，以水墨媒材來進行塗鴉，更能讓兒童感受到如羅恩菲爾所說的，享受有節奏、主動的動的快感。而水墨媒材線性的特性，能讓幼兒提早導向創作的橋樑。

（二）幼兒藝術發展的造型表現是抽象表現，水墨媒材的的繪畫

本深具抽象性，是一種寫意的抽象表現特質，特別是水墨媒材有一種氤蘊的抽象特質，很適合幼兒以遊戲教學的方式來進行教學，同時水墨這種氤蘊的特色更容易引起幼兒想像力及創造力。

（三）色彩純粹是一種視覺現象，無法經觸摸或身體的其他器官去認識，視覺器的的初步認知又是明暗。大部分的物體都經由明暗的差別認識形象在，故先有了明暗的概念之後，進一步方產生色相彩度的概念。（劉振源，1996）幼兒階段正是明暗概念的萌芽期，如能以水墨媒材做為教學活動，有助於幼兒期色彩概念的發展。

（四）就發明形式的技巧而言，艾斯納認為二至四歲之兒童以及抽象表現主義與行動畫家所表現的，此模式乃依筆跡之刺激而發展，屬非預知的意象現；兒童會注意其圖式探索之發現，並注意到某些視覺效果，以為日後表現的資源。（劉豐榮，2000）水墨媒材可以讓兒童無拘無束地揮灑自己的天空，從隨意地揮灑裡，幼兒在滿足快感與成就感的當下會留意其圖式的探索，並注意某些無意完成的視覺效果，這就是幼兒造型創造力及美感經驗形式的過程，水墨媒材更能達成上述的藝術教育目標。

（五）就媒材的吸引力而言：幼兒喜歡新鮮的媒材來進行探索，以滿足變化使用材料的趣味或求取心理方面的效果，水墨雖然具有千年以上的悠久文化積澱，但對幼兒來說卻具有新鮮而奇妙的吸引力。

（六）就教師的教材教法而言，教師只要瞭解其所進行的「領域」，將使用的「概念或模式」以及所著重的「原理或材料」等便可有效地進行教學，所謂的領域乃指藝術教育中

的創作、批評與文化三大領域。概念即所謂的觀念,乃是
就批評領域中如色彩、線條與構成等。原理乃是有關概念
的一般命題,如色彩之概念,可使用色彩以傳達或激發感
情,模式即視覺藝術的一技術或工作類型,乃是創作領域
中如素描、水彩畫、水墨畫、雕刻等。材料乃是創作模式
時,其使用的工具媒介。當教師要進行教學時,自應依照
兒童的心智發展成熟度、興趣、需求等規劃教學領域,選
擇適當概念、模式,使適宜原理、材料,繪製完整教學計
畫,可以將水墨教學活動成功而圓滿的進行,讓水墨所提
供之材料能貢獻於藝術教育,不僅受惠於學生,亦有助於
教師。

(七)就文化觀而言,目前藝術教育一般狀況下大多以蠟筆、鉛
筆畫、水彩畫為教學項度,依潛在課程的角度來說,有點
帶著西方文化是好的,深具強勢文化的意識形態,這種意
識型態從幼兒就慢慢的根深蒂固潛存在幼兒的內心裡。如
果依照當下多元文化的觀念,如何將東西文化並存並榮的
傳遞給我們的下一代,是現今教師的責任,更何況我們以
東方文化代表自居,而不傳承深具東方文化精華的水墨。

三、幼兒階段水墨教學策略

　　幼兒階段利用水墨媒材來進行藝術教育,一定要以幼兒的心
智成熟發展為基礎,配合幼兒的學習興趣,更重要的是水墨媒材
的應用要配合幼兒的學習型態,如此水墨媒材的應用才有藝術教
育的價值與功能。

　　幼兒階段變化水墨媒材教學,除考慮幼兒學習心理、學習
方式外,尚須對水墨媒材有充分的瞭解,傳統水墨畫以水、墨為

主,色彩為輔,紙、絹、毛筆為主要工具。利用水與墨的交融互滲,筆的用力程度與筆鋒角度的不同,加上紙張的隔離與滲透程度,所產生一種視覺流動感和豐富的墨色層次。這種強調筆墨、水的作用所完成的肌理效果,需要精細的手、眼、腦的結合方才能獲得成效,不適合幼兒來進行學習。近十幾年來,受到西方現代美學思潮的衝擊與影響,加上科技發達、媒材概念的改觀,人們的審美趣味亦不同於傳統,當今的水墨媒材概念亦隨之解構。為符應當今社會下人們的精神意向與人生價值觀,水墨畫應用了拓印、揉紙、滴流等異於傳統的技法於畫面,營造了新的藝術符號和畫面構成,改變了傳統水墨與空白的關係,形成了由點、線、面、色所構成的視覺肌理。這種強調材料與技術性的改變來促成空間的轉換,不強調成人的「寫」。而是在與工具材料的特殊性結合碰撞之中,通過噴、印、沖、拓、撕、燒、貼等手段「製作」出來(王源東,2013)。當今水墨畫這種美學觀與媒材概念擴展了水墨畫的表現能力,同時也擴大了學習的可能性。因為當今的水墨媒材,除了水墨外還加上應用了油、牛奶、鹽……等媒材,應用時不是「寫」的傳統筆墨的方式,而是結合以印、噴、沖、拓、撕、燒、貼等技法的繪製過程,這提供了幼兒藝術教育水墨媒材教學的可能性。

　　當今水墨媒材的多元性,技法的多樣化,提供幼兒藝術教育的價值性,足以符合幼兒明暗概念的發展,提供幼兒塗鴉線性發展導向創作的橋梁,符合幼兒抽象造型表現的本質,塑造圖式探索的過程中,自我發明形式技術的能力,提供多元媒材的學習機會,激發幼兒藝術學習興趣,深植東方文化的基礎,培植具東方文化涵養的國民。以下規撫出幾種幼兒水墨教學策略以供教學參考之用:

（一）夢幻的漩渦，讓幼童體驗水和墨的互動關係

　　1、材料：圖形裝水器或臉盆，墨、6開宣紙、水彩或蠟
　　　　筆、報紙。

　　2、臉盆裝8分滿的水

　　3、用手輕撥水面，讓水面成旋轉狀態。

　　4、滴下幾滴墨汁，讓墨汁在水面漩渦做出漩紋。（圖1）

　　5、取出6開宣紙，輕輕壓在水面，並印出濃淡變化的漩紋
　　　　後，取出置於報紙上陰乾。（圖2）

　　6、教師配合故事情節，引導幼兒在畫面上隨意加上色彩或
　　　　物象。

 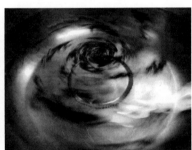

圖1　　　　　　　　　　　　圖2

（二）我塗、我塗。引導幼兒自主性對水墨線條的探索

　　1、材料；毛筆或水彩筆、調色盤、水洗、水彩、6開宣
　　　　紙、墊布、報紙、墨汁。

　　2、請幼兒用筆沾墨在宣紙上畫線條。（圖3）

　　3、提醒兒童注意筆的變化及線的錯綜交叉。

　　4、利用線與線之間的空白隨意塗上色彩。（圖4）

5、引導幼兒說出自己畫線的心得。

6、教師總結。

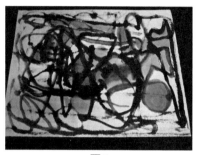

圖3　　　　　　　　　圖4

（三）又見康丁斯基：引導幼兒墨是可以分出層次變化的

1、材料：毛筆、宣紙、報紙、筆洗、墨汁

2、教師以康丁斯基的作品做欣賞教學。

3、請幼兒在宣紙上畫出不同的分割塊面。（圖5）

4、依分割塊面畫出不同的墨色。（圖6）

5、欣賞墨色變化之美。

圖5　　　　　　　　　圖6

（四）心心相印：發現不同東西拓印後所呈現不同肌理美感

　　1、材料：6開宣紙、墨汁、筆洗、抹布、樹葉、樹皮、石頭、報紙。

　　2、以樹皮、石頭、報紙、手指……等塗上不同墨色的墨，有計畫的拓印在紙上。（圖7）

　　3、隨意增加筆墨、色彩。（圖8）

　　4、共同欣賞作品並發表創作心得。

圖7　　　　　　　　　　　　　　　圖8

（五）另一種融合：利用水墨與其他媒材的排斥作用，形成融合的畫面

　　1、材料：全脂牛奶、蠟筆、毛筆、墨汁、6開宣紙、報紙。

　　2、教師講述故事或做遊戲引起動機。

　　3、幼兒以全脂牛奶或蠟筆在宣紙上作畫。（圖9）

　　4、牛乳作畫後，放在報上陰乾。

　　5、以較淡的水墨，但仍需以濃淡，覆蓋於畫面上。（圖10）

　　6、分享創作心得，並佈展作品於生活空間。

圖9　　　　　　　　　　　圖10

以上僅略提供幾種水墨媒材教學策略，相信只要有心指導幼兒進行水墨媒材創作，一定開發出更多的水墨媒材教學策略，畢竟教學原理是發展出來的。

肆、藝術教育中的合作學習

人是一個完整的獨立個體，但同時也是社會中的一員，因此教育如何啟發個人潛能，充分發展個性與如何促進個人社會化，增進社會能力是同等重要的。當今教育型態大都採班級團體教學模式，大都以團體教學促進個性學習的方式，根據樊湘濱研究指出，我國藝術教育自二十世紀五十年代以來，受到里德及羅恩菲爾藝術教育理念之影響，一直走著創作的路線，強調啟發引導，重現自主與創造，亦即強調兒童個性自我的表現與發展，而艾爾波特（G・ALLPORT）則認為提供學生間合作的機會，能提升小組的向心力及友誼，維谷斯基以社會文化取向的觀點，認為兒童的發展、社會互動和孩子參與真實的文化活動是發展的必要條件。班都拉（A・Bandura）在社會學習理論中提出「三元學習論」，強調學習是受到環境、個人、行為三項因素所影響。因此

可知人受環境中其他人的影響，人也能影響環境中的其他人（張春興，1995）。為兒童個性與群性均衡發展，成一個完整的全人，利用藝術教育倡導合作學習是有其必要的。

一、合作學習的意義

所謂合作學習乃是一種有結構、有系統的教學策略，能適用於不同年級及不同的學科。在合作學習中依學生的能力、性別、年齡、種族、族群、社會背景等分配學生到小組中，一起學習作業，分享彼此的觀點，鼓勵彼此互相幫助，提供資源（顏友信，2001）。簡言之，合作學習強調的相互依賴信任及地位平等的基礎上，應用討論計畫、溝通協調、分享成果，在充分發揮個人潛能同時也促進團體目標的達成。

二、合作學習的特徵

（一）實施異質分組

異質分組是合作學習的基本精神，乃安排背景不同的成員，包括學生的能力、年齡、性別、種族、族群、社會背景、心理特質等透過學生社會互動的機會，彼此互相指導，互相學習，分享彼此的經驗，尊重與包容個別的差異，共同努力以達成學習目標及提高個人學習成就（黃政傑，1996）。

（二）積極的互賴

黃政傑指出，合作學習的積極互賴可以表現在目標互賴、資源互賴、工作互賴、角色互賴、酬賞互賴五方面。透過成員間的信任互賴，使得成員相互得利，而願意為小組學習負責，並做出

應有的貢獻，以達成學習目標。

（三）實施個人績效責任制

　　合作學習需有明確的目標、謹密的規則、詳細的分工，每個成員在的過程中積極的參與，充分瞭解團體的目標與個別的責任，才能讓自己充分表現個人潛能，發揮個性能力，也才能讓小組的成就提升。

（四）培養社會技巧與人際關係

　　合作學習在助長式互動過程中，成員間相互鼓勵，相互協助與分享學習心得及資訊，無形中提供了有效的溝通及良好的人際關係和社會技能。

（五）團體歷程展現學習效能

　　合作學習透過團體歷程，以檢視合作學習下小組達成目標的程度，並作為改進小組合作學習的效能。

三、合作學習教師的角色扮演

　　黃政傑、林佩璇（1996）認為教師在合作學習中的角色如下：

（一）界定目標

　　教師實施合作學習前，首先界定學習目標，更需說明合作技巧目標，以提醒學生在小組活動時有效的互動。

（二）設計教學流程

　　教師依照學習內容的複雜、難易程度，設計教學實施計畫。

（三）決定分組方式

首先確定小組大小，一般以三至六人為限，再依成員的同質性或異質性分配到各小組。

（四）計畫活動促進互賴關係

藉由教材的安排與分配，鼓勵學生溝通，並經由學習角色的安排，解釋學科作業性質與流程，建構積極的目標互賴來增進互賴關係。

（五）機動指導與實施評鑑

指導與評鑑的作用主要在了解學生的學習行為，提供學習上的協助，並適時教導合作技巧及評量學習效果。

四、合作學習的實施方式

（一）確定學習目標：學習目標的制定，可經師生、家長、社會人士等共同設計規劃，目標則需涵蓋認知、技能、情意三大類別。

（二）選擇適當的課程內容，課程內容可由採取教科書現成規畫學習內容，也可依據學校特色課程，地方發展特色、時事等自編之統整課程為實施教學內容，但課程之規畫需符合艾斯納藝術課程計畫「繼續性」與「程序性」之計畫原則。繼續性強調兒童已有的媒材、形式技巧的應用，程序性注重課程活動之組織的複雜程度隨著學生活動之進展而逐步增加。

（三）將兒童分成若干學習小組，並進行小組製作計畫及材料

評估。

（四）採用適宜的共同製作方式，共同製作方式依黃恆男、王輝煌（1986）集體創作教學法，有組合式共同製作，分割式共同製作，合力共同製作三種方式，茲分述如下：

1、組合式共同製作：每一個兒童，個別製作一件作品，再把數位兒童的作品集中在一起，成為一件完整的作品。（圖11、12）

圖11　四年級主題　紅螞蟻來了　　　圖12　中年級主題　門

2、分割式共同製作：

（1）共同討論、計畫，並完成線條構圖計畫稿，將畫面平均切割成數分，每人負責一小區塊內容，創作完成後再予以合併，組成原計畫架構作品。（圖13）

（2）選擇一張精采的作品，按組員人數分割成數小區塊，每人將自己分到的區塊內容，放大到所需的倍數，完成後即可拼湊成一幅大而完整的作

3、合力共同製作：

（1）接力合作兒童可依技巧性質、材料的性質或創作內容，採接力的方式進行創作，逐次完成作品如（圖14）。

（2）整體合作：每組從主題內容的策劃、起稿、分工到完
　　　成都是組員共同商討、修正、參與創作，彼此互相協
　　　調、分工合作而成。

圖13　二年級主題　風來了　　圖14　六年級主題　朝陽慶生

（五）教師隨機提供諮商與鼓勵支援。
（六）作品展示發表與評鑑，作品可結合學校慶典活動或選擇適
　　　宜的地方佈展，展示成果並廣邀家長老師參觀，以激勵兒
　　　童創作過程的付出與肯定兒童創作成果。或訂定教師評選
　　　競賽辦法，獎勵優秀作品。
（七）製作作品集，並將集品掛於專門網頁，以宏美感教育成效。

五、合作學習實施成效

　　根據顏友信（2001）合作學習對國小學童繪畫表現能力學習
成效之研究，發現合作學習有以下成效：
（一）合作學習對形象表現能力的影響：合作學習教學對促進學
　　　生在掌握形體完整程度、形象輪廓正確描繪技巧、及對物
　　　象精細描繪程度等能力的提升具有一定程度的積極成效。
（二）合作學習對色彩表現能力的影響：合作學習可提升其將色
　　　彩統調變化運用得更豐富多樣，會使用混色技巧使畫面更

具質感與美感,並且能運用彩度與明度的對比及使用色彩
漸層、統調、節奏、均衡等作為色彩機能美感表現的方
法,提升其色彩表現形式的能力。

(三)合作學習對空間處理能力的影響:經過合作學習兒童在繪
畫空間表現特質、物體的明暗光影、遠近空間、物象重疊
等空間處理能力較佳。

(四)合作學習對美感表現能力的影響:兒童在畫面中能表現出
形象主調與副調的美感、表現整體一致、色彩的統調變化
及畫面物象間組織呼應的美感表現上的學習效果較佳。

(五)合作學習對完成能力的影響:兒童可以透過合作學習來提
升對作品專注力與耐力的特質,而漸增其繪畫表現形式的
能力。

　　合作學習的過程中,為達成團體目標,每個人均需績效責
任。再者學習過程中可由腦力的激盪溝通、協商、互助合作的進
程中,增進社會能力、人際關係,並可提升學生在團體歷程中扮
演的積極角色,豐富個人的製作領域,增加團體生活的能力,
為此教師能夠適時應用合作學習,來促進兒童個性與群性的均衡
發展。

伍、結論:由課程的觀點談教師的創意教學

　　課程是兒童的學習內容,課程是發展出來的。歐用生
(1999)將課程發展的層次歸類為四:即國家層次、地方層次、
學校層次和班級層次。

一、國家層次是指中央教育部在課程設計上的決定權。

二、地方層次是指縣市教育局層次的課程決定權力。

三、學校層次是以學校為基礎的課程設計工作，也就是所謂學校本位的課程發表。

四、班級層次的課程設計是指教師對課程標準及教材的詮釋、選擇與實施。

藝術教育的推展上來說，班級層次的課程設計顯得特別重要，畢竟課程的規劃從國家層次到地方層次，再由地方層次到學校層次，其中幾經輾轉詮釋課程的精神已逐漸弱化模糊，甚至誤解，而教師對課程具有詮釋、選擇和實施的專業職責，教師不能毫無條件的、被動的接受，儘管新課程設計十分完美，教師仍需發揮專業能力，對課程教材做最合理性、創意性的詮釋、選擇和實施，才能將課程落實在教室的教學中。以下提出幾點有關教師在班級層次的課程設計如何發揮創意教學，以促進藝術教育的教育成效作為結論：

一、教師要有課程發展觀。隨時對藝術課程的脈絡、正確性、難度、份量、範圍、順序做分析研究，以落實正當使用課本教材，發揮最大的教學效果。

二、教師是一個行動研究者。隨時對藝術教學要素的組成、運作和問題，做探究問題並解決問題，以提升教師的教學能力。

三、教師必須採用適當且有效的創意的教學方法。提供學生適當的指導與方向。教師要思考應用甚麼樣的創意教學技巧向學生說明媒介材料如何使用？完成藝術計畫所需的步驟與程序為何？怎樣發明形式之技巧與創作空間秩序創造美感？

四、進行教學必須把握教學情境的主要因素。就內容特色而言，教科書是全國統一性的學習內容，教師需考慮地方的環境文

化特質，學校、學生之需求作適當的調整與活用。就教學特性而言，藝術教學要兼顧個人特有的收穫及班上同學共有的收穫，就教師特性而言，教師除言教外，尚強調身教在藝術教學中的重要性。

五、營造一個富文化、自由、開放、接納、溫暖的美感、人文的環境。

參考書目

王源東等編著（2013）。《台灣當代水墨特殊技法》。台北：全華圖書。

呂燕卿（1996）。〈兒童繪畫發展之認識與實際〉。美育月刊，69，11-26。

張春興（1995）。《教育心理學－三化取向的理論與實踐》。台北：東華書局。

黃壬來主編（2007）。《藝術與人文教育》。台北：師大書苑。

黃政傑（1991）。《教育理念革新》。台北：心理出版社。

黃政傑（1996）。《創思與合作的教學方法》。台北：師大書苑。

黃政傑、林佩璇（1996）。《合作學習》。台北：五南書局。

黃恆男、王輝煌（1986）。《美勞科教學探討》。台灣省省政府教育廳國民教育輔導團美勞科教材教法研習資料。

歐用生（1999）。《課程發展的基本原理》。高雄：復文圖書。

趙雲（2007）。《兒童繪畫與心智發展》。台北：藝術家。

劉振源（1996）。《兒童畫教材教法》。台北：藝術家。

劉豐榮（2000）。《艾斯納藝術教育思想研究》。台北：水牛圖書。

顏友信（2001）。《合作學習對國小學童繪畫表現能力學習成效之研究》國立中正大學教育學研究所碩士論文。

從當代視覺文化現象探討幼兒園美感教育

張繼文

國立屏東教育大學視覺藝術系副教授

摘要

本研究旨在探討當代視覺文化現象中幼兒園美感教育的啟示與因應之道。美感教育源自近代主觀性與客觀性的美感經驗，更強調學習者美感經驗的學習，與藝術教育相關性高。由於當代視覺訊息也逐漸取代語言文字訊息，成為人類傳播的主要方式。五光十色的視覺文化產品充斥於日常生活，具有特殊文化意義。幼兒園的美感領域教學應面對這種時代趨勢，除了引導幼兒進行真實物像、純粹藝術和視覺文化產品的欣賞，藉以獲得美感經驗和文化意義探討之外，教學者也可以在教學中運用藝術創作讓學生得到身體力行的實踐效果。

關鍵字：幼兒園、美感教育、當代、視覺文化

壹、美學與當代生活之美感經驗

所謂「美感教育」（Aesthetic education）主要是教導人們如何去感受經驗，此教育內涵可培養人們美感經驗及美感能力，在臺灣通常被簡稱為「美育」（蘇雅慧，2008）。其實，「美

感教育」源自西方近代對「美學」（Aesthetics）的探究。此字來
自於古希臘的Aesthesis，指的是所謂的感受（Perception）。「美
學」奠基於十八世紀中期著名的德國美學家包加登（Alexander
der Baumgarten, 1714-1762），他在1750年出版第一本以「美學」
（Aestheica）為名的著作中認為，所謂的「美學」就是「美之
科學」（Science of the beautiful），是知識的一類，並非只是一
種單純的感覺模式。他進一步將「美學」被視為脫離哲學而為
一門獨立學識，且將之定位成「感官認識的科學／系統性學
問」（The science of sensory knowledge），是一門與感官審美有
關的知識領域，也涉及品味（Taste）的議題。就「美學」的字
源而論，「Aesthetic」原指「審美」一字源，此字出自於希臘文
「Aisthetika」，意指去感受、察覺（梁福鎮，2001）。

　　「美感」有兩種定義，狹義的「美感」指的是審美主體本
身因客觀存在的審美對象而引起的具體感受，而廣義的「美感」
則指審美主體反應美的各種意識形式，以及透過感知、想像、
情感等各種心理活動而達到領悟和理解的感受方式（谷風編輯
部，1986）。針對「美感」定義，顯然前者是屬於「客觀論」的
解釋；後者則是「主觀論」。十八世紀以後對「美感」的解釋逐
漸強調主觀感受，與「美學」尚未獨立成為一門學科之前人們傾
向客觀性共通的美感之追求是大有不同的。早期的哲學家或藝術
家談「美」時，他們所關心的是個體的對美的共同感受。古人
並試圖找出一些四海皆準的「美」或「美的共通原則」，而不
是變動的「美」（黃彥文，2010）。後來，十八世紀「美學」成
立，人們開始思索「美感」應尊重每一個體美感經驗的主體性。
廣義的美感經驗意旨人類對於「美」和「藝術」的一種反應，
包含對於大自然和所有能使人產生「美感」的經驗，不只是對

於純粹藝術的經驗（劉文潭，1989）。例如Dewey（1934）在其著作《藝術即經驗》（Art as Experience）中指出，「美感」乃是具體的經驗形式，也即是美感經驗的後果（Aesthetic experiential consequences），也是衡量美感價值的標準。Dewey主張藝術的完滿性價值（Consummatory value）與經驗有關。他主張將藝術與日常生活經驗統合，任何以特定組織形式展現且具有某些特質的經驗皆可稱為藝術，因此他的美學觀點可歸類為經驗美學論（李雅婷，2010）。

只是，吾人若從中文意義上來解析「美學」，將發現中文使用者對「美學」二字偏向「美化」的要求，且有追求「樂趣」偏狹意義的可能性。針對這種偏向，宋灝（2008：41）解釋：

> 現代華語通用之「美學」這個字眼……近來的趨勢是美學都被「美化」且「樂趣化」。這意味著，美學的領域和特質漸漸是單獨由「美」的概念及人對美所感受之興致所掌握。可是……對「美學」的這種看法顯然不足。

由此可見，美感經驗並非僅對唯美式的藝術形式的感受，也不應是膚淺地將「美」與「享樂」畫上等號，而應該是發自內心對於自然、文化與生活的感受、察覺和結果。以當代美學觀點而論，江合建（2000）認為一個完整的人類經驗兼含理智活動與審美性質，而「美感」就是聯繫感覺與行動的重要管道，並與生活密不可分。所以，當代美學的「審美對象」（Aesthetic objects）已被擴充到生活之中。例如蔣勳（2006）認為美可以從生活中切入，只要透過人們的各種不同的感官產生不一樣的感覺，皆可體會到美。Featherstone（1991）也提出美學消費和日常

生活美學化的觀點，認為藝術無所不在，生活可以變成藝術。郭澤寬（2005）指出當代美學應該從藝術家專屬的藝術回歸到一般大眾的藝術，且應還給人們面對藝術時的自由，不受他人所影響而形成自我的感官經驗。所以，美感經驗並非只存在於藝術作品欣賞藝術而已。在日常生活食、衣、住、行、育、樂等各方面都可以獲得不同程度的審美經驗（陳瓊花，2001）因此，我們必須將「審美對象」這個概念及其範圍不應被侷限在以藝術作品做為審美對象的狹義觀點，而應該被擴大到更寬廣的領域。廖仁義（2010）將審美對象分為以下四個層次：

> 第一，生命態度做為一種審美對象，乃是生命美學的範圍。
>
> 第二，自然世界做為一種審美對象，乃是自然美學的範圍。
>
> 第三，日常生活做為一種審美對象，乃是生活美學的範圍。
>
> 第四，藝術作品做為一種審美對象，乃是藝術美學的範圍。

　　上述這審美對象四個層次皆與當代人類生活息息相關。因此，就「美感教育」的立場，教學者在教學中也應列入上述四個層次的教學範圍與內容。

貳、「美感教育」的多元功能與審美範圍的擴大

　　最早提出「美感教育」的德國教育學家席勒（Friedrich Schiller, 1759-1805）主張，人類在感覺、悟性與意志三種官能之外，還有一種美感官能，針對美感官能的教育則稱為美感教育。席勒有鑑於十八世紀以來，學科知識分工造成人格分裂現象，

他認為美感教育能促進人類理性和感性的和諧發展，達成個體完美的人格（梁福鎮，2001）。席勒認為人類除了「感覺」、「悟性」、「意志」三種官能之外，另外還有一種官能獨立於此三種官能，卻又與之息息相關，對這種官能進行的教育就稱為「美感教育」（即美育，Aesthetic Education）（楊深坑，2009）。席勒主張人唯有透過美感教育，才能將人的物質與精神生活統一，達成整體和諧並促進祥和社會。所以美感教育的目的，並不在於培育與訓練創作與欣賞作品的個別能力，而在於美感心境的培育。其內容包括了一切能夠引發人們內心情感，並昇華其精神的活動，因為美感並不是藉由接受外表的美而產生的快樂，而是由內心中產生的一種愉悅感（徐恆醇譯，1987）。「美感教育」與「藝術教育」相較，前者的範圍較廣大且較為融通的全人通識教育理念。所以，藝術教育中的藝術欣賞只是「美感教育」中欣賞範圍的一部份而已（張繼文，2006）。有關藝術作品的欣賞，的確較容易引導學習者感受美感經驗。例如Greene（2001）認為若藉由藝術的學習實施「美感教育」，學習者可培養反省與情感表達的過程，也能運用想像力思考著藝術的意義，思索自身的經驗，達到自我覺醒。

　　由上面的論述得知，「美感教育」的功能甚多，其審美範圍並不僅限於藝術的學習。Smith（1992）主張美感雖可能具有不同認知、道德、社會的功能，但是「美感教育」的首要目的乃是在促成帶有著享受和珍視特質的美感經驗。陳瓊花（2001）也有類似的觀點，她堅信「美感教育」可培養受教者藉由接觸美學或審美經驗的過程，增加對於美的感受能，提昇受教者感知能力的敏感度及判斷力，使受教者能具有對美感的鑑賞能力，提昇生活素質並豐富生活情境。有關「美感教育」欣賞範圍，陳瓊花

（2000）且認為「美感教育」能藉由經驗對象的過程，強化個體的感覺、知覺與思辨的能力，這種經驗的對象可能是藝術作品、自然的物象或是事件的歷程。由此可見，「美感教育」具備多元功能，其審美範圍也隨著時代和環境的變遷而擴大，但審美經驗的體驗仍是最根本的議題。漢寶德（2005年4月）主張，「美感教育」真正的任務是發展孩子們潛在的審美能力並形成一種判斷力。欣賞可以用為美感判斷力的實習，同時提供判斷中不可避免的知性成份。因此，「美感教育」也應該培養學習者的美感判斷能力。這種能力又有人稱為「美學能力」或是「美力」（楊蕙菁，2005），它在現今二十一世紀的社會中已越來越受到重視，並成為公民社會所要求的基本能力之一。例如廖仁義（2010）以擴大「美感教育」的審美範圍之態度強調，美學能力成為每一個公民都能具備的一種基本能力，並將之運用於各種不同類型與不同層次的審美對象，其審美對象不能侷限於藝術作品或藝術活動。而且，每一個公民在審美生活之中將同時扮演審美對象的接受者和審美對象的創造者。簡言之，「美感教育」不只是欣賞活動，也是一種審美判斷能力的培養，更是一種創造性的審美實踐，其審美範圍也是極為廣闊的。

　　「美感教育」，就是透過教育活動，引導學生對各種美的事物有所感受。例如教師引導學生欣賞大自然、社會生活與藝術的美，並提升其感受與鑑賞的能力，進而建立正確的審美觀點，培養創造美的能力，涵育熱愛一切美好事物的感情。「美感教育」比「藝術教育」的範圍更廣，是屬於較為融通的全人通識教育念（張繼文，2006）。

參、當代視覺文化現象對美感教育的啟示

當今吾人正處於視覺文化（visual culture）的時代，每一個人每天會以「片斷」的方式接觸許多視覺訊息，如電影、電視、戲劇、攝影、繪畫、時裝、廣告、形象設計、網路視聽、X光、虛擬影像……等，已經構築了琳瑯滿目的社會。人們藉著視覺符號傳遞訊息，也傳播文化。但是我們也經常被這些視覺影像（image）所支配。由於當代科技傳播媒體的日新月異，當代人類生活到處充滿視覺影像，這些視覺影像往往結合文化，造成隱含許多意義的視覺符號，形成氾濫的視覺文化，並已經取代過去時代的「讀寫文本」，也成為當代重要的文化研究領域之一（Barnard, 1998; Evens & Hall, 1999; Walker & Chaplin, 1997）。美國學者Mirzoeff（1998）認為在目前這極度視覺的時代，日常生活就是視覺文化。視覺文化是當下社會的產物，視覺事件透過科技讓消費者尋得訊息、意義或愉悅（Mirzoeff, 1999）。視覺文化從字義上看，應包括「視覺」與「文化」二層面的意涵，簡明的說，應是文化顯現在視覺形式的層面，可以稱為「視覺方面的文化」，其中概括各種的視覺影像與意義，亦即視覺影像所客觀存有的屬性及其可能衍生的意義（陳瓊花，2003）。Barnard（1998）則以「視覺」和「文化」兩個部分做定義：

一、視覺

1、廣義的定義：包含任何可見的事物。

2、包含自然現象如：自然風景、動植物……等。

3、包含任何人為人造且可被見的事物。

二、文化

包含人們思維方式、生活方式、精神的產物與意識型態或價值觀。

1、菁英文化。

2、大眾文化。

3、次級文化。

從「全球一體」的觀點而言，全球化下視覺文化的影響已經成了一股重要的力量。Sturken和Cartwright（2001）認為二十一世紀初的媒體版圖（Media landscape）已經改變了，並導致了區域性與全球性文化新形式的出現，因此會有經濟、科技以及文化上的全球化（globalization），加上以全球經濟一體化的口號與資訊科技和大眾傳播為管道，展開對其他國家的消費文化傳輸，然而伴隨著消費文化所產生的影像，便透過電視、電影、網際網路等媒介，變成所謂「全球化的視覺文化」（Sturken & Cartwright, 2001）。視覺文化範圍如此廣大，視覺文化應該是日常生活中，可以觀察到的各項實踐（包括過程及結果），也就是說，它應該概括一般、文化及各類藝術的產品。因此Walker & Chaplin（1997）將視覺文化內容分為四大類，其中包含「精緻美術」（Fine Arts）、「工藝／設計」（Crafts/Design）、「表演藝術」及「藝術景觀」（Performing Arts and Arts of Spectacle）、「大眾與電子媒體」（Mass and Electronic Media）四大領域。

就藝術教育或美感教育的立場而言，Duncum（2001）說明「能建構並傳達人類之態度、信念、以及價值觀之每天的日常生活即是視覺文化」，並認為藝術教育者應該研究視覺藝術，因為它對教育的重要性在於：它發生於學習事件最頻繁的地方，也就

是日常生活中的視覺。然而,在視覺文化時代的今天,隨著資訊技術之蓬勃發展,影像視訊氾濫,使人類的思考習慣大受影響,圖像感覺代替理性思維,一股反理性中心的文化意識逐漸滋長(楊深坑,2001)。由此可見,視覺文化的氾濫現象,造成人類日常生活中極度依賴視覺圖像認知世界,反而忽略物象本身的本質,更以速食性、平面性、視覺官能性的方式面對世界,許多人早已失去對視覺現象美的感動與文化意義的深入探討。所以,教學者在教學中如何引導學生觀看、詮釋、分析、思考日常所觀看到的視覺文化,探討其隱藏其中的意義,乃是藝術教育和美感教育的新方向。

「美感教育」應是一種融合社會與文化的學習活動,它的目的是在幫助學生體會人類存在的多元意義及感受視覺能力在理解文化議題上的重要功能;透過感官文化(包括精緻藝術、大眾藝術與其他圖像)的課程,學生能回歸到學習感官藝術的基本面——種操作與欣賞間既複雜又密切的互動關係(王士樵,2003)。「美感教育」不等於「藝術教育」,但「藝術教育」是最能達成「美育」教育的目標。面對視覺文化時代的「美育」,應該強化學生自己對美的感受能力與發表能力,更應讓學生了解五光十色的視覺影像背後之文化意涵,培養視覺素養與自我批判的能力(張繼文,2006)。

從文化的角度來看,Barnard(1998)指出,任何人所生產、詮釋或是創造的視覺圖像應該被賦予功能性、溝通或審美的目的。視覺文化中之視覺圖像不僅只於「可視」而已,應該還涵蓋了文化意義,並具有功能性、可溝通性和美感。Freedman(2003)認為視覺文化是多文化的、多形態的,並是各文化間交互作用,以及各學科間統整的,它是社會的、政治的、經濟的和

個人的，它含蓋了各時代和歷史的內涵。當今「視覺文化」時代的「美育」（美感教育）新方向應該是一種融合社會與文化的學習活動，它的目的是在幫助學生體會人類存在的多元意義及感受視覺能力在理解文化議題上的重要功能（張繼文，2006）。透過視覺文化的學習，同時也可瞭解社會文化的現象與面貌（張繼文，2003）。

　　「美感教育」的實施應透過教學活動的引導，運用各種物象本質（如實物體、實景、實況）和各種媒材「再現」（Representation）這些物象本質的視覺影像，探悉兩者之間的轉換關係與多元的表現方式，讓學生得以延伸其美感經驗於欣賞與創作中，培養其創造與審美的能力，並能從中涵養多元文化觀，進而透過視覺文化建構生活中自我與外在世界的互動關係。

肆、以視覺文化為基礎的幼兒美感美教育

　　「幼兒教育及照顧法」已於2011年6月10日，經立法院院會三讀通過。其主要內容是將收托2至6歲幼兒的「幼稚園」和「托兒所」兩機構整合為「幼兒園」，並統由教育部門監督管理。在幼兒教育的課程方面，近年來也有重大調整。中華民國101年10月5日教育部發佈「幼兒園教保活動課程暫行大綱」（以下簡稱「新課綱」），並自101年8月30日生效，幼保工作者有設計幼兒各領域材教法的需求，更打破過過去「分科」方式降課程劃分不同的「領域（教育部，2012）。其中「美感領域」是屬於培養幼兒感性學習的重要部分，其中也包括屬於視覺美感的學習與文化涵養的培育（林玫君，2009）。盧美貴、陳伯璋（2009）主張，幼兒階段教師應以「感性直觀」的方式面對受教者，再以「知性

認知」擴展其學習內涵。教師並應透過「行為實踐」過程引導幼兒體悟人己與物我的關係。再者，「美感領域」教學中，更應強調感性文化的精緻化，以及「文化發展」境界的提昇。因此，藉由生命和文化感受性的洗禮及陶鎔淬鍊，將可充實幼兒生活與學習中的美感經驗。

「幼兒園教保活動課程大綱」的內涵依據幼兒的需求與社會文化的期待，劃分為身體動作與健康、認知、語文、社會、情緒和美感六領域，然實施時須符合幼兒的生活經驗，以統整方式實施。各領域的學習面向彼此關聯，相互統整；各領域的能力彼此串結，環環相扣，以支持幼兒發展統合的六大能力，面對未來多變的社會。其中的美感領域，包括「探索與覺察」、「表現與創作」及「回應與賞析」三項能力的培養。此三項能力即構成幼兒園美感教育的範圍：

一、「探索與覺察」：主要是指用敏銳的知覺探索生活周遭事物的美，並覺察其間的變化。

二、「表現與創作」：是指嘗試以各種形式的藝術媒介來發揮想像，進行個人獨特的表現與創作。

三、「回應與賞析」：是指對生活環境中多元的藝術創作或表現，表達出個人或群體的感受與偏好。

美感領域的學習面向區分為「情意」和「藝術媒介」兩部分。「情意」是指希望幼兒在不同的美感經驗中，能連結正面的情意與產生愉悅的感受，以及樂於從事美感有關的活動。換言之，在從事與美感有關的活動時，著重於讓幼兒享受過程中的樂趣。「藝術媒介」包括在探索與覺察的過程中，所運用到的視覺、聽覺、味覺、嗅覺及觸覺等各種感官知覺，以及在進行創作表現或回應欣賞時，常用的視覺藝術、聽覺藝術及戲劇扮演等藝

術媒介。

　　有關幼兒的「美感領域」教學的教育哲學基礎上，國內大多強調杜威（John Dewey, 1859-1952）、施泰納（Rudolf Steiner, 1861-1925）和維高斯基（Vygotsky Lev S. Vygotsky, 1896-1934）及其他幼兒教育學者的哲學思考與看法，但多不脫離教育與實際生活的議題。John Dewey杜威在其《藝術即經驗》一書中從人類經驗角度探討人類的美感教育，認為人對具體物的感受應掌握其完整性。一個完整經驗必須兼含理智活動與審美性質，而美感就是聯繫感覺與行動的重要管道，與生活密不可分。所以Dewey的看法認為，所有藝術都是來自於社會組織中，即藝術本源於生活，不應該再行分割生活與藝術（陳錦惠，2005）。Dewey（1939）特別重視連結不同的藝術經驗到生活經驗中，學習從生活中創造美的事物，培養美的鑑賞能力，讓學生能感受美、認識美、進行達到美感教育的目標（吳俊憲，2000；陳曉雰，2002）。施泰納在華德福教育的理念中認為強調各個學科中的學習皆應該要以美感為核心進行課程。維高斯基認為要從語文的美切入，進入幼兒的美感教育。美國的美感教育學者Jalongo和Stamp（1997）認為教師要為幼兒提供藝術的經驗、知覺、對各種藝術媒體的賞析，以及學習藝術形式和評鑑的技巧，才能使幼兒得到美感經驗，從生活中進行美感教育。

　　有關幼兒的「美感領域」教學的社會文化基礎上，許多學者發現視覺文化現象對於幼兒和兒童帶來影響。波茲曼（Neil Postman）在其《童年的消逝》（The Disappearance of Childhood）（蕭昭君譯，1994）一書中，以印刷術以及電視影像和文字為例說明二者於現今視覺文化時代的交互作用。波茲曼在此書中提到閱讀習慣的改變與電子媒體的發明，使得成人與兒童的界限

越來越模糊，造成童年的消逝。繼波茲曼所著《童年的消逝》
出版後受各界對童年議題的重視與討論，以及對電子媒體所造
成的影響更加重視與討論，白金漢（David Buckingham）所著
《童年之死：在電子媒體時代下長大的孩童》（After the Death of
Childhood：Growing Up in of Electronic Meadia）一書中有了更進深
入的分析與探討電子媒體對童年的影響。白金漢在此書中，以辯
證的方式討論各種影像帶給未成年孩子影響的正反面論述。他
強調孩童對於影像已有一套超乎成人所能想像的思考模式與判斷
方式（楊雅婷譯，2003）。由此可知，孩童在當代視覺文化環境
中已逐漸轉向透過人造的視覺影像為主之認知方式來探索世界，
形成對世界事物間接性的接收訊息而非直接體驗。這種現象值得
我們再進行幼兒「美感領域」教學的思考。Seiter（1993）觀察
發現結合動畫、廣告、玩具商品等的兒童消費文化，已成為兒童
日常生活中分享影像、角色、情節、主題的共同倉庫，提供遊戲
及悄悄話的基礎，換言之大眾商品已交織在孩童的社會生活當中
（引自孫立群，1999）。孩童建構的世界圖譜，在二十世紀中顯
得複雜，常是受電視、電動玩具、廣告、電影等視覺文化影響
（Evans, 1998）。

在台灣五光十色的視覺文化現象下成長的新世代，視覺文化
於藝術教育課程之應用，有助於其視覺文化素養的培養，至屬重
要。為因應視覺化的世代，視覺藝術教育學者們紛紛思考此問題
提出因應之道，不但應培養學生。Patchen（1999）認為視覺文化
時代應培養孩子對影像詮釋和解讀的能力，是視覺藝術教育不可
忽視的一環。凱莉‧費德門（Kerry Freedman）和王士樵（2003）
也建議藝術教育應要涵蓋所有視覺文化的形式，讓學習者習得
「眼睛所見的一切就是生命與文化」的課題，並且願意深入探討

個人與圖像、生活之間的關係，以及他們對圖像的消費行為。
Duncum（2002）所提出的「視覺文化藝術教育」（Visual culture
art education）強調學校如何將日常生活的「視覺文化」納入視覺
藝術教育內容的藝術教育理論，其精神旨在強調教師應引導學生
敏銳地覺察、分析生活中的視覺影像，此教學法已被許多教學
者所採用。實際做法上，國外學者建議在學校的藝術教育課程
中，應培養兒童「好奇的眼光」（Curious eye），取代專業鑑賞
目標所謂的「好的眼光」（Good eye）。因為，「好的眼光」其
目的在於鑑識存在的事物，而「好奇的眼光」，則是能夠發現以
往不知或從未察覺的美好事物（Duncum, 2000）。然而，Duncum
（2000）認為發展視覺文化課程時，應注意到視覺文化產品新感
官刺激滲透視覺經驗，只能觀看到圖像的表層，以刺激感官來獲
得短暫的享樂。

　　當代視覺文化時代的新興媒體科技與各種消費文化也可能
是學生接觸社會日常生活中的各類事物之「另一重要管道」，學
生不但會從中認知虛擬的世界，並會將情感投射在其中，更由可
能藉由各種視覺藝術創造活動重新創造出新的特殊意義（張繼
文，2010）。因為視覺文化產品（圖像、影像或造型）通常都是
人造的，它只是一種複製、再造、虛構或模擬的景象。而且它
通常是一種表象（Appearance）膚淺的，並從它最初的存在中抽
離開來。例如最近在臺灣高雄市光榮碼頭極夯的「黃色小鴨」
（Rubber Duck）（如圖一、圖二）即是一例，「黃色小鴨」從9
月19日在高雄展出至10月13日，已突破原先預定的300萬觀賞人
次。當幼兒喜歡接觸這「黃色小鴨」時，但他們可能完全不認知
原本生物學中的「鴨子」（如圖三）是活生生的動物。幼兒園
若能從此熱潮中的人造展品（含周邊商品）（如圖四）和相關影

像提煉為教材設計為教學內容，並將真實的鴨子、繪畫作品的
鴨子、圖像廣告的鴨子（如圖五）、雕像或工藝雕刻的鴨子、
「黃色小鴨」（Rubber Duck）展品和其周邊商品等於教學中做
比較，並提出關鍵性的概念和幼兒對話討論，將有意想不到的
「視覺文化藝術教學」效果。「黃色小鴨」的案例反映出視覺藝
術或視覺文化產品作為文化反映的一面鏡子，它除了是人們童年
時的「集體回憶」的具體視覺表現，還有人類共同潛意識的反映
（劉仲嚴，2004）。教師可由純粹藝術與生活藝術之交融、藝術
創作與藝術欣賞的搭配，引導學生體會多元文化與流行文化，並
有機會讓孩子們回歸自然，實際觀察並描繪真正鴨子，如此對幼
兒而言將是有意義的教學。進行視覺文化教學時，學生批判性思
考（Critical thinking）能力及習慣的養成，是相當重要的部分。
教師在教學策略中可採用「問題導向」的對話式策略能在透過參
與討論、對話、分享的過程中，鼓勵幼兒從學習客體轉為主體
（溫明麗，1997）。在實施視覺文化教學時，透過「問題導向」
的對話式策略，教師可以針對因某一視覺文化影像所引發的問題
作深入評述，同時也鼓勵學生發聲，發表自己的看法（Geahigan,
1998）。

圖一　高雄捷運中央公園站布置的「黃色小鴨」模型

圖二　民眾踴躍參觀高雄市光榮碼頭「黃色小鴨」

圖三　國立屏東教育大學迎曦湖鴨子

圖四　「黃色小鴨」展高雄市光榮碼頭廣告物

圖五　「黃色小鴨」展周邊商品

伍、結論

　　幼兒園「美感教育」不能停留於幼兒親自動手做的無深刻意義作品而已，應該開發幼兒天生的感官，體驗真實的美感。杜威（Dewey, 1958）主張教育即生活（生活經驗），而且美感存在於生活經驗之中，美並不是一種從經驗外無中生有，必須透過實際體驗才能「領悟」。「美感」的範圍也因為當代視覺文化的興起而有擴充之趨勢，因此在幼兒園「美感教育」的實際做法上必須因應此一趨勢。現有的「幼兒園教保活動課程大綱」的「美感領域」課程中也顧及此社會變遷所帶給人們的視覺經驗擴充，但也複雜化教學的內涵。因此，教師在此趨勢中應教導學生如何「觀看」視覺文化產品並進行相關討論，以深化文化意義的探討。此外，也可提供幼兒從此視覺文化議題出發進行視覺藝術作品製作，從中的到另一層實踐意義。教師讓幼兒與視覺文化產品的互動過程，即是進行文化意義的交會，學生接觸影像，師生共同於視覺文化教學中營造使其主動參與觀賞與解讀，並應使學生個別的觀看的方式和多元詮釋呈現。日常生活中大量的視覺文化訊息可提供教學內容，引發幼兒們不同的「看」的方式。也應注意油生活經驗中提煉出的實際生活視覺經驗、精緻藝術品、應用藝術品和視覺文化產品之間的相互關係，以發掘自我定位與文化經驗。

參考書目

一、中文部分

《幼兒園教保活動課程大綱暫行版》。全國教保資訊網。上網日期：2013年9月27日。http://www.ece.moe.edu.tw。

江合建（2000）。《杜威的美育思想》。載於崔光宙、林逢祺主編，教育美學。台北：五南圖書。

吳莉君譯（2008）。《觀看的方式》（John Berger著）。台北：麥田出版。

谷風編輯部（1986）。《美學基本原理》。台北：谷風。

李雅婷（2010）。〈「想像」為核心之課程與教學：以Maxine Greene之美感教育與敘事課程策略為例〉。國家教育研究院籌備處與國立編譯館主辦，「美學取向課程與教學之理論建構與應用」學術論壇手冊，7-23。

宋灝（2008）。《跨文化美學視域下的中國古代畫論》。揭諦，14，37-78。

吳俊憲（2000）。《美感哲學觀及「藝術與人文」課程領域之教育意涵》。臺灣教育，600，39-44。

林玫君（2009）。《幼兒園教保活動與課程大綱──美感領域後續研訂計畫》。台北市：教育部（教育部委託研究計畫）。

林玫君（2012）。《臺灣幼兒園課綱美感領域學習指標發展初探──以戲劇指標與量表之建構歷程為例》。當代教育研究，20（4），1-44。

幸曼玲（2009）。《幼兒園教保活動與課程大綱──總綱組後續研討計畫》。台北市：教育部（教育部委託研究計畫）。

孫立群（1999）。〈日本卡通對青少年消費文化影響之研究〉。政治大學新聞研究所碩士論文。

徐恆醇譯（1987）。《美育書簡（Friedrich Schiller著）》。台北市：丹青圖書。

張繼文（2003）。《文化之心與藝術之眼：視覺文化教學在藝術與人文學習領域之統整學習》。屏東師院學報，19，295-334。

張繼文（2006）。《視覺文化時代的美育新方向》。屏縣教育，28，5-10。

張繼文（2010）。〈當代視覺文化環境中的生活課程兒童繪畫教學的因應之道〉。看見孩子的世界——悠遊生活課程研討會論文集（頁21-30）。三峽：國立教育研究院籌備處。

梁福鎮（2001）。《審美教育學——審美教育起源、演變與內涵的探究》。台北：五南。

陳瓊花（2000）。〈二十一世紀藝術教育圖像——談文化因素對審美教育的省思〉。文化視窗，18，14-19。

陳瓊花（2003）。〈視覺文化的品鑑〉。載於國立台灣師範大學實習輔導處地方教育輔導組舉辦，「人文研究與語文教育」研討會論文集（頁259-283），台北。

陳瓊花（2001）。《藝術概論》。台北：三民。

陳曉雰（2002）。〈藝術與人文——以音樂實踐美感教育〉。美育雙月刊，128，32-41。

陳錦惠（2005）。〈教學經驗中的美感特質探討——Dewey美學的觀點〉。課程與教學，8（2），15-24。

郭澤寬（2005）。〈回歸感官經驗的愉悅——新時代的美學特徵〉。「第一屆台東大學人文藝術研討」學術研討會論文集，1-19。

郭禎祥（2008）。〈當代藝術教育課程研發展論文集序文〉。載於張家琳主編：當代藝術教育課程研發展論文集，1-2。臺灣師範大學美術研究所論文集。

郭禎祥、趙惠玲（2002）。〈視覺文化與藝術教育〉。載於黃壬來主編，藝術與人文教育。台北：桂冠。

教育部（2012）。《幼兒園教保活動課程暫行大綱》。全國教保資訊網。2012年10月23日。取自：http://www.ece.moe.edu.tw/wp-ontent/uploads/2012/10/幼兒園教保活動課程暫行大綱含發布令

黃彥文（2010）。〈邁向一種共鳴的課程美學研究取向〉。2010年3月27日，國家教育研究院籌備處與國立編譯館主辦，「美學取向課程與教學之理論建構與應用」學術論壇手冊，103-120。

凱莉‧費德門（Kerry Freedman）&王士樵（2003）。《當代美術教育的發展與變革》。美育，132，58-64。

溫明麗（1997）。〈批判性思考教學〉。教育研究，55，49-54。

楊深坑（2001）。〈美育在後現代社會中的人格陶冶功能〉。海峽兩岸青少年人格建構學術研討會論文。

楊雅婷譯（2003）。《童年之死》（David Buckingham著）。臺北：巨流。

楊蕙菁（2005）。〈美力時代〉。商業週刊，903，66-72。

劉文潭（1989）。《西洋六大美學理念史》。台北：聯經。

漢寶德（2005）。〈美感教育的有效途徑〉。國家政策論壇季刊，2005年夏季號。取自：http://old.npf.org.tw/monthly/0302/theme-268.htm

趙惠玲（2005）。《視覺文化與藝術教育》。臺北市：師大書苑。

廖仁義（2010）。〈美的覺醒：公民社會美學教育的理論與實踐〉。國家教育研究院籌備處與國立1編譯館主辦，「美學取向課程與教學之理論建構與應用」學術論壇手冊，1-5。

蔣勳（2006）。《美的覺醒：蔣勳和你談眼、耳、鼻、舌、身》。新北市：遠流。

劉仲嚴編（2004）。《文化與藝術教育：當代的觀點》。香港：香港教育學院。

盧美貴、陳伯璋（2009）。〈「慢」與「美」共舞的課程──幼兒園新課綱「美感」內涵領域探源〉。兒童與教育研究，5，1-22。

蘇雅慧（2008）。〈我們需要什麼樣的美育？──美感教育與藝術教育的相對〉。美育，165，58-68。

蕭昭君譯（1994）。《童年的消逝》（Neil Postman著）。台北：遠流。

二、英文部分

Barnard, M. (1998). *Art, design, and visual culture: an introduction*. New York: St. Martin's Press.

Dewey, J. (1934). *Art as Experience*. New York: Minton Balch .

Dewey, J. (1958). *Experience and nature*. New York: Dover publications.

Duncum, P. (2000, May). Art education and visual culture. *2000 International visual arts conference*. Taipei Municipal Teachers College, Taipei.

Duncum, P. (2001). Visual culture: Development, definition, and directions for art education. *Studies in Art Education*, 42 (2), 101-112.

Evens, J. & Hall, S. (1999). *Visual culture: The reader.* London: Sage Published Ltd.

Freedman, K. (2003). The importance of student artistic production to teaching Visual culture. *Art education*, 56 (2), 38-44.

Geahigan, G. (1998). From procedures, to principles, and beyond: Implementing critical inquiry in the classroom. *Studies in Art Education*, 39 (4), 293-308.

Greene, M. (1995). *Releasing the imagination: Essays on education, the arts, and social change.* San Francisco, CA: Jossey-Bass.

Greene, M. (2001). *Variations on a blue guitar: The Lincoln Center Institute Lectures on aesthetic education.* New York: Teachers College Press.

Mirzoeff, N. (1999). An introduction to visual culture. London: Routledge.

Patchen, J. H. (1999, March). Education in and through the arts for the 21th century. *The prospects of art education in the 21th century: An international symposium in the art education.* Taichung: National Taiwan Museum of Arts.

Smith R. A. (1992). Problem for a philosophy of art education. *Studies in Art Education*, 33, 253-266.

Jalongo, M. R. & Stamp, L. N. (1997). *The arts in children's lives: aesthetic education in early childhood.* Needham heights, united states of America: Allyn and Bacon A Viacom Company.

Sturken, M., Cartwright, L. (2001). Chapter 9: The global flow of visual culture. In *practice of looking: An introduction to visual culture* (279-314). New York: Oxford University Press.

Walker J. & Chaplin, S. (1997). Visual culture as a field of study, and the orgins of visual culture studies. *Visual culture: An introduction*, 31-50. New York: Manchester University Press.

新課綱後的嬰幼兒美感教育

張鈺珮

輔英科技大學幼兒保育系助理教授

林秀慧

輔英科技大學幼兒保育系助理教授

摘要

本文透過「幼兒園教保活動課程暫行大綱」（以下簡稱新課綱）的相關內容來介紹如何實踐0-3歲嬰幼兒的美感教育。首先介紹從發展腳步如何實施小嬰兒、大嬰兒與學步兒的美感教育。接著以創意互動的觀點，說明視覺藝術媒介、聽覺藝術媒介與戲劇扮演等藝術學習面向如何在0-3歲嬰幼兒的美感教育中實施。最後，教導托育人員如何透過繪本插畫的元素來進行視覺方面的美感教育，希望將新課綱中美感教育的精神融入在日常生活的每一天，協助嬰幼兒有愉悅且豐富的美感人生。

關鍵詞：新課綱、嬰幼兒、美感教育

壹、前言

教育部於101年10月05日正式公告了「幼兒園教保活動課程暫行大綱」（以後文中簡稱新課綱），並在101年08月31日開始

實施，新課綱有別於76年公告的幼稚園課程標準，代表幼兒園課程在新課綱的架構上，有了全新的面貌，尤其之前，幼稚園的幼兒的就讀年紀為4-6歲，而新課綱則是2-6歲，因此對很多幼兒園教師來說，實在不熟悉較小年齡嬰幼兒美感教育的部分，因此有必要針對這個部分，提供一些相關的課程與教學，協助這些幼兒園的教師處理他們比較不熟悉年齡層嬰幼兒的美感教育。

再者，目前各縣市為了少子化的問題，對推動公共托育系統有很強的企圖心，因此有許多的公共托嬰中心與托育資源中心，如雨後春筍的成立，而這些收托0-2歲小小孩的托嬰中心，也是需要有相關美感教育的融入。有很多人認為0-2歲的嬰幼兒是以保育為主，不需要有教育的層面，其實這也是一種誤解，因此，嬰兒一出生，他的視覺雖然暫時還未完備，然而其他的感官，如聽覺、觸覺、嗅覺與味覺等，都有很敏銳的潛力，所以如果能從0歲開始就導入一些嬰幼兒的美感教育內涵，可以幫助年齡小的嬰幼兒從小建立美感教育的基礎，尤其美感教育跟感官的連結力很強，所以可以用很直接方式跟嬰幼兒接觸，也很符合嬰幼兒的需求，而感官的正面刺激，也會促進嬰幼兒腦力的開發，所以美感教育不僅僅需要在幼兒園階段的幼兒實踐，其實托嬰中心的幼兒也需要這樣的美感領域的融入，因此本文的目的在於先說明在新課綱的架構底下如何實施0-3歲嬰幼兒的美感教育，其實也提供一些實際的活動設計內容來協助托育人員與幼教師可以真正的運用在課堂的教學中。

貳、新課綱中美感教育

在新課綱（教育部，2012）中對美感教育的說明，將其分為

領域目標、領域內涵與實施通則三方面，以下將根據教育部的分項，簡易的說明新課綱中美感教育的精神。

一、美感教育的領域目標

美感領域的目標為以下四項：（一）喜歡探索事務的美；（二）享受美感經驗與藝術創作；（三）展現豐富的想像力；（四）回應對藝術創作的感受與喜好。

從領域目標中可知，美感教育的本質不是放在技能與知識的向度，如訓練嬰幼兒會畫畫或是演奏樂器，而是放在情意部分，所以其目標是放在喜歡、享受、展現與回應等情意的向度上，透過領域目標我們也可知，美感教育的實踐並非美感經驗上，而賞析創作與想像才是重點，不要將嬰幼兒制式的訓練成公式化的表現。將重點放在如何陪伴嬰幼兒體驗與創造美感經驗上，同時營造一種美感的氛圍，用情意去享受跟回應，這才是美感教育的本質。

二、美感教育的領域內涵

（一）美感教育的意義

「美感」是什麼，「美感」是由個體內心深處主動建構的一種感知美好事物的「體驗」。「感知美」的能力是，透過感官，知覺外在環境的刺激與經驗或想像產生連結，引發內在心靈的感動湧現幸福、歡欣、愉悅的感覺（Jalongo & Stamp, 1997）。

所以美感經驗的獲取與累積，其路徑來自透過嬰幼兒的感官，如視覺、聽覺與觸覺等，接受外界環境的各種刺激，如視覺刺激、聽覺刺激與觸覺刺激，而形成幼兒的美感經驗，豐富幼兒

的想像力，進而引起嬰幼兒心靈的感動，如幸福、歡欣、愉悅的感受（林玫君，2012）。

舉例而言，嬰幼兒透過感官知覺，在家庭裡視覺上看見媽媽使用鍋碗瓢盆在廚房工作的樣態，當嬰幼兒在幼兒園的角落時間，想到媽媽煮飯的樣子（這是屬於幼兒的經驗）。根據這個經驗幼兒到扮演區開始模仿媽媽，她透過想像力重現她的經驗，而重現在家庭中和媽媽在一起的感覺，引發是心靈的感動，產生了幸福、歡欣與愉悅的感覺（林玫君，2012）。

從以上美感經驗的說明中，可知美感經驗的開始並非是刻意外加給嬰幼兒的感官刺激，而是透過非常自然、非常具體生活化的經驗來傳遞，也因為這樣的經驗並非是刻意外加，而是生活的一部分，嬰幼兒才會真正的隨時都活在美感的經驗與生活中，有一顆細膩有感受的心靈，進而產生幸福、歡欣與愉悅的感覺，這才是美感經驗的本質。

（二）美感教育的能力

幼兒時期的美感經驗主要是立基於探索與覺察的能力，幼兒對於生活周遭環境中的各項事物充滿了好奇，喜歡探索及覺察當中的微妙感受。當幼兒有興趣時會以藝術性的媒介，如視覺圖像、聲音節奏、身體律動及戲劇扮演等，發揮其想像及即興創作，享受自我表現的樂趣（教育部，2012）。

美感領域包括「探索與覺察」、「表現與創作」及「回應與賞析」三項能力的培養。「探索與覺察」主要是指用敏銳的知覺探索生活周遭事物的美，並覺察其間的變化。「表現與創作」是指嘗試以各種形式的藝術媒介來發揮想像，進行個人獨特的表現與創作。「回應與賞析」是指對生活環境中多元的藝術創作或

表現，表達出個人或群體的感受與偏好（教育部，2012）。通常年紀較小的幼兒會以肢體動作或聲音對美感經驗表現出直覺性的反應，如拍拍手、專注觀看、微笑及身體前後搖擺等（教育部，2012），我就可以透過這些非口語的反應來了解嬰幼兒對美感經驗的感受，並且隨著嬰幼兒年齡漸長，逐漸導入一些口語甚至其他方式表徵的回應，協助嬰幼兒用更多元的表徵來呈現回應與賞析的能力。

（三）美感教育的學習面向

美感領域的學習面向分為「情意」和「藝術媒介」兩部分。「情意」是指希望幼兒在不同的美感經驗中，能連結正面的情意與產生愉悅的感受（教育部，2012）。這部分的學習面向是我們在嬰幼兒的美感教育中較容易做到的，我們無論與嬰幼兒進行各項活動，都可以引發其正面的情意與產生愉悅的感受，比如說，媽媽一面幫小嬰兒進行背部按摩，一面唱著搖籃曲的兒歌，和小嬰兒一起享受聲韻與撫觸的樂趣，嬰兒可透過觸覺與聽覺的感官刺激中，一起享受親子互動的美好時光，這就是一種很好的情意的學習面向之美感教育。

在「藝術媒介」包括在探索與覺察的過程中，所運用到的視覺、聽覺、味覺、嗅覺及觸覺等各種感官知覺，以及在進行創作表現或回應欣賞時，常用的視覺藝術、聽覺藝術及戲劇扮演等藝術媒介（教育部，2012）。

在嬰幼兒的美感教育中有關視覺藝術媒介，可善用各種美術或工具造型的工具與素材（教育部，2012）。由於嬰幼兒的小肌肉還在發展階段，也因此在工具的選用上，我們儘量運用他的雙手來做為主要的工具，若需要用到筆等工具時，要選用適合嬰兒

手部可捉握為主，如較大的水彩筆，可用整隻手掌捉握，而不是
用手指來掌握。工具如剪刀，嬰幼兒是無法操控自如的，因此，
可考慮多用撕紙的方式來進行，等學步兒的手部發展較好時，再
考慮邊撕邊剪的方式。在素材上則可考慮天然素材，如陪嬰幼兒
戶外散步時，就可以一起撿拾一些落葉、花瓣或果實，作為創作
與表現的素材。人工素材可考慮請家長將家中不要的回收物，如
紙箱等，小時候不要穿的衣物都可以用來作為視覺藝術的素材。
立體素材，如可自製麵粉糰作為立體的素材，因為小小孩會將所
有拿得到的物品放入口中，因此善用一些食物作為立體的素材，
如用沙拉油、麵粉與鹽和成麵粉糰，如果要有顏色則考慮用天然
食物來染色，如紅蘿蔔、波菜等，這些用來做為立體造型的素
材，也是非常適合。

　　在聽覺的藝術媒介上，通常是指以音樂節奏、旋律或歌唱為
主，可透過唱歌、樂器打擊及身體動作等媒介來表現（教育部，
2012）。我們要善用嬰幼兒自己的聲音與身體所發出的聲音，來
進行相關的活動。因為嬰幼兒的手部發展還不能細緻的運用手指
頭的能力，我們可選用整隻手掌可捉握的樂器，如鼓棒等，進行
打擊節奏的遊戲。或者可用紅豆、綠豆等裝在寶特瓶中，成為簡
易的自製樂器，都可以與嬰幼兒玩節奏的音樂與律動遊戲，共享
美好的聽覺藝術時光。

　　戲劇扮演是指以生活或故事情境中的人物進行角色扮演（想
像遊戲），其中運用肢體動作、口語及服裝道具為媒介（教育
部，2012）。而戲劇扮演即是扮演遊戲，扮演遊戲又稱為假裝遊
戲、象徵性遊戲，是嬰幼兒了解周遭世界的一種方法。真正的扮
演遊戲會出現在嬰幼兒一至二歲時，然而嬰兒期時嬰兒已經開始
注意周遭世界，並開始模仿一切，所以扮演遊戲早在嬰兒時期就

建立的基礎（Dombro、Colker和Dodge，2004）。也因此我們可以善用各成人世界的素材，如各式各樣的衣物，甚至是廚房用具中較安全的，如塑膠碗，就可以在家或是在角落，邀請嬰幼兒與我們一起進入戲劇扮演遊戲的世界。比如說在地上舖一塊布，放一些塑膠的茶具，邀請嬰幼兒與我們坐在布上賞花，假設我們之前有帶嬰幼兒從事旅遊的經驗，回來後，我們就可以透過扮演遊戲，一起重溫旅行的快樂時光，並且達到美感教育情意的面向。

因此，如果我們能夠把握美感教育的學習面向，透過一起享受美好的時光，在情意面向給與嬰幼兒豐富的經驗，同時提供各種的媒介，包括視覺、聽覺與戲劇扮演等學習面向，相信即使對很小的嬰幼兒來說，也可以協助嬰幼兒非常多美感教育的學習經驗，而且這是透過融入在日常生活中所達成的學習面向，如此嬰幼兒每日的經驗都可以融入美感領域的學習，才是美感教育所期望的精神。

（四）美感教育的課程目標

表1　美感教育的課程目標表（教育部，2012）

領域能力 ＼ 學習面向	情意	藝術媒介
探索與覺察	美-1-1 體驗生活環境中愉悅的美感經驗	美-1-2 運用五官感受生活環境中各種形式的美
表現與創作	美-2-1 發揮想像並進行個人獨特的創作	美-2-2 運用各種形式的藝術媒介進行創作
回應與賞析	美-3-1 樂於接觸多元的藝術創作，回應個人的感受	美-3-2 欣賞藝術創作或展演活動，回應個人看法

　　因此統整學習面向與領域能力就可以了解美感教育有6個課程目標，即使是很小的嬰幼兒也可以實踐這些目標，因為在探索與覺察的能力，都放在生活環境中的體驗與運用五感去感受，這也是嬰幼兒美感教育重點。所以在2-3歲的學習指標上主要都放在探索與覺察方面能力的養成，是以探索真實物體的色彩、形體、質地的美，探索各種聲音，探索五感的經驗與情緒，享受玩索各種藝術媒介的樂趣，運用簡單的動作或玩物進行生活片段經驗的扮演，以及樂於接觸各種藝術媒介的創作表現（教育部，2012）。

　　可見對比較小的嬰幼兒來說，探索與覺察生活環境中一切事物的美，從簡單周遭的生活環境中體驗美的經驗，那才是最真實的美感經驗，而不是從小學習很多才藝，或是很刻意的教導藝術的知識。如果我們能把握這個原則，其實要實施嬰幼兒的美感教育是非常自然且融入在生活的探索經驗，重點放在引起嬰幼兒的樂趣，協助嬰幼兒享受一切良好的美感探索與欣賞藝術媒介的經驗。

三、美感教育的教學原則

　　美感教育教保活動實施的原則在於喚起幼兒和教保服務人員體驗周遭美感經驗的本能，並從「做」與「受」的互動歷程中，體會心靈的喜悅與感受（教育部，2012）。在實施教保活動時，要注意的事項有：（一）提供需要運用感官探索的媒材與經驗，鼓勵並引導嬰幼兒探索；（二）提供幼兒探索與創作的美感經驗，規劃多元豐富的空間、材料與情境；（三）提供充裕的時間，體驗各種美感經驗與藝術元素，增加其對美敏銳度；（四）重視幼兒創作過程的引導甚於結果的展現，讓幼兒體會創作的樂

趣；（五）接納幼兒不同的想法與感受，鼓勵幼兒原創性的自我表現；（六）結合社區藝術文化資源，拓展幼兒的藝術經驗（教育部，2012）。

　　以上這些教學原則，身為一個較小嬰幼兒的托育人員，重點要放在提供豐富的美感教育環境，尤其在時間上，一定要給嬰幼兒充裕的時間探索，比如說一個早上或一個下午，而且要重視引導的過程甚於結果。嬰幼兒可能花整個早上的時間不斷的在玩麵粉糰，或是將角落的各項物品都拿出來把玩一番，卻沒有做成任何一個成品或作品，然而嬰幼兒卻在這個過程中，運用五感去探索與覺察各種生活環境中的物件，托育人員也可以透過語言與行動引導嬰幼兒，比如說，「想想看，寶寶看到家裡有甚麼東西在客廳，我們一起用麵粉糰來做做看」，或者做出一些基本的形狀，問小小孩這個像甚麼，激發其想像力，而這些過程都在增進嬰幼兒表現與創作的能力。而當嬰幼兒有所回應時，亦可以多用開放性的問題引起他們的興趣，如「除了把麵粉糰拉長外，我們還可以做甚麼？」這些問題一方面可增進幼兒表現與創作的能力，一方面也可以啟發他們回應與賞析的能力，如此我們在實施美感教育時，才是符合新課綱的精神，是給嬰幼兒帶得走的能力，而非死板的記憶一些知識，或是不斷的重複練習一些技能，這是我們在實踐新課綱的美感教育時，應該要注意的重要教學原則。

參、以發展領域的角度提供給嬰幼兒的美感教育活動

　　在楊曉苓與段慧瑩（2007）所做的研究，「0-2歲嬰幼兒適性發展學習活動綱要之研究」中，並未特別根據各種學習領域來

說明美感教育如何實施在0-2歲的嬰幼兒中，而是根據各種發展領域來說明如何在各種發展領域中融入美感經驗的學習，以下將提供一些實際的學習活動，來說明0-2歲的嬰幼兒如何在各種發展領域中融入美感經驗。

在新課綱的美感領域內涵中有提到，美感經驗的產生來自感官受到外界的刺激所引發的經驗，所以感官經驗的產生是0-2歲嬰幼兒感受美感經驗的關鍵。在0-2歲嬰幼兒適性發展學習活動綱要之研究中，將活動實例分為5個領域，包括身體動作、社會情緒、語言溝通、認知探索與生活自理，其中與美感教育較有關係的發展領域在認知探索的部分，因為大家可看到美感教育第一項的領域目標就是喜歡探索事務的美，而認知的探索也是透過感官來學習，因此與美感教育領域目標的能力有關。

然而當我們在實施這些認知探索的學習活動時，要瞭解到要融入美感教育的精神一定要引起情意方面的感受，而不僅僅是協助嬰幼兒學習認知而已，所以如果透過這些活動與嬰兒一起享受這種互動的美好經驗，才是美感經驗的本質，身為托育人員的我們，如果將活動的主軸只放在強調一幼兒要記住這些學習的物件上，就會失去引發心靈感受的美感經驗之本質，所以當托育人員與嬰幼兒互動時，務必注意這個部分，營造活動過程中幸福歡欣與愉悅的感受，才是真正的實踐美感教育的內涵。以下將參考楊曉苓與段慧瑩（2007）的研究，提供各種分齡的活動給托育人員參考。

此處我們將依幼兒分成三種年齡階段，分別是小嬰兒、大嬰兒與學步兒，小嬰兒指的是還不會爬行的嬰兒，約為0-8個月的階段，大嬰兒指的是爬行階段的嬰兒，約在8個月以上到一歲左右，學步兒指的是會走路的幼兒，指一歲以上的階段。

一、小嬰兒的美感教育活動

　　這個年紀的孩子在辨色力與視覺的能力上都還在發展階段，所以當提供一些有關視覺的美感教育活動時，可考慮多用黑白對比的圖案來呈現，同時可做一些簡易的視覺追蹤活動，但重點是放在陪伴嬰幼兒產生願意與托育人員一起探索的層面中，不勉強嬰兒做任何的活動，純粹協助嬰兒有感官經驗的產生，成為未來美感教育能力的基礎。

　　比如說，可做追視物品的活動，準備一些色彩鮮豔的，具聲音效果可吸引嬰幼兒的玩具，讓嬰兒仰躺，成人拿玩具到嬰兒眼前，並引誘嬰兒發現玩具，待嬰兒將視線放到玩具上後，再緩慢地上、下、左、右移動玩具。透過引導幼兒眼球移動，同時與嬰兒一起享受互動的時光，一方面追視物品是嬰兒重要的能力，另一方面也引導嬰兒熟練眼球移動的能力，並且觀察嬰兒在追視上的眼睛協調度（楊曉苓與段慧瑩，2007）。而同時托育人員也可以用一些美好的字句來形容，比如說，寶寶這是一顆紅色的球，等妳長大，保媽媽再陪你玩球哦，這個球球的紅色就是你身上穿的紅色哦，是不是很漂亮。

　　當嬰兒在4-6個月時，就可進行搖一搖的活動，在嬰兒具備能抓握放在手心物品的能力時，協助嬰兒坐在軟墊上，拿一個純色（如綠色）的手搖鈴（或其他可發出聲音的玩具），在嬰兒面前搖出聲音。成人將玩具遞給嬰兒，說：「來，搖一搖。」並將手搖鈴遞給嬰兒觀察嬰兒，觀察嬰兒是否會使用手搖鈴，如果嬰兒讓手搖鈴發生出聲音，成人應立即的給予讚美，並鼓勵嬰兒重複搖動手搖鈴。在與嬰兒互動的過程中，成人可用語言描述手搖鈴的顏色與聲音，增加嬰兒美感教育的相關經驗，同時與嬰兒一

起享受手搖鈴的美好時光，這才是美感教育的本質在於創造嬰幼兒透過與成人互動的感官經驗中，體驗顏色聲音的美好，為未來賞析各種美好的事物奠定良好的感官基礎。

二、大嬰兒的美感教育

針對開始會爬行的嬰兒來說，他除了要開始進行大肌肉的活動外，也需要增進大嬰兒的專注力，專心凝視是未來學習專注力的基礎，嬰兒可藉由注視顏色或圖案鮮艷的圖案或玩具，協助幼兒經由觀察這些圖案的相似性與相異性（楊曉苓與段慧瑩，2007）。

像7-12個月大的爬行兒，可先準備一些他們已經玩過的玩具，看看大嬰兒會不會自行操作這些玩具，接著提供一些圖片或顏色鮮豔的玩具，協助大嬰兒可以專注的在玩玩具上，在這個過程中，可運用指物命名的方式，告知大嬰兒圖案中代表哪種真實世界的物品，是哪顏色，比如說給大嬰兒看一個寶寶戴著紅色帽子的圖片，可告知大嬰兒這就是帽子，帽子是紅色的。同時準備紅帽子協助大嬰兒探索，告訴大嬰兒說：「寶寶你看，圖案上的寶寶有戴著一頂紅色的帽子，你也有一頂一樣的紅色帽子，你想戴戴看嗎？」協助大嬰兒透過實物與圖片，探索生活中的素材，同時能覺察這些素材的名稱與功能，在培養探索與覺察的能力外，與照顧者共享一起觀看素材使用素材的美好時光，也兼顧情意方面的重要學習面向。

三、學步兒的美感教育

13-18個月大學步兒開始對自己的身體感到興趣，因此我們可結合一些聽覺藝術媒介的活動來協助學步兒了解自己，並且認

識自己的身體與五官。比如說我們可以教唱：「頭兒、肩膀、膝、腳趾」或「手在哪裡」，邊唱邊指著歌詞中所提到的身體部位，尤其著重在五官的部分（楊曉苓與段慧瑩，2007）。在一邊唱著兒歌或放CD時，托育人員可以與嬰幼兒一起舞動這些部分，如提到手就揮揮手，一起享受有趣的聽覺藝術媒介，重點不是放在要讓嬰幼兒記住所有的身體部位，而是透過活動，提供嬰幼兒視覺的藝術媒介，一起享受音樂與律動的樂趣。

19-24個月學步兒就可以提供一些塗鴉的活動，比如說準備一張很大的白紙以及無毒天然的大號蠟筆（或蜜蠟），將白紙鋪在地上，開始協助學步兒享受塗鴉的樂趣（楊曉苓與段慧瑩，2007）。此時無須重視學步兒必須要畫出一些可供理解或辨識的圖案，而是鼓勵學步兒多使用不同的顏色來塗鴉，同時亦可將許多蠟筆捆再一起，變成多色筆一起塗鴉，協助學步兒一起享受色彩的豐富與喜悅，一起共度有彩虹的快樂世界。

以上這些活動都是以促進嬰幼兒五感為主，培養嬰幼兒覺察與探索的能力，同時融入美感教育的精神，與嬰幼兒共享美感教育的情趣與喜悅。

四、以創意互動的觀點來看美感教育

根據Dombro、Colker和Dodge（2004）的觀點來看，我們可提供以下的活動來協助嬰幼兒進行美感教育，以下將提供與美感教育較相關的學習面向，包括視覺藝術媒介、聽覺藝術媒介與戲劇扮演等三方面來說明，如何為小嬰兒、大嬰兒與學步兒提供相關的學習活動。

（一）運用視覺藝術媒介進行的美感教育

我們如何運用藝術活動來增進嬰幼兒的美感教育呢？以下將介紹一些相關的活動來進行美感教育，包括如何準備哪些適合的工具與素材以及如何邀請嬰幼兒來進行相關的美感教育活動，而在藝術活動中，最能增進嬰幼兒「表現與創作」方面的能力，以下分齡的材料亦是分為小嬰兒、大嬰兒與學步兒三種年齡層來加以說明。

（二）為嬰幼兒準備視覺藝術媒介的素材

對小嬰兒來說，探索日常生活中的感覺素材就是美感教育的本質，因此對小嬰兒來說，當小嬰兒用手玩著他要吃的布丁時，就是一種美感經驗的起始了（Dombro、Colker和Dodge，2004）。因此我們可善用日常生活中常見的素材，如各種食物、玩具、衣物、安全的生活工具等，提供給小嬰兒作為探索與覺察能力培養的素材。

此外也可以刻意收集一些素材來擴大小嬰兒的感官經驗，如收集各種紙類，白紙、牛皮紙、玻璃紙、瓦楞紙、宣紙或厚紙板等，協助小嬰兒揉成一糰、撕裂、拿起來對著光線看或在空中揮舞等，體驗不同的感受（Dombro、Colker和Dodge，2004）。

對爬行階段的大嬰兒而言，則可提供以下的一些活動，如手指畫，用漿糊，加上一些水果或蔬菜的顏色，協助大嬰兒用手指來完成一項作品，這種經由手指無須透過筆的活動很適合爬行兒進行，他們也可以從中獲得多的樂趣。

（三）邀請嬰幼兒進行視覺藝術媒介活動

視覺的藝術媒介本身就很吸引嬰幼兒，因此我們需刻意邀請嬰幼兒來進行活動，只要提供足夠的素材與工具就很能吸引嬰幼兒來加入活動。

五、透過繪本增進嬰幼兒回應與賞析的能力

為了協助嬰幼兒在回應與賞析的能力上有所增進，我們更可以善用繪本來協助嬰幼兒增進回應與賞析的美感能力，許多好的繪本會有很好的圖畫相得益彰，也因此我們也可以適度的運用繪本的圖像作為視覺的藝術媒介，我們可以根據以下幾個角度來使用繪本中的插畫。

在林敏宜（2002）中提到我們和嬰幼兒分享繪本的插畫，可以經由幾個方面來和嬰幼兒分享，包括線條、顏色、形狀、質感與組成等部分。而郝廣才（2006）則提醒我們觀看一本好的繪本有四個面向，包括體的架構、點的舞蹈、線的律動與面的張力等。以下將綜合這些論述，提示托育人員如何運用這些面向協助嬰幼兒來回應與賞析繪本的插畫，並透過這樣的視覺藝術媒介來進行美感教育。

六、將美感教育融入生活的每一天

很多人將美感教育視為一種技能或知識向度的教育，即使到今日也有很有幼兒園把美感教育當成才藝課程或是稱為興趣課程，獨立在主題課程外，額外再請美術老師或音樂老師來上黏土課、陶藝課或是奧福的課程，認為這些獨特於主題課程外的，音樂本科系或是美術科系老師來教的課程才是美感教育的課程。

　　其實這是對美感教育大大的誤解，如前面所言，新課綱重視的能力的培養，而非某種特定演奏樂器的技能或記住某種美感相關的知識。因此，嬰幼兒的美感教育本來就是園所主題課程的一部分，美感教育可以是角落活動、分組活動，甚至可以是團體的活動，然而其實踐的過程不應是變成一種才藝課獨立在完整的課程架構之外，而是園所整體課程的一部分，融入在每天的生活中。

參考書目

一、中文部分

林玫君（2012）。〈幼兒園教保活動課程大綱－美感領域〉。「101年度幼兒園教保活動課程大綱宣講暨輔導教授培訓」發表之論文，台北市國家教育研究院。

林敏宜（2002）。《圖畫書的欣賞與應用》。台北：心理。

郝廣才（2006）。《好繪本如何好》。台北：格林。

教育部（2012）。《幼兒園教保活動課程暫行大綱》。台北：教育部。

楊曉苓和段慧瑩（2007）。〈0-2歲嬰幼兒適應發展學習活動綱要之研究〉。GRB政府研究資訊系統網（http://www.grb.gov.tw）。

二、英文部分

Dombro, A. L.,Colker, L. J., & Dodge, D. T. (1999). *Creative Curriculum for Infants & Toddlers.* N. Y.: Teaching Strategies Inc.

Jalongo,M. R., & Stamp, L. N. (1997). *The arts in children's lives: Aesthetic education for early childhood.* Needham Heights, MA: Allyn & Bacon.

幼兒園美感教育的藝術實踐：
以音樂教學為例

邱憶惠

臺南應用科技大學師資培育中心副教授

摘要

　　藝術涵養人文與美感的覺知與思辨，是藝術學科的核心本質，而藝術在傳統上一直被視為幼兒教育與保育的重要部分，也是幼兒發展裡不可或缺的角色。我國新公布的《幼兒園教保活動課程暫行大綱》中美感領域的兩項學習面向：情意與藝術媒介，藉由藝術媒介表現出知識與技巧；在教學實施方面更是提供教師六項具體要點，主要聚焦在感官、環境（園所內外）、媒介元素、和表現（過程和原創性）。然而，國內幼兒教育一向強調統整課程，且不支持分科教學，所以對於領域教學中的學科教學表徵鮮少明確的討論，造成幼兒教師在進行教學時經常無法讓幼兒理解。教學表徵的形式非常多樣的，除了與學科本質有密切的關聯，最重要的還是教師必須考量學生的生活經驗與發展，才能展現適切的表徵形式。教師所扮演的主動性角色是一定存在的，只是在實踐層面上教師的主動性程度該如何，本文將關注實踐幼兒音樂教學的最重要角色——幼兒教師，並以職前教師為例，說明他們進入職場之前，到底產生那些困境或迷失概念而造成教學上表徵的錯置。且聚焦於教學的實踐層面，企圖回歸教

163

師的能動性（agency），不從課程模式來考量，而是以教師協助幼兒適性發展的層面來思考「如何教」的問題，並以過去舊課綱的音樂領域，來探究國內幼兒教師實踐音樂教學的現況以及幼兒教師在音樂教學推理上的表徵問題。而本文也以Samuelsson、Carlsson、Olsson、Pramling和Wallerstedt（2009）提出的發展教育學（Developmental pedagogy）作為理論基礎，希冀提供幼兒教師在促進幼兒理解藝術時的另類探索工具。

關鍵字：藝術實踐、教學表徵、幼兒教師、幼兒音樂

壹、前言

　　美感培養的重要性是不容置疑，為了打造台灣成為具美感競爭力的國家，教育部在今年八月於全國教育局處長會議中宣布明年起推動「美感教育」，第一期計畫預計將以五年投入四十億元的經費來推動，從幼兒教育扎根逐步擴展到中學、大學美感教育及美力終身學習（羅智華，民102）。藝術涵養我們人文與美感的覺知與思辨，是藝術學科的核心本質，因此藝術在傳統上一直被視為幼兒教育與保育裡的重要部分，重視藝術學科如何感動幼兒，被視為幼兒發展與幼兒教育裡不可或缺的角色。幼兒教育即為生活教育，藝術源於生活，所以幼兒的生活也充滿著藝術，藝術對孩子們而言就是「遊戲」和「工作」，每位幼兒都喜愛塗鴉和繪畫，展現視覺藝術的雛型；喜愛哼唱或肢體律動，自然地流露出音樂和舞蹈的興趣；喜愛扮演遊戲，從中發揮戲劇創意的端倪（范瓊方，民92）。此外，也是一個相當龐大的研究領域，有很多值得討論的議題，若從發展或學習角度來考量，由於發展

與學習彼此就是密切的綜合體，因此特別強調教師對於幼兒在藝術裡逐漸發展的知能所應扮演的角色和重要性，以及幼兒非口語技能的學習，如音樂、舞蹈、或視覺藝術等能力，並傾向討論與關注幼兒的藝術表現與感想是如何被概念化（Pramling & Garvis, 2013）。

以目前我國新公布的《幼兒園教保活動課程暫行大綱》中美感領域的兩項學習面向：情意與藝術媒介，明確地呼應上述的議題，希冀幼兒經由各種感官與環境互動所產生的經驗與情意，再藉由藝術媒介表現出知識與技巧。在教學實施方面更是提供教師六項具體要點，皆聚焦在感官、環境（園所內外）、媒介元素、和表現（過程和原創性）等層面。這是藝術運用在教育中的一種轉化取向，也就是從藝術工作者與美感觀點等角度試圖重新思考教育，而教育工作者應致力於滋養學生的創造力，重視賦予美感學習經驗的意義。藝術和教育的雙層面思維，促使在探索實務與美感領域上積極、正向地鼓勵教師將其專業工作朝向美感實務的型態來發展（Uhrmacher, 2009）。大體而言，新課綱的發展顯現九零年代以來後現代主義的劇烈影響，強調脈絡、意義建構等觀點。

由於國內幼兒教育一向強調統整課程，且不支持分科教學[1]，所以對於領域教學中的學科教學表徵[2]鮮少明確的討論，一方面表徵的呈現方式多以傳統的教師為中心，如講述、示範，傾向學科教學，另一方面幼兒教師本身在概念上可能不清楚或不

---

[1]　實際上，不少幼兒園現場是採取分科教學。

[2]　教師在進行教學活動時會展現許多表徵，讓學生可以藉由表徵去瞭解概念的意義。教師應用表徵於教學的目的就是要協助學生理解學科內容，因此所謂教學表徵是指教師為了達到教學目標，指導學生學習的的學科內容知識，讓學生能理解的形式呈現（藍治平、簡秀玲、張永達，民91）。

正確，造成幼兒教師在進行教學時無法讓幼兒理解。重視教學表徵，並不意味幼兒教育應該是學科取向，而是著重幼兒學習內容的基礎範疇，如閱讀、書寫、數學、科學、文化、民主、性別平等、情緒等等在課程中是必須要有的。事實上，教學表徵的形式非常多樣的，除了與學科本質有密切關聯，最重要的還是教師必須考量學生的生活經驗與發展，才能展現適切的表徵形式讓學生可以透過表徵來理解概念；例如幼兒的時間概念，教學即需從生活的事件中，讓幼兒在不同情境脈絡中體驗時間的順序、時間規律、時間量的長短，再教幼兒報讀時刻，以幫助幼兒發展時間概念（陳埩淑，民99）。而遊戲也是教學表徵的一種方式，從遊戲中學習是多數幼兒教師的共識且最常使用的表徵。然而，不同的幼教課程對幼兒的發展有不同的目標，以簡楚瑛（民88）歸納的五個幼教課程模式[3]為例，不管各模式彼此的理論基礎、教育目的、內容方法、與評鑑方式有何差異，教師所扮演的主動性角色是一定存在的，只是在實踐層面上教師的主動性程度該如何，簡楚瑛也指出這些模式尚無法交代清楚。本文關注實踐幼兒音樂教學的最重要角色——幼兒教師，在進行幼兒音樂教學時（包括現場教師與職前教師），到底產生那些困境或迷失概念而造成教學上表徵的錯置。因此本文聚焦在教學的實踐層面，企圖回歸教師的能動性（agency），不從課程模式來考量，而是以教師協助幼兒適性發展的層面來思考「如何教」的問題，並以美感領域中的聽覺藝術，也是過去舊課綱的音樂領域，來探究國內幼兒教師實踐音樂教學的現況以及可能遭遇或迷失的困境，並進一步的提出幼兒教師在音樂教學推理上的表徵問題。

---

[3] 五個課程模式分別是蒙特梭利、高瞻遠矚、河濱街、卡蜜-迪汎思、和直接教學等模式。

貳、幼兒音樂教學現況

　　以多年進入幼兒園觀察教師的音樂教學現況，國內幼兒園的音樂教學型態大致可分成三種：

一、主題式，教師從主題所延伸的概念再安排相關的教學領域或活動，而音樂教學的安排通常是為了回應主題或連結其他領域；但是當主題完全與音樂無關聯，音樂活動常自然地被作為一種手段，以協助幼兒的其他發展，例如創造力發展、社會發展、或情緒發展，而音樂的本質往往被忽略。

二、學科式，與其他教學領域無關，每周安排固定的時間得以進行音樂教學，通常方便幼兒園聘請才藝教師進入，雖然教師具備音樂專業能力，教學重點涵蓋音樂概念，也會為了配合園所的運動會或畢業典禮來進行音樂活動，但教學內容與目標另自成一套系統，往往與班級進行的主題關聯性不大。

三、工具式，音樂的播放是用來進行班級經營，例如管理幼兒常規、活動的提醒與結束，音樂對教師而言只是一種策略，音樂成為背景聲音，對幼兒而言雖然也協助他們產生某種學習行為，但學習什麼？通常是與音樂本質無關的學習，例如收拾行為。我曾聽見一位幼兒抱怨她最討厭「給愛麗絲」這首音樂，「天哪，貝多芬一定很傷心這首美麗的曲子被人不喜歡」我心中一驚，猜想日常生活中被用來當作倒垃圾的音樂主題沒想到已經深植在孩童的心中了，怎知幼兒接下來敘說她在教室裡每聽到這首音樂時就表示要停止手邊有趣的事物並開始收拾、整理，我又忍不住驚嚇了一跳，這首曲子竟然在校園裡被二次負面消費。這個例子提醒了我們，當音樂淪

落為工具時，就會讓人不重視其主要概念或元素，甚至被賦予的意義是負面的，又怎能讓人產生美感經驗！至於對幼兒的音樂發展更是毫無貢獻。

歸納上述，主題式與工具式的音樂活動會讓人容易忽略音樂本質或流於背景音樂，主要原因還是藝術本身確實可以發展人類複雜且細微的心智，在轉化學習中常常被視為是一種認知工具（Eisner, 2002），另一方面教師鮮少透過個人省思去關注音樂教育的本質，遑論會主動地提倡音樂教育的價值或捍衛自己的美感教育信念，當然更不易為自己在這方面的專業承擔應有的責任（林小玉，民97）。至於學科式的教學，雖然多數人都承認外聘教師的專業性，但因不符幼兒教育一向堅持的統整教學以及脫離主題的委外型態，更凸顯幼兒教師在音樂教學上是沒有自信的，才會輕易地將這項專業工作拱手讓人。所以，鼓勵幼兒教師在學習歷程與實務當中一定要投入省思，才會進一步地在教學過程中確實實踐，以建立其個人的教學哲學觀或教學專業認同；因為，美感教育的目標就是要朝向美感教學層面來發展，並結合省思實踐、對話、與開放探究的方式，以引導出無界限且有意義的經驗，而有各種可能性的產生（Love, 2006）。Samuelsson、Carlsson、Olsson、Pramling和Wallerstedt（2009）即非常強調藝術或美感在哪裡，目標就在哪裡，並不是為了某些事物而成為有效的策略（例如為了達到社會能力或支持情緒發展）；他們認為藝術教學應更關注在學習或賦予意義上，而不僅僅只是活動而已，特別是將後設認知的談話帶入到學習情境當中。

根據陳亮君（民99）於民國98年調查689所台灣幼稚園中實施音樂教學之教師，發現只有半數的音樂教師對於民國76「幼稚園課程標準」音樂領域的「目標」、「範圍」、和「評量」等方

面有所認知，但並不理想；因為在教學中的實踐程度不高，且態度並不一致，其中以兼任音樂教師表現最為正向積極。而這些兼任教師多以奧福音樂教學法進行教學，使用的教材與教學設計也是奧福音樂教學系統，與「幼稚園課程標準」音樂領域的內容相較之下是較為多樣；但在教學中的「目標」、「內容」及「評量」項目與「幼稚園課程標準」音樂領域規劃之內容則明顯有差異，其中音樂即興創作、樂理教學及音樂家介紹是教師最多運用在教學中的項目。此外，這項研究也顯示現場教師已將音樂領域這項專業繳交給外聘的兼任教師，是我們的教師對於音樂教學沒有自信呢？還是如同Pound和Harrison（2003）所言，教師們缺乏藝術能力；事實上，這兩者彼此息息相關。教師對於自己的藝術能力不太有自信時，是會負面地影響學生的藝術學習，而教師的價值觀與經驗也影響他們本身的藝術性，甚至成為實踐教學的障礙（顏素芳、何斯濃，民100；Jalongo, 1999）；故，提供專業學習經驗以挑戰既存的負面信念，且支持正向信念朝向美感教育的發展是必要的。

　　不過，可以外聘音樂教師的幼兒園還是以私幼為多數，就國內現況，公立幼稚園聘請音樂才藝教師的比例是比較低的，基本上仍由公幼教師自行進行音樂教學（黃春萍，民99）。顏端儀（民96）曾調查台灣南部地區五個縣市公立幼稚園音樂教學概況，研究結果發現，現場教師自行實施音樂教學是以配合主題的教學活動模式為主，音樂教學活動內容以音樂欣賞居多，同時又可以發揮維持秩序之功能。運用的音樂教材來源多是坊間的律動影帶，輔助教具以CD錄放音機為主，設備方面皆足夠。整體而言，教學實踐似乎與「幼稚園課程標準」沒有關聯，也就是「幼稚園課程標準」沒有存在，現場教師仍可以進行上述的音樂教學

活動，這也讓人擔憂接下來要實施的新課綱，是否也只是理想性的「指標」罷了。此研究也揭示影響公幼教師實施音樂教學的因素，包括教師的年齡、年資，教師曾上過的師資培育音樂課程，教師求學階段學習音樂之經驗。以身為師資培育者的觀點來看，如果想要促使現場教師能夠充分地實踐音樂教學，應該在開始學習成為教師的過程即提供機會協助與影響教師，而這就是上述第二個因素的重要性[4]，然而鮮少研究或學者探究師資培育課程裡的教學基本學科課程是如何發展未來教師的專業能力。同時此研究也提出幼教師們認為影響音樂教學的最主要因素是個人的教學態度，其次是音樂專業能力，而前者也是師資培育的重要任務。

對於上述國內幼教現場音樂教學狀況，已有不少研究者關切並進一步探究（李曉瑩，民100；黃春萍，民99；蔡宜岑，民100），並以質性研究的方式呈現少數個案來了解實務現場中一些在職幼兒教師們在音樂教學上的努力與實踐。基本上，這些願意實施音樂教學的教師們本身對於音樂教學都抱持著強烈的興趣，且在成長或求學過程中也都接受過音樂才藝的學習或訓練，甚至進入職場後主動地參加音樂教學研習進修或民間才藝班的師資培訓，這些經驗的累積讓他們在自己的班級中游刃有餘地持續進行幼兒音樂教學。易言之，這些研究顯示願意實施幼兒音樂教學的在職教師們幾乎都有音樂底子，具備音樂理論與概念的基本認知和技能，且透過持續的專業發展，培養出個人良好的學科教學能力以協助幼兒學習。但是，對於多數教師在學習成為幼兒教師之前若未擁有這樣的背景，卻僅能在師資培育課程中利用兩學

---

[4] 陳詩穎（民95）調查452位公私立幼稚園教師，顯示師資培育機構所開設的音樂相關課程有助於在職教師的音樂教學，教師可以根據以往所學在職場上融合運用。

分的課堂中同時充實自我的音樂素養以及幼兒音樂教學能力，這
對多數的職前教師很有難度，也攸關他們一旦進入職場，是否願
意在實務現場裡確實地實踐，或持續在這方面主動地成長。

參、師資培育課程與幼兒音樂

　　我國高級中等以下的學校，除了幼兒園，教學現場皆有專任
的音樂老師或藝術人文領域的教師，教師只需為某一學科或某一
領域備課，不用考量其他學科或領域的教學內容與進度；但是幼
兒教師卻必須為所有的教學領域負責且整合在課程裡，而這樣的
能力涵養在師資培育中一直是個模糊且被忽略的議題[5]，因為在
職前教育專業課程裡，職前教師一定要修習教學實習及教材教法
課程，然而與其息息相關的教學基本學科課程卻不是每個人都有
機會可以修習，即使幼托整合後，同樣的問題仍然存在。

一、教學基本學科課程

　　不管是幼兒文學、幼兒藝術、幼兒音樂、幼兒動作、或幼
兒戲劇，皆屬於師資培育中的教學基本學科課程，在幼托整合之
前，至少修習兩學科四學分即可，整合之後仍由各校的師資培育
中心決定，然而職前教育課程即使增為四十八學分，扣除教保專
業知能課程三十二學分以及教學實習課程四學分，剩餘的十二學
分要平均分配在三種課程中，也就是教學基本學科課程還是至少
四學分，卻有七種科目（整合前為八項），怎可能都安排為必修

---

[5]　包括初任教師，是否有能力在實務現場統整課程，也鮮有這方面的研
　　究，而這往往是初任教師困擾問題的主要來源之一，甚至在實施上常遭
　　遇困難（何欣姿，民96；江麗莉、鍾梅菁，民87）。

科目，且選修課若要開得成功也得視職前教師的選擇與人數[6]下限的問題。以新課綱的美感領域為例，即包含了三科，另其他四科涵括了五個領域，若要落實新課綱，職前教師最好皆能修習這七項科目，否則不管是任教哪一項領域，都會因為專業學習的經驗匱乏而無法在教學上有自信，遑論有能力可以統整這些領域。而新課綱的六個領域中又以美感領域的難度為最高，因為幼兒教師首先得有能力進行美感領域中的三類藝術媒介，分別為視覺藝術、聽覺藝術、和戲劇藝術，這也決定教師考量設計什麼活動以對應哪項學習指標。文到此，深感到幼兒教師真的必須比中小學教師更有能力，而且是不同的專業能力。

　　談及統整，對於幼兒的學習可避免學科分化的問題，學到的知識能完整且有意義，對教師而言，具備正確的統整課程理念以及設計活動通常並不是很困難，然而一旦在實務現場中實施時，最大的問題就發生在教學層面。我們都知道主題下經師生共同建構出來的概念是多元的，概念之間的連結甚至是跨學科，然而最常被指出卻是教師的教學經驗不足，需要實務經驗的累積（何欣姿，民96），但是不足之處在哪？事實上，這方面也鮮少進一步地探究，吳樎椒、張宇樑（民98）倒是說明進行主題課程的幼教師多能在教學實務中知覺孩子的生活經驗以統整各領域的學習；但是對於教學策略的多元運用與教室團體討論的相關技巧，仍有許多專業成長的需求與空間。而我自己多年的現場觀察，也發現部分教師或職前教師因不重視概念與幼兒發展的關連，以至於高估幼兒能力，輕忽幼兒萌發的興趣，造成教學無法落實以及進一步的適切延伸。

---

[6] 以本校為例，必須滿二十人才得以開課。

接下來，將以我在師培機構任教十餘年的「幼兒音樂與律動」課程為例，經由自己在指導職前教師學習如何成為幼兒教師之際，逐漸地發現他們所遭遇的挑戰，不是單純地僅是是否具備音樂學習經驗或訓練的問題而已。在此，大致歸納本校職前教師常容易出現的典型迷失或根深蒂固的錯誤信念，而這些往往也是他們個人最難克服的困境，有可能影響他們進入職場願意實踐音樂教學的因素。

二、幼兒音樂與律動

在新課綱公布之前的民國76年「幼稚園課程標準」，狹義的美感教育包括音樂（唱遊、節奏樂器、韻律與欣賞）及工作（紙工、繪畫、雕塑與工藝），雖然課程標準明確地說明各領域內容及學習範圍，但職前教師往往設定的教學目標既籠統又沒有焦點，類似團康活動；爾後，採用楊艾琳、林公欽、陳惠齡、劉英淑與林小玉（民87）編著的藝術教育教師手冊-幼兒音樂篇，將幼兒音樂教學劃分成四部分：歌唱、律動、樂器、和欣賞，並結合音樂概念與創造教學法，希冀職前教師在計畫與試教時能提供較多的機會讓幼兒可以自主或自發性地展現其美感感受；如此，教學的美感經驗才能在師生之間產生，在「遊戲」的氣氛中彼此透過藝術媒介來進行對話，幼兒的想像力與創造力才能催化出來（陳伯璋、盧美貴，民98）。

「幼兒音樂與律動」是一門教學基本學科課程，類似國小學程的音樂科教材教法，對職前教師而言，其學習目的應是發展幼兒的基本音樂素養以及音樂教學技巧（林朱彥、張美雲，民99；Gauthier & McCrary, 1999）；但是不少職前教師卻以為修習這門課是培養個人的音樂素養，例如學習鍵盤或其他樂器、認識樂理與

音樂理論。弔詭的是，職前教師確實應具備上述的音樂基礎能力才足以進一步地學習教材教法，但多數職前教師的音樂基礎能力都非常薄弱，例如常搞不清楚音符的音值、拍子與節奏的差異，或看不懂譜例。以我過去在中小任教以及自己的求學經驗，這些音樂素養應該是職前教師在求學階段的音樂課或藝術與人文領域中即需學習且具備；如此般的貧乏，是否也顯示職前教師進入大學之前的美感教育是不完整的。所以，這門課必須協助職前教師複習或加強過去所學，希冀他們對音樂領域有足夠的了解，否則無法運用或豐富於教學上，而能有效地引導幼兒學習，甚至容易在教學當中傳遞錯誤的概念與技巧給幼兒。

以每年進入本中心的職前教師大致可劃分為幼保系與非幼保系兩類群體，其中非幼保系類以音樂系、舞蹈系、和美術系為多數，其餘為應外系、餐飲系、或設計系等少數學生。每年新進的職前教師大約有八分之一本身具備音樂才藝的學習經驗（包括音樂系的學生），學習過程中並未明顯地展現這些少數的職前教師在進行幼兒音樂教學時是占優勢的，這也驗證了教育心理學中常提到的例子，數學天才與數學教師的差異性，亦即，一位擅長樂器演奏的人未必懂得引導或製造機會讓學生發揮其潛能，而真正讓學生收益的教師可能從未上台演奏過，甚至在學習過程中挫折不斷。如果真的有優勢，主要是對於樂理或音樂理論比較有概念，較不容易發生技巧或概念上的謬誤；但優勢也可能會成為絆腳石，因為多數的音樂系學生都有任教才藝課的經驗（包括個別課或小型團體課），往往將這些教學經驗類推至幼兒園的教學歷程，或是將自己本身的學習和教導幼兒的學習相提並論，而忽略了現場中有許多幼兒根本不具備抽象的音樂概念或樂理知識，所以這群職前教師的教學設計內容往往複雜、難度高，習慣性地從

樂理出發，比較像是音樂才藝教學，不太懂得利用幼兒的感官知覺或遊戲，甚至不太考量幼兒的生活經驗，試教過程常達不到教學目標。除了音樂系的學生，舞蹈系的職前教師對這門課也非常有信心，因為舞蹈系的課程中有一門幼兒舞蹈課，很自然地就將這兩門課進行連結，結果常常發生幼兒音樂律動教成幼兒舞蹈[7]。除此之外，擅長團康活動的同學，也常將幼兒音樂教學流於帶動唱，活動熱鬧非凡，教學目標卻不清不楚。

綜合上述的現象，本校的特色使得職前教師的來源多元化，卻也更凸顯出獨特的差異性，尤其是職前教師根深蒂固的信念。其中主要的核心問題就在於職前教師忽略教學的焦點是幼兒（學生），他們在理解學生的知識上是不足的，這是一般職前教師的普遍現象，但是若想要改變職前教師固有的信念，就需要提供機會讓他們的信念被挑戰，也就是除了課堂上的理論講述，透過微試教演練，還必須進入現場面對學生進行真正的教學才能增進這方面的知識。然而，職前教師無法像現場教師總是可以天天與幼兒相處，除了理論上的認識，就僅能在短暫、片段時間內試教，所以也無法如大部分關注在職教師的研究，可以有系統地呈現兩個主題[8]：教師如何在實務現場中進行藝術類的工作，以及幼兒學習的結果為何。簡言之，在協助幼兒學習基礎音樂的歷程裡，教師素質確實是最關鍵的問題。

關於教師有效能的教學是由許多複雜的因素所形成，但最關鍵還是在於態度，而教師態度的建構又源於信念，包括對於學科

[7] 兩者的差異還是得回歸幼兒音樂教學的重心是設法讓幼兒理解音樂概念或元素。
[8] 藝術的學習以及最佳教導幼兒藝術的方式為許多藝術教育工作者與研究理論所關注的題材，並已經大量地被討論（Twigg & Garvis，2010）。

的觀點、在學科上有效的教學能力、或關於教學效能對幼兒學習的影響。信念對職前教師的影響在國內外已有相當多的研究,本文即不再贅述。事實上,信念影響人們的決定,進而也影響我們的行為,而接下來,本文想討論的是教師在教學過程協助幼兒的音樂發展時,自身得意識到教學的重心為何,才能有效的透過教學策略來讓幼兒經由學習而理解。

肆、教師學習與角色

　　Vannatta-Hall（2010）即建議若要提升職前教師的自信,在師資培育課程中的訓練應著重在建立有意義的音樂經驗,例如探索、創造、表現、反應,以增進個人的音樂技能與理解,且提供經驗來增加他們教導幼兒音樂的自信;同時也指出,自信的提昇不是因為具備了音樂技能,而是有了經驗,至於這些寶貴的經驗可從三方面獲得:觀察與省思音樂教學典範,進行音樂教學給同儕觀看,以及在實務現場中真實面對幼兒來實施音樂教學。Samuelsson等人（2009）也進一步地以發展教育學（Developmental pedagogy）[9]為理論架構,提出一套促進幼兒理解藝術的工具,可以在引導幼兒學習藝術類領域時,教師能有效地協助幼兒的理

---

[9]　發展教育學是德國教育家與教育人類學家饒特（Heinrich Roth）在晚年所建立的一個學說,是發展理論與教育學的結合。在教育人類學中,饒特探討「可塑性」與學習有關,也探討「確定方向」（decision）的問題是與教育目的有關的。另外也探討「發展」（Development）與教育（Education）兩項,成為發展教育學的基礎,也成為教育人類學中的重要理論。發展教育學的理論認為人不但會有生理上的成熟,也會有心理上的成熟。當這兩方面成熟後,就具有批判的能力與創造的能力。（詹棟樑,民89）

解，接下來則說明這項理論如何分析幼兒學習，以及讓教師協助幼兒能有效地學習等方面的可能性。

認知心理學一直是當代研究幼兒與音樂的主要理論架構（林朱彥、張美雲，民99；吳舜文，民91；Duke，2005），而音樂心理學的內涵也總是與音樂能力的發展與獲得有著密切的關聯，研究的議題不外乎包括教學、動機與成就、自律與創造力，多多少少都與發展的各層面有關聯，例如從教師的觀點如何提升幼兒發展？或如何架構幼兒學習的最佳發展？所有連結音樂發展的理論，涉及的不只是個別行為與學習上的心理學研究，且也包括脈絡與社會文化的影響（王瑞青譯，民96；Colwell & Richardson, 2002）。基於發展的觀點，教育層面的理解務必與其他學術領域相互整合，而發展教育學的出現即是在教育理論與實務當中提出不同的問題解決方案（Yongfu、Hong、Chun、Kongzhen、Yue & Xiaohong, 2005）。

Samuelsson等人（2009）使用這項理論架構而進行一連串的研究，發現教師在進行藝術類教學時，缺乏特定的學習物件（清楚的觀念，幼兒應該獲得的什麼才能或知識），以及鮮少提供幼兒個人發展的對話與溝通；因此，教師對於幼兒的藝術類學習是需要確認與釐清什麼才是重要的引導方向，以及強調藝術類本質的學習而不是總是成為其他領域（數學、創造力、閱讀、情緒發展、或社會發展）的發展手段或工具。簡言之，教學時，教師對幼兒提示重點，引導幼兒將注意力放在特定的知識、技能、或態度上，才能增進他們的發展。這種教學取向的核心就在於幼兒才是賦予意義的學習者，亦即，在遊戲中學習，一種目標導向（Goal orientation）的教學以整合遊戲與學習，學習物件（用來支持幼兒在有意義的情境中學習）和學習行動（幼兒如何在遊戲

中學習）是交錯出現的，並且在學習情境裡分享幼兒所賦予的意義，而這樣的實踐則端視教師的能力。以下以Samuelsson等人的研究說明教師如何在藝術類教學裡形塑學習物件，並列舉職前教師出現的「典型」教學現象。

Samuelsson等人（2009）針對2-8歲的幼兒學習藝術類學科來進行研究，主要含括教師如何進行音樂、詩、和舞蹈等方面的教學，以及幼兒學習的結果，結果發現幾個常被忽略的層面，包括：特定的學習物件、促進幼兒個人在發展技能與知識上的對話與溝通、關於幼兒在藝術學習中教師所扮演確認與澄清的重要角色、以及重視藝術領域本質的學習而非成為其他領域的手段。事實上，這四項被忽略的層面彼此相互關聯，也說明了音樂教學的當前問題所在，同時提醒師培者在培育課程裡是否讓職前教師知覺這些層面，並能試圖在學習過程裡有意識地實踐。

以下分別說明這四層面裡的三項重要概念，學習物件（Object of learning）、後設談話（Meta-level talk）、和分辨（Discernment）。

一、學習行動與學習物件

大部分的職前教師都知道應該讓幼兒在遊戲中學習，所以在教學中安排了許多遊戲活動，卻往往流於歡樂型態，類似團康活動，也常常詢問幼兒「好不好玩？」結果幼兒的反應與記憶就只在「好玩」，未讓幼兒察覺意義所在，也就是過分強調遊戲的樂趣（偏偏遊戲的主導權在教師身上）卻未仔細考量透過遊戲到底想讓幼兒發現或學習到什麼，而學習物件就是關鍵。事實上，職前教師有時候根本也未意識到應該在教學過程中提出或強調什麼學習物件，這也顯示職前教師對概念的認知不是尚未具備就是並不清楚。

發展教育學的的第一項特徵就是釐清學習行動與學習物件。學習行動（例如幼兒如何學習，可以是任何遊戲或活動），並不能等同幼兒就會經驗或知覺到某項學習物件（例如幼兒學習了什麼）。也就是當教師教唱「造飛機」，經過幾番練習後，幼兒最後也能熟練背唱，可是幼兒並不一定會發現曲調之間有上下行的元素。在發展教育學的理論中，學習，意味著改變，也就是人們習慣以某種方式來經歷某項事物，現在換成別的方式來經驗同一事物。例如幼兒本來藉著「聆聽」的方式來學習詩詞，但是為了學習詩詞的某項特徵，如韻律或韻腳，教師讓此特徵刻意地被強調而引起幼兒注意、知覺到，特徵因而被理解，這就是教學裡的重要學習物件，也就是概念。

　　此外，學習內容與學習物件也是不一樣的。例如英文課的學習內容中也可以安排英文詩，但是所強調的學習物件卻完全與上述差之千里。這樣的釐清就可以說明，前面段落曾提出舞蹈系的職前教師總是將幼兒律動與幼兒舞蹈混為一談，癥結就在於職前教師把兩者的學習內容視為相同，以為學習物件也一樣。林朱彥、張美雲（2010）曾解釋音樂律動與舞蹈的差異性就在於前者不強調動作技巧的熟練與動作美感的要求；也就是當我們在進行幼兒音樂律動時，讓幼兒模仿與練習是難免但不必要，最重要的是需提供機會讓幼兒能夠有即興創意的表現與意義性。所以，兩者的學習內容雖相似的，但是學習物件是不同的，而舞蹈系的職前教師常從動作特質來思考與設計音樂律動，而未意識到音樂本身有其特質與目標，在教學過程中常看見幼兒忙碌地跟隨模仿職前教師的活潑、優美動作[10]，卻無法協助幼兒理解音樂本質，

---

[10] 這也是我常常提醒職前教師必須思考的議題，就帶動唱，是無法像電視台的水果姐姐與哥哥們唱得好聽又跳得精彩，但對幼兒而言只要跟著模

這也說明教師必須自身先釐清音樂元素和舞蹈元素有何不同。因此，學習物件比學習內容較具特殊性，學習物件可以讓教師們協助幼兒發展其理解力，而教師的角色就是製造機會、布置情境、安排工作項目等等，以挑戰幼兒經歷的事物或習以為常所賦予意義的方式，而這衍生的可能性可有無限大，而不是僅限於模仿行為。

接著以Samuelsson等人（2009）提供的例子來說明，並對照本校職前教師典型的表徵錯置。Samuelsson等人以一所幼兒園兩個情境，來比較教師以同樣的學習內容，「水彩在紙上作畫」，來表徵幼兒音樂教學，因引出的學習物件不同而產生不同的學習意義。

〈第一個例子〉

教師向幼兒介紹活動任務：「現在，你們將思索一下這音樂聽起來感覺如何。」教師已事先將一張大紙鋪在桌面上，六位幼兒站在桌旁準備作畫。音樂開始播放，一會兒後，音樂停止，教師告訴幼兒請往左邊移動一步，並準備在紙張的另一側作畫。聆聽、繪畫、與移動等這樣的順序持續了一段時間，過程中，幼兒必須把前一位幼兒畫的圖再繼續延伸或完成，類似接龍，但幼兒數次地大聲抗議，教師卻堅持這樣的活動持續進行；最後，卻在混亂中結束，幼兒已經畫起自己與彼此的手和臉。

之後，Samuelsson等人詢問教師關於此活動設計「移動」的目的為何，教師表示是為了要讓幼兒練習合作以及學習製作一件合作性的圖畫。這活動顯示出原來準備將音樂的聲音元素透過活

仿即可；可是身為未來教師的職前教師們，與這些表演者的最大差異且專業的應該是學習如何協助幼兒發展，產生有意義的學習。

動表徵出來的目的消失了，卻變成水彩繪圖與練習合作等活動的背景音樂。

〈第二個例子〉

經過省思與討論，數個月後，教師又進行相同的教學。她介紹相同的任務給幼兒，請他們聆聽音樂，並在過程中隨時提醒幼兒注意音樂聽起來如何，例如音樂是快還是慢。幼兒每一人都有一張紙且圍繞在桌子坐著。最後這學習情境的結果則完全不同於第一個例子。當幼兒談論著有關於音樂的畫作時，特別地關注音樂的結構與節奏，也就是他們的圖案與談話都與所聆聽的音樂本質面向有關連。

這兩個例子的差異可歸納有兩點，一是教師安排活動的方式，另一是透過提問引導幼兒注意的方式。學習將聽到的音樂表徵出來，本身就是目的，第一個例子，教師雖有對幼兒提問關於音樂的感受和繪畫，但彼此卻沒有關連；第二個例子，則從音樂的特色來談論繪畫，而這樣的意義性遠超越前一項例子是為了訓練幼兒合作能力而導致音樂成為活動的背景聲音。

回顧本校職前教師的的教學問題，類似的第一個例子也經常出現。例如職前教師以「撕色紙」來表徵音樂所發生的情形。音樂一撥放，職前教師提醒幼兒開始將色紙撕成小紙片，並將紙片放入紙杯中；等待所有幼兒都撕完了，在職前教師一聲令下，大家一起將紙杯中的紙片往空中一丟，「哇──」，大夥看著繽紛的色紙落下來，好驚艷！接下來職前教師請幼兒再將紙片撿回紙杯裡，直到音樂結束，繼續將紙片收拾乾淨。職前教師詢問幼兒的感受，幼兒們都說：「好好玩！」想要再玩一次。

　　對於這樣的教學，我常提問職前教師幾個問題，「是不是任何一首優美的音樂或曲子都能進行這樣的活動？」「對幼兒的學習意義就是好玩，那麼，音樂教學表徵的重點是什麼？」「沒有音樂時，也可以進行撕色紙活動吧？」當沒有音樂也可以撕色紙時，音樂何須存在；既然是在進行音樂教學，音樂一定要存在，卻又把音樂變成背景聲音，這樣的結果是教師必須負的責任。在遊戲中學習不能只有遊戲，職前教師卻以為只要有遊戲存在，幼兒就會喜歡，教學就會成功，但對應教學目的卻完全不一致；也就是當幼兒並未察覺音樂的特色時，音樂教學的本身目的就未達到。

二、後設層次的談話

　　後設認知對話是教師可以用來促進幼兒覺知到事物特殊性的工具，意味著教師必須指示幼兒將注意力放在學習物件上，也就是教師有目的以引導幼兒學習關於或發覺某些事物。後設認知的對話是教師與學生們一起投入在溝通和交互作用之中，主要也是受到當前的幼教趨勢所影響，語言是所有幼兒學習理論的中心。能讓幼兒投入於溝通並參與其中，可預料教師對幼兒是開放的，幼兒可以自信的發言。這種後設談話的技巧不僅能使幼兒表達自己，進而歸納他們的觀點，成人也就可以理解幼兒對周遭事物所賦予的意義是什麼。

　　一起談論幼兒的觀點，引導他們表達自己與詮釋他們所說的，這些都是進行後設認知對話的溝通範疇。在後設認知對話中，幼兒被挑戰去思考、仔細考慮、以及討論他們理所當然的想法；而溝通是奠基在無形與假設的提問式問題。

　　溝通如何成為後設認知，Samuelsson等人（2009）請教師們

實施一堂課並要求幼兒畫出一段音樂。一開始，幼兒只是聆聽音樂；接下來，發下他們需要畫畫的用具，如紙、鉛筆、水彩。有些幼兒畫樂器、或音符，有些人畫的東西是他們聽了音樂後的想像，如大象、芭蕾舞者、小鳥，也有些幼兒畫的是抽象物體。然後，教師與幼兒們談論有關他們的畫，讓幼兒有機會說明當他們在創作時到底在想什麼。接下來的第二個步驟則是為了更清楚地呈現，當幼兒在畫音樂時，不同的幼兒各自以不同的方式在進行思考。教師給一些幼兒一項任務，分類圖畫，可以根據自己的選擇，將圖畫分類後擺放在牆上。有的根據動機分類，有的根據顏色，有的根據好看或不好看；最後幼兒們決定如何分類圖畫。到此為止，教師可以選擇停止這項活動的運作，但仍能持續地詢問幼兒，當他們在分類圖畫時，他們是如何思考的。為了釐清多種不同方式來畫音樂的可能性，幼兒們被提問且說明分類這些圖畫的方式。透過這樣的對話讓幼兒理解到：

（一）有各種不同的圖畫可以展現出他們所聆聽的音樂。

（二）有各種不同的方式可以分類這些畫作。

　　最後，當教師歸納幼兒們在這堂課中所經歷的經驗、發現、以及在過程中所萌發的新觀點後，教師才結束這堂課。

　　對照這樣的後設認知溝通，突顯職前教師的教學鮮少有完整的溝通，而且不會進行到第二個步驟，更不可能激發幼兒發展高階的認知思考能力。第一個步驟的不完整常常是因為時間不夠了，教師只給少數學生有機會表達他們的看法，常常聽見其他幼兒的相同反應就是，「我還沒有輪到！」，時間與班級對職前教師而言確實沒有現場教師的優勢，因此關於後設層次的談話，建議以團討時間或下次教學來進行會比較充裕，教師也才有機會提

出較多的發展性問題，藉由要求幼兒的說明，挑戰幼兒的思考方式，並以對照的方式來討論，更容易讓幼兒看見並清楚地分辨。

三、分辨與變化

　　為了能夠聚焦於學習物件，有些特殊事項必須被分辨清楚。而分辨的必要條件就是要有變化。如果在教學中幼兒應該學習與音樂相關的動作或跟隨著音樂律動，那麼律動就必須被幼兒經歷過何謂律動。然而，一遍又一遍地撥放著相同的音樂讓幼兒表現出動作來，這樣的學習歷程仍然是不足夠的。如何讓幼兒察覺到節奏，那麼就必須藉由變化節奏來引發幼兒這方面的敏銳性。當節奏改變了，節奏就能被體驗出何謂節奏。這種運用變化的簡單方式就是為了提供給幼兒有分辨的機會，也就是介紹明確的對照組（例如高低、快慢、大小）。所以，讓幼兒能產生有意義的學習，教師必須刻意的安排變與不變的模組在教學當中。相同的理由在學習詩詞上，幼兒藉由聆聽或朗誦仍是無法理解，但是教師讓詩的規則被幼兒看得見以及共同討論詩的各種變化，幼兒即能學習何謂詩了。

　　至於到底需要變化什麼，這就需要教師依據幼兒發展來考量他們可以分辨與體驗的確切範圍。因為，如果每項事物都在進行變化，對幼兒而言反而容易混亂，活動顯得更模糊而無法聚焦。所以，在計劃或設想教學之前，我會建議職前教師變化的項目只要一個就好，最多不要超過兩項，否則身為教學者也會無法聚焦。事實上，幼兒的觀察力非常地敏銳，透過發展這些分類與分辨的重要層面，能夠增進幼兒對特定事物的細微現象進行敏銳地察覺並輕易地分辨出來，例如只要一聽到音樂就能分辨出段落的型態、樂器的組合、或速度的改變。

伍、結語

綜合上述，不管是職前教師或在職教師，在幼兒音樂教學上的表徵問題是類似的，所以，教師的教學經驗與教學表徵之間的關連性並不是很密切；可是教師是決定教學型態的關鍵，而大部分的文獻也表示教師的信念與價值觀才是真正影響幼兒學習的核心。那麼經驗不同的教師們為何會衍生類似的表徵問題呢？教學是具備技能、意象、與知識的一種專業行動，比起知識與技能，屬於意向的自我知覺或認同是不容易被察覺與顯現出來的（邱憶惠，民101）；在多數的教科書或文章當中不斷地強調教師的角色就是要製造機會、情境、工作項目等以挑戰幼兒平日的體驗或對事物賦予意義的方式，卻常忽略教師的信念與價值觀也需要機會被挑戰。也就是，在學習成為幼兒教師的歷程中，教師們若從未有機會被挑戰其教學認同，那麼他們則會帶著自己過去的學習經驗進入職場，繼續、重複著二十年前的教學。

事實上，太多的幼兒教學仍停滯在二十年前的教學，強調背誦、記憶、學科技能的學習，甚至把國小低年級的課程內容提早於幼兒園實施，而家長害怕孩子輸在起跑點上的憂慮更是推波助瀾，結果是給幼兒製造更多的挫折機會，重創他們的自信心。李坤珊（民102）在親子天下的四十九期裡強烈地呼籲「別再浪費孩子的時間了！」，她比較自己十年前與現在的教學差異性，一樣的語文教學，現在已轉變為強調概念、思考、和推理的結合，她也提出分類（category）技巧，讓孩子去辨別、推測，她認為這樣的探索性經驗可以讓幼兒持續、有興趣、主動地在未來學習，而未來並不遙遠，可能就在下一秒，幼兒即玩出新的創意，

將學習和玩結合在一起。同樣地，即便是藝術類的教學，仍常出現數十年前的模式，透過重複地背誦、模仿來要求幼兒學習，以達一致性的成果或表現；事實上，老師也好辛苦，因為幼兒的學習歷程一定充滿著不順利，可是教師又覺得自己有責任要督促幼兒精進，結果弄得雙方都筋疲力竭，把時間浪費在沒有意義的過程裡。所以，教師在幼兒學習藝術類裡的角色也必須轉變，而Samuelsson等人提出發展教育學的三項重要層面，教師必須清楚的知道學習物件是什麼，促進幼兒後設談論以發展分辨能力，提供變化和不變的模組使幼兒能夠清楚分辨學習物件，這三項特徵應是未來幼兒教師在實施美感領域教學時所需要實踐的能力，也是需要經過持續地行動與省思才能逐漸地形塑。

綜合上述，聚焦幼兒如何學習已經是幼兒教育發展歷史中備受重視的議題，對於幼兒教師而言，除了能夠理解音樂在幼兒生活中的重要性，但也必須主動去提供讓幼兒的探索能持續在有品質、常態性、與體驗音樂本質的學習環境當中；而教師角色對於幼兒的學習與遊戲也是相當重要的，特別是聚焦在師生彼此溝通與交互作用的歷程上，給予幼兒支持與鼓勵，幼兒才有意願，願意持續對周遭的世界賦予個人的意義。在教學表徵策略方面，教師在培養幼兒「主動探索」這項基本能力時，自己要先成為一個愛挑戰自己的哲學家、創造力的行動者以及終身的學習者，敏銳地觀察幼兒的行為，支持他們的表現與想法。幼兒是天生具創造力且擅長玩遊戲，但是要能察覺藝術現象的變化與不變，還是需要有機會被教師挑戰，包括教師經常提出問題和幼兒對話、談論，才能釐清與發展他們的思考。至於教師對於幼兒的藝術學習，教師的專業角色應該是協助幼兒理解該領域的本質概念與特性，而不是一味地要求他們模仿或成人化，當這些特殊的概念能

有意義地被幼兒理解，才也能持續地成為幼兒發展其個人美感經
驗最有用的輔助工具。

參考書目

一、中文部分

方永泉（譯）（民92）。《受壓迫者的教育學》（原作者：Paul Freire）。
台北：巨流。

王瑞青（譯）（民96）。〈音樂教育中創造力之重建觀點〉（原作者：
Jere T. Humphreys）。美育，158，4-13。

江麗莉、鍾梅菁（民87）。〈幼稚園初任教師困擾問題之研究〉。新竹
師範學院學報，10，1-21。

何欣姿（民96）。〈一位幼稚園初任教師實施統整課程之研究〉。研習
資訊，24（5），71-78。

吳舜文（民91）。〈建構主義運用於音樂教學之理念與做法〉。藝術與
人文學習領域研習手冊，273-279。

吳樁椒、張宇樑（民98）。〈幼稚園教師對主題統整課程的知覺研
究〉。教育研究學報，43（2），81~105。

李坤珊（民102年）。〈別再浪費孩子的時間了〉。親子天下，49，50-
52。

李曉瑩（民100）。〈一位公幼教師實施音樂教學歷程之探究〉（未出
版之碩士論文）。國立臺中教育大學，台中市。

林小玉（民97）。〈從當代音樂教學哲學之發展論美感教育之定位與省
思〉。教師天地，153，29-35。

林朱彥、張美雲（民99）。《幼兒音樂與律動》。高雄：華都文化。

邱憶惠（民101）。《幼教職前教師形塑教師認同之敘說探究》。新北
市：聖環。

范瓊方（民92）。〈九年一貫藝術教育與幼兒藝術教育之關係〉。載於徐秀菊等（著），中小學一般藝術教育師資培育學術與實務研討會論文集（293-308頁）。台北：國立臺灣藝術教育館。

陳伯璋、盧美貴（民98）。〈「慢」與「美」共舞的課程幼兒園新課綱「美感」內涵領域探源〉。兒童與教育研究，5，1-22。

陳亮君（民99）。〈台灣幼稚園教師對課程標準音樂領域認知與教學實踐之比較調查研究〉（未出版之碩士論文）。國立臺南大學，台南市。

陳埒淑（民99）。〈幼兒時間概念教學之研究〉。屏東教育大學學報，34，35-66。

陳詩穎（民95）。〈幼稚園教師音樂專業知能與教學態度之研究〉（未出版之碩士論文）。國立臺東大學，台東市。

黃春萍（民99）。〈中部地區公立幼稚園教師音樂教學信念與實務之研究〉（未出版之碩士論文）。國立臺中教育大學，台中市。

楊艾琳、林公欽、陳惠齡、劉英淑、林小玉（民87）。《藝術教育教師手冊──幼兒音樂篇》。台北：國立臺灣藝術教育館。

詹棟樑（民89）。《教育大辭書》。取自http://terms.naer.edu.tw/detail/1311494/

蔡宜岑（民100）。〈幼教師音樂教學信念與教學實踐之個案研究〉（未出版之碩士論文）。國立嘉義大學，嘉義市。

簡楚瑛（民88）。《從美國幼教課程模式論幼教課程之基本問題》。教育研究集刊，43，139-161。

藍治平、簡秀玲、張永達（民91）。〈教學表徵多樣化的理論與應用─以國中生物『遺傳』的概念為例〉。科學教育月刊，248，41-54。

顏素芳、何斯濃（民100）。〈幼兒藝術綜合活動初探〉。香港幼兒學報，10（2），16-20。

顏端儀（民96）。〈影響南部地區公幼教師音樂教學因素之調查研究〉（未出版之碩士論文）。國立臺南大學，台南市。

羅智華（民102年8月17日）。〈美感教育：從幼教到終身學習〉。人間福報。取自http://www.merit-times.com/NewsPage.aspx?unid=316617

二、英文部分

Colwell, R.J., & C.P. Richardson, (2002). *The new handbook of research on music teaching and learning.* New York: Oxford University Press.

Duke, R. A. (2005). *Intelligent music teaching: Essays on the core principles of effective instruction.* Austin, TX: Learning and Behavior Resources.

Eisner, E. W. (2002). *The arts and the creation of mind.* New Haven & London: Yale University Press.

Gauthier, D., & McCrary, J. (1999). Music courses for elementary education majors: An investigation of course content and purpose. *Journal of Research in Music Education, 47,* 124-134.

Jalongo, M. R. (1999). How we respond to the artistry of children: Ten barriers to overcome. *Early Childhood Education Journal, 26*(4), 205-208.

Love, A. (2006). Teaching Is Learning: Teacher Candidates Reflect on Aesthetic Education. *Teaching Artist Journal, 4*(2), 112-121.

Pound, L., & Harrison, C. (2003). *Supporting musical development in the early years.* Buckingham, UK: Open University Press.

Pramling, N., & Garvis, S. (2013). *The Arts in Early Childhood Education.* Retrieved from http://www.oxfordbibliographies.com/view/document/obo-9780199756810/obo-9780199756810-0097.xml

Samuelsson, I. P., Carlsson, M. A., Olsson, B., Pramling, N., & Wallerstedt, C. (2009). The Art of Teaching Children the Arts: Music, Dance and Poetry with Children Aged 2-8 Years Old. *International Journal of Early Years Education, 17*(2), 119-135.

Twigg, D., & Garvis, S. (2010). Exploring Art in Early Childhood Education. *The International Journal of the Arts in Society, 5*(2), 193-204.

Uhrmacher, P. B. (2009). Toward a Theory of Aesthetic Learning Experiences. *Curriculum Inquiry, 39*(5), 613-636.

Vannatta-Hall, J. E. (2010). *Music education in early childhood teacher education: the impact of a music methods course on pre-service teachers' perceived confidence and competence to teach music* (Unpublished Doctoral Thesis). College of the University of Illinois at Urbana-Champaign.

Yongfu, X., Hong, N., Chun, C., Kongzhen, L., Yue, J., & Xiaohong, Z. (2005). *Educational Research. 26*(4), 3-7 & 16. Retrieved from http://www.fed.cuhk. edu.hk/en/er/200500260004/0003.htm

運用PAAR課程模式
進行幼兒園美感教育之教學實驗方案

林琬淇

正修科技大學幼兒保育學系助理教授

摘要

　　曾以資源、資金與勞力創造台灣經濟奇蹟的傳統製造業，開始探索新的價值與競爭能量，嘗試從代工製造之思考模式轉換為以風格、創意為主體的「美學經濟」。教育部於2013年推動「臺灣・好美～美感從幼起、美力終身學」第一期五年計畫，指出臺灣未來美感教育發展方向，希望臺灣成為一個具有美感競爭力的國家。但美感教育概念不明，課程與教學無法落實、缺乏專業師資、藝術與美感教育相關行政支援資源分散、受升學主義的影響，以至於部分學校教學未能正常化等，都是臺灣推廣美感教育的困境，急需群求突破與解決。針對上述問題，本研究嘗試整合高雄市文化局地方文化館資源，邀請藝術專業知能者參與建構幼兒園美感領域課程，並進行教學實驗，研究結果說明下列兩點：一、運用PAAR課程模式所建構之實驗教學，不僅給予參與活動幼兒們完整的欣賞及藝術感受的經驗，也提供機會給幼兒自我表達及自我創造自己的美感經驗。二、整合地方與社會藝術資

源，邀請藝術專業工作者共同設計活動與進行教學之可行性與有
效性。

關鍵字：美感教育、教學實驗、課程與教學、幼兒園

壹、前言

　　隨著時光的遞嬗，人類文明發展逐步演進，從農業社會、
進入工業時代，隨著科技產業興起，導致經濟體不斷推陳出新演
繹，人類生活價值觀、生活方式也與昔迥異，由消費市場內容的
更迭，似乎也昭告高感性的新消費時代來臨。在台灣，美學經濟
（Aesthetic Economy）已繼科技產業興起，成為台灣經濟發展的
新方向（林玉，2010）。曾以資源、資金與勞力創造台灣經濟奇
蹟的傳統製造業，開始省思、探索新的價值與競爭能量，如何從
代工製造之思考模式轉換為以風格、創意為主體的「美學經濟」
（李君如、陳品孜，2011）。

　　Entwistle（2010）根據Bourdieu and Blumer的觀點指出，經濟
預測與文化關注是交織在一起，透過文化知識，資本、需求品
味，以及社會，文化和制度的關係等形式展現。換言之，文化是
品味、藝術欣賞與對美的感受力展現在日常生活當中，而這些
「展現」涉及經濟發展，在美學經濟時代中，意味著「經濟」與
「文化」是綁在一起，互為影響。美國、英國、法國、芬蘭、日
本、香港與澳洲等國，近幾年教改的重點似乎具共通的脈絡，莫
不強調美感教育的積極價值，以從小扎根，改造人民的美感素
養，提升社會的整體美適性與文化活力為主軸。例如：香港在
正規的教育體制外由社會福利團體所成立的香港美感教育機構

（Hong Kong Institute of Aesthetic Education，簡稱HKIAE）延用紐約林肯中心的美感教育實踐模式，進行「美感教育計劃」；芬蘭ARKKI（www.Arkki.net）基金會在1993年於赫爾新基為兒童和青少年設立第一所建築學校，提供3歲至18歲的學生各種不同課後學習建築和環境的活動（教育部，2013）。台灣跟隨著這波國際教育改革的脈絡，在2013年8月教育部公佈：因應民國103年即將啟動之十二年國民基本教育計畫，並為落實中小學教學正常化與五育均衡發展之教育理念，進一步發展提升國民美感素養，使臺灣成為一個具有美感競爭力的國家，教育部預定自103年起至107年推動「臺灣・好美～美感從幼起、美力終身學」第一期五年計畫，整體計畫主題歸納為以下六大重點：（一）美感教育從幼起；（二）美力終身學習；（三）藝術青年播撒美感種子；（四）教師與教育行政人員美感素養提升；（五）厚植美感教育研究發展實力；（六）美感教育點線面。此計畫希望喚醒美感需求成為國人的生活習慣，讓美感教育的推動成為全民的共識與生活上的必要需求，共同創造美感洋溢的藝文社會，提升我國的美力競爭力。推動美感教育目標不僅是培養品味、藝術欣賞或對美的感受力，更重要的是據此發展寬容、互動、合作、衝突解決等公民素養、多元文化能力，甚至將美感投注於各項促進經濟發展之活動（于承平，2013）。

為了因應101年1月1日上路的幼兒教育及照顧法，根據民國76年版的「幼稚園課程標準」「國民教育幼兒班課程綱要研究」（盧明等人，2005）與「國民教育幼兒班課程綱要之能力指標研究」（幸曼玲等人，2005）所修訂的「幼兒園教保活動課程大綱」，呼應此教改的脈絡，以「幼兒為主體」的全人發展課程規劃設計，目標培養幼兒身體動作、認知、語文、社會、情緒和美

感等六大能力。在幼兒美感能力培養部份，林玫君（2008）將課程目標分為「探索與覺察」「表現與創作」和「欣賞與回應」三部份，其中包含音樂、視覺藝術與戲劇三個媒介。「探索與覺察」的層面包含透過感官知覺（感官、情緒），探索生活環境中的事物；在「表現與創作」的層面包含運用自己或生活週遭的藝術媒介和元素（動作、口語、情節、道具、社會互動），進行表現與創作；「欣賞與回應」的層面包含欣賞各種藝術創作與展現後，表達個人感受與想法，以及在欣賞各種藝術創作與展現後，描述他人作品中的藝術元素（人物特色、故事情節、特殊效果），並加以解釋與比較。雖然有此課程大綱，但目前極少有實際的課程與教學方法，且近十多年來美感教學的研究主要媒介是以視覺藝術及音樂藝術為主，尤以視覺藝術佔大多數，而且研究中大多是以賞析的方式進行課程，研究對象上則多以國小為主要對象（羅心玫，2007）。除上述之研究上之匱乏外，「臺灣‧好美～美感從幼起、美力終身學」計劃書指出美感教育課程與教學上因為考試科目的引導，透過藝術教育之美感認知的學習實踐概念過於狹隘，強調藝術類別技術層面的訓練，較缺乏人文、歷史、地理及哲學等面向的關懷、認知與聯結，美感經驗歷程的體會以及人文省思的引導與啟迪，美感素養培育的願景與目標未有階段性課程與教學的規劃……等問題，都是台灣執行美感教育的困境，急需群求突破與解決。

　　針對上述現況，本研究將參考李雅婷（2011）美感教育課程發展模式（the PAAR model）建構幼兒園美感領域課程，結合高雄市文化局地方文化館-上雲藝術中心，藉以充分運用城鄉及社會資源營造美適性的學習環境，並以上雲藝術中心展覽-「來自蒼穹的耀動-窯變‧藏色天目」為主題，邀請藝術專業者參與幼

兒園美感教育活動設計與教學活動，所得之結論將提供幼兒園作為實施美感課程之參考。

貳、文獻探討

我國自2001年開始實施九年一貫課程，在新課程中，最引起爭議的是藝術教育部分，也就是將「美勞與音樂」課，改為綜合性的「藝術與人文」課，並將鐘點改為每周一小時。立意雖好，但在升學主義盛行的教育氛圍中，各級學校都為學生的升學成績而努力，對於完全沒有列在升學考試科目中的藝術，完全被忽略，以至於藝術課被挪用為其他學科之用的情形很普遍，所以漢寶德（2008）指出「如果檢討過去十年的教育，美學是最大的失敗。」（P25）。

一、美感教育的內涵與課程目標

Dewey（1934）指出美感乃是一活生生而具體的經驗形式，也即是美感經驗的後果（Aesthetic experiential consequences）應是衡量美感價值的標準。Smith（1992）指出「美感雖可能具有不同認知、道德、社會的功能，但是美感教育的首要目的乃是在促成美感經驗，此種經驗帶有著享受和珍視的特質。」。邱兆偉（1992）指出：美感的判斷取決於參與鑑賞活動的累積，其功能在於能使說者與聽者的經驗都變得具體而確定。美國藝術教育家艾斯納（Eisner）指出：人類由參與美感欣賞、創作的過程活動中，獲得了知識、情意、技能及個人美感享受和珍視的特質（郭禎祥，1989）。林玫君（2012）在「幼兒園教保活動與課程大綱美感領域」中指出「美」乃指能讓人感官或心靈感到愉悅的事

物。美感是全心全意投入的歡欣感;是指個體從內心深處主動建構的一種感知外在美好事物存在的能力;是透過感官知覺接收外在環境的刺激,與經驗或想像產生連結,引發內在心靈的感動,繼而湧現幸福、歡欣、愉悅的感覺。幼兒天生就是美的探索者、創造者及欣賞者。美在生活中的每個環節中,「美感教育」就是要保留並發展幼兒這種與生具有的「感知力」。Madeja(1970)指出若要普及全民美感素質的提升,實不能成為僅針對美學的探究認識,或僅做為一門將美如何分解評析的審美學問,而是將其定位為教導人們如何經驗感受美本身,以及其與人生活的關連。

綜上所述,美感教育提供的美感經驗活動中,欣賞是主要部分的活動,不是教育的全部。除了教育的全生欣賞及感受的經驗,也可提供機會給予學生自我表達及自我創造自己的美感經驗。美感經驗的學習是整體且全面向的,任何一種興趣都是美感教育所應該讓學生有機會去發展的。教師可以依照情況選取想要對感性與感性認識深入的策略,但同時也必須讓學生區分這些不同的興趣理由,而不要混淆或忽略美感教育最重要的內涵部分,是培養的人對事物的美感知覺及引發生命感動的部分。根據上述脈絡,Greene(2001)主張以藝術作為課程的中心與其他領域結合,培養學生在各學科上類化的學習能力,提倡透過美感教育來糾正物化人性的教育體制,並且應正視媒體與大眾文化帶來的衝擊,培養學生具有正面的思考,Greene的美感教育論點提供學校教學、各領域師資培育與課程美學的新方向。

二、台灣美感教育現行問題與幼兒美感教育未來發展方向

根據教育部(2013)「臺灣‧好美～美感從幼起、美力終身學」第一期五年計畫中指出,台灣現行美感教育有下列問題:

（一）美感認知：美感教育與藝術教育概念與知能的交錯糾葛。

（二）課程教學：美感素養培育的願景與目標未有階段性課程與
教學的規劃；目前透過藝術教育之美感認知的學習實踐概
念過於狹隘，強調藝術類別技術層面的訓練，未能落實
生活應用；一般非藝術領域的教師欠缺美感的認知與教學
能力。

（三）教職專業：教師及學校行政相關人員藝術與美感的專業知
能與素養有待強化。

（四）資源支持：藝術與美感教育相關行政支援與資源分散、現
有城鄉及社會資源未能充分運用、學習環境的美適性有待
營造。

（五）研究累積：藝術與美感教育缺乏長期系統性的研究，以提
供政策研擬的參考。

（六）社會風氣：藝術與美感教育受升學主義及功利價值觀的負
面影響。

　　根據上述之問題，教育部（2013）指出美感教育的推動、取
材及各教育階段重點如下：

（一）學前教育：進行多元感官與心靈的開發與覺知。

（二）小學教育：增進生活的豐富性與美感體驗。

（三）中等學校教育：持續增進生活的豐富性與美感體驗，強化
美感認知與表現。

（四）大專院校教育：促進美感文化與品味，美善人事物的賞
析、建構與分享。

（五）終身教育：美善人事物的賞析、建構與分享。

　　綜上所述，最近101年所頒布的《幼兒園教保活動課程暫行

大綱》，美感成為新學習的重點。

三、美感教育課程發展模式（the PAAR model）介紹

本模式係李雅婷（2011）以Greene美感教育理論為主要理論依據，並融合當代符號學與視覺文化探究觀，繼而延續李雅婷（2010c）結合敘事課程信念與樣板所提出之課程概念架構圖，將審美對象予以精緻化為四個層次架構，以作為引導學習者思考之教學策略，本模式旨在培育四大能力（知覺力、聯想力、行動力、省思力），故簡稱美感教育PAAR模式。此美感教育模式包含下列要素：目標、脈絡、知覺力，聯想力、行動力與省思評鑑，由目標引導其他要素之進行。脈絡包含「形式要素」、「明示義」、「隱含義」與「產製脈絡」。

「知覺力」包含「多感官知覺」與「提問」，藉由提供感官操作的媒材與經驗，鼓勵運用身體感官進行體驗探索，學習者運用自身的各種感官知覺，例如：聆聽、觀賞、參與活動進而口語提問等，進入藝術的世界。

「聯想力」包含「辨識與組織訊息」、「連結先備知識與經驗」與「移情與理解他人經驗」，學習者基於「知覺力」得初步了解，建立新的知識體系，在此階段重點在於連結舊有經驗。

「行動力」亦即探索行動，行動力包含「創制意義」與「提問」視覺藝術的媒介與元素，透過活動進行「知覺力」與「聯想力」的美感教育訓練後，師生共同針對感興趣的探究問題，進行探索的行動。

省思／評鑑在整個學習歷程中透過與故事本文、圖像、同儕、教師及自我之對話，檢視自己學習的收獲。綜言之，藝術家美學傾向將個人觀看化為表現行動，哲學家美學傾向哲思式的探

究，美感教育PAAR模式兼融「藝術家美學」與「哲學家美學」之美育概念，融合哲思探究與表現行動，以體現「教育是意義的追尋美感教育亦是」的精神（Green, 2001）。

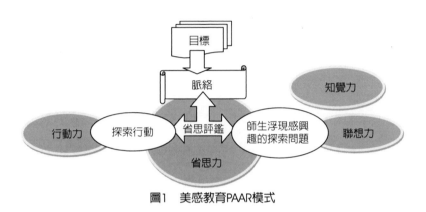

圖1　美感教育PAAR模式

參、研究設計

一、美感教育教學活動設計

為達研究目的，參考李雅婷（2011）所發展的美感教育課程發展模式（the PAAR model），建構「來自蒼穹的耀動-窯變藏色天目」美感教育教學活動設計。以高雄市鹽埕國小附設幼稚園大班20名幼兒，為此美感教育教學活動設計教學對象，進行「來自蒼穹的耀動－窯變藏色天目」美感教育教學活動。

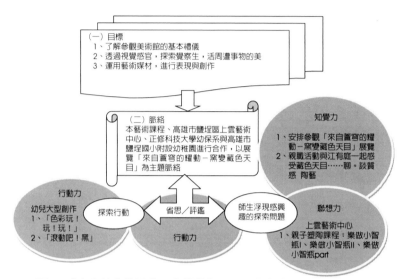

圖2 「來自蒼穹的耀動－窯變藏色天目」美感教育教學活動設計

（一）目標

「來自蒼穹的耀動－窯變藏色天目」美感教育教學活動設計，以林玫君（2008）在「幼兒園教保活動課程大綱」中美感領域目標：「1-探索與覺察」、「2-表現與創作」與「3-回應與賞析」的目標中，分別選取，以下列4個學習指標為此次教學活動目標：

1-1體驗生活周遭美的事物，並產生愉悅的感覺和強烈的好奇心（愉悅的感受、好奇心）。

1-2透過視覺感官，探索並覺察生活周遭事物的美（自然物、人造物、藝術作品）。

2-2運用視覺的藝術媒材或元素，進行表現與創作。

3-2欣賞視覺藝術創作後，對其中的藝術元素與文化意涵有

所覺知與體察。

這些學習指標經統整後，成為本次美感教育實驗方案的課程目標：

1、了解參觀美術館的基本禮儀

2、透過視覺感官，探索覺察生，活周遭事物的美

3、運用藝術媒材，進行表現與創作

以上述之課程目標進行教學活動設計，希望培養幼兒能以感官知覺主動探索並發現周遭生活中美的事物，並對其產生好奇與感動，樂於參與各種表現創作，透過藝術媒介來表現自我及對生活事物的體驗。能回應及賞析生活中各種藝術創作或展現，並逐步累積對藝術文化的體驗與感受。

（二）脈絡

包含「形式要素」、「明示義」、「隱含義」與「產製脈絡」。本藝術課程與高雄市鹽埕區上雲藝術中心、正修科技大學幼保系與高雄市鹽埕國小附設幼稚園進行合作，以展覽「來自蒼穹的耀動——窯變藏色天目」為主題脈絡，發展幼兒美感教育課程。從視覺文化創作的情境，包含製作的文化目的、視覺傳統、藝術家個人史、藝術意圖等建構一致性理解的發展和接受不同詮釋觀點的歷程發展培養幼兒「知覺力」、「聯想力」、「行動力」與「省思力」等一系列教學活動。

1.知覺力

研究者在知覺力發展部分，設計下列兩項藝術活動：1.安排

幼兒到上雲藝術中心參觀「來自蒼穹的耀動－窯變藏色天目」展覽，運用視覺、聽覺與觸覺進行探索；2.親職演講活動「與江有庭一起感受藏色天目……談質感陶藝」，透過演講活動讓家長了解本次藝術美感教育活動的文化目的、江有庭老師的創作理念與藝術家個人對美感教育的詮釋，提升家長美感素養，進入藝術的世界，進而與幼兒在日常生活中共同啟發美的覺知，建構美感家庭。

在上雲藝術中心的參觀活動部分，由正修科技大學幼保系同學進行規劃與執行導覽，兩次參觀的教學目標、導覽內容如下：

表1　上雲藝術中心導覽規劃表

導覽次數	教學目標	導覽內容	參觀時間
第一次 上雲藝術中心 參觀	1.了解參觀美術館的基本禮儀 2.透過視覺感官，探索覺察生活周遭事物的美 3.運用藝術媒材，進行表現與創作	1.江有庭老師的故事 2.製陶流程的介紹 3.集體創作「色彩玩！玩！玩！」 4.活動省思與回饋	90分鐘
第二次 上雲藝術中心 參觀	1.複習參觀美術館的基本禮儀 2.透過視覺感官，探索覺察生活周遭事物的美 3.運用藝術媒材，進行表現與創作	1.天目碗觀賞 2.藏色天目製作流程介紹 3.集體創作「滾動吧！黑」 4.活動省思與回饋	90分鐘

幼保系學生根據個人的興趣選擇擔任下列各組的義工，分別與上雲藝術中心蔣妙雨執行長與研究者，進行教學設計與討論活動細節與流程，各組工作內容如下：

表2 　上雲藝術中心導覽分組表

組別名稱	工作內容
接待組	負責高雄市鹽埕國小附設幼稚園大班20位幼兒與家長的接待工作：到園所接送家長與幼兒、進入美術館基本禮儀的教導、擔任導覽活動進行時帶隊小老師、活動結束時帶領感恩活動。
教學組	負責「江有庭老師的故事」、「製陶流程的介紹」、「藏色天目製作流程介紹」與「天目碗觀賞」的介紹。
藝術創作組	負責集體創作「色彩玩！玩！玩！」與「滾動吧！黑」活動。

　　親職演講活動「與江有庭一起感受藏色天目……談質感陶藝」的部分，由上雲藝術中心邀請江有庭老師進行演講。

2.聯想力

　　李雅玲（2011）指出聯想力包含「辨識與組織訊息」、「連結先備知識與經驗」與「移情與理解他人經驗」。學習者基於「知覺力」得初步了解，建立新的知識體系，在此階段連結舊有經驗。

　　研究者在聯想力發展部分，以日常生活中隨手可得，隨處可見的陶「瓶」，為活動設計的材料，設計藝術活動親子塑型學習課程：「樂做小智瓶part I」與「樂做小智瓶part II」。通常在我們日常生活中「瓶」扮演著裝飾或插花盆器的功能，但在古印度佛教藝術中，它代表著智慧圓滿的象徵，透過手部的型塑動作，塑發出小朋友、大朋友心中的智慧，開出智慧之花。「樂做小智瓶part I」：活動內容是基礎塑型學習，小智瓶趣味造型變化；「樂做小智瓶part II」：活動內容是將part I所製作好的小智瓶進行彩繪塗鴉。

3.行動力

亦即探索行動，李雅婷（2011）指出行動力包含「創制意義」與「提問」。視覺藝術的媒介與元素，透過活動進行「知覺力」與「聯想力」的美感教育訓練後，師生浮現感興趣的探究問題，進行探索的行動。根據林玫君（2008）在「幼兒園教保活動與課程大綱美感領域」中指出，引導幼兒進行探索活動時，幼兒園中有關於藝術的媒介，在工具的部分有手、各種筆、剪刀、白膠、釘書機、打洞器等；在材料的部分利用泥巴、石頭、落葉等天然素材或顏料、紙張、資源回收物等人造素材；在元素的部分如線條、色彩、形狀或造型等。綜上所述，教學者必須提供各式不同的媒介，讓幼兒進行創作。

研究者在行動力發展部分，設計幼兒集體大型藝術創作活動：「色彩玩！玩！玩！」與「滾動吧！黑」。「色彩玩！玩！玩！」活動內容：提供幼兒各式不同工具與各種原色的廣告顏料，在工具的部分有手、牙刷、油漆刷（大、小）、排刷、海綿、噴瓶等，讓幼兒在近5坪的地板空間上作畫。「滾動吧！黑」活動內容：提供幼兒各種不同表面材質與大小的球，在顏色的部分只提供黑色，讓幼兒在近5坪的地板空間上作畫。做完畫之後，均與幼兒共同欣賞與討論。

綜上所述，在美感教育課程發展模式（the PAAR model）中「目標」、「脈絡」、「知覺力」、「聯想力」與「行動力」是本課程模式的五大要素。根據此五大要素脈絡，研究者進行教學設計。各個要素獨立存在，卻又脈絡相扣。

二、研究者與參與研究者角色

（一）研究者角色

研究中，研究者角色為規劃、觀察者與回饋者。主要負責「來自蒼穹的耀動-窯變‧藏色天目」美感教育教學活動設計與執行。

（二）參與研究者角色

為解決台灣美感教育現行問題中有關於教職者美感專業知能與素養有待強化與現有城鄉及社會資源未能充分運用、學習環境的美適性有待營造的問題，本教學實驗方案邀請下列藝術專業人士，參與本次教學設計與活動執行：

1、蔣妙雨：高雄市文化局地方文化館上雲義藝術中心執行長，參與此次美感教育實驗方案，主要與研究者進行美感教育教學設計討論。蔣妙雨為上雲藝術中心執行長，與研究者共同規劃設計此次美感教育課程，蔣執行長負責展場部分的活動進行與「來自蒼穹的耀動-窯變藏色天目」展覽策展、佈展的工作。

2、江有庭老師：江有庭老師自詡為燒陶人、隱士與新文藝復興者，1958年出生於台灣省嘉義縣。1980年國立藝專美術科西畫組畢，1983年作陶開始，師承李保通拉坯師父、吳毓棠釉藥教授，1984年起專攻油滴天目，1987-1989年受聘於日本東京都擔任陶藝教師，期間遊歷日本各地窯燒及參訪陶藝家。1995年燒製出彩色天目，並命名為「藏色天目」，1996年於台北縣三芝鄉成立圓山窯

至今。此次以江有庭老師在上雲藝術中心的展覽為本藝術教育課程的主題，江老師義務參與正修科技大學幼保系四技20位同學的培訓活動，並在上雲藝術中心進行一場親職教育講座，希望藝術生活化、教育化與平民化。

3、李啟瑩老師：高雄市知名兒童美術教師。在本教學實驗方案中，根據江有庭老師展覽的主題，設計「樂做小智瓶part I」與「樂做小智瓶part II」兩項活動，並進行教學活動。

4、正修科技大學幼保系四技修讀「兒童藝術創作課程教學與實務」20位同學。在本教學實驗方案中的角色如下：

表3　上雲藝術中心導覽分組表

	活動	角色參與
知覺力	上雲藝術中心參觀活動 「來自蒼穹的耀動－窯變藏色天目」展覽	與研究者共同規劃與執行參觀導覽活動
	上雲藝術中心親職活動 與江有庭一起感受藏色天目……談質感、陶藝	擔任展場志工
聯想力	上雲藝術中心親子塑陶課程 1.樂做小智瓶I 2.樂做小智瓶II	擔任教學小老師
行動力	上雲藝術中心幼兒大型創作 1.「色彩玩！玩！玩！」 2.「滾動吧！黑」	研究者共同規劃與執行大型創作活動

三、研究參與者培訓歷程

　　培訓對象主要是指正修科技大學幼保系設計類組修讀「兒童藝術創作課程教學與實務」20位同學，提供研究參與者培訓歷程

包括美感教育、幼兒活動設計與幼兒創意活動等相關文獻閱讀與討論、個人藝術交會經驗之回溯與書寫、兒童美術館的參訪等課程。在「來自蒼穹的耀動-窯變藏色天目」的展覽開始以前，參與上雲藝術中心「來自蒼穹的耀動-窯變藏色天目」佈展工作，由江有庭老師親自導覽說明創作理念與天目碗燒製過程。

四、「來自蒼穹的耀動－窯變·藏色天目」的創作理念與介紹

台北縣三芝圓山窯的臘月開滿整山谷……艷紅的山櫻花，山谷中有位傳奇的燒陶人，他燒出千年的秘密，燒出隱藏在天目下絢麗的色彩……赭紅、黃曜、墨綠、藍靛、紫銀、金宸等多種令人嘖嘖稱奇的顏色，是我們難於調色盤中所能調和出的色彩。福建省建陽窯在宋代以盛產黑釉瓷而聞名於世。在古籍中稱為「烏泥建」、「黑建」、「紫建」，日本人稱之為「天目」；後經留學中國天目山的日本僧侶於應永（1394-1428）年間自中國浙江省天目山徑山寺院攜回日本，之後鑽研其燒製方法外，融入其宗教、藝術、哲學、禮儀而成就日本文化上備受尊崇的「茶道」。藏色天目是透過專心與敏感度來完成的純粹質感藝術，有別於現代藝術傳達反射其觀念思想、感情或社會事件，其精神在於回歸燒的本質，以簡單的工搭配單純的形，江有庭不思不創意、無事唯心燒，燒出天目的相，豐富宇宙的像，得藏色天目之名而顯不藏色之藝巧。

江有庭老師禮沐在禪宗，內證於心，由內在的生命原泉活生生地把握萬物的真相，專心、專念、對事以真的燒陶態度，讓江有庭面對偶發的「窯變」時，因為堅持的努力尋找發生在窯變的因，讓不穩定未知的窯變，燒轉為一種可預知的，可預測控制

的燒製；他扭轉了歷史，他解開千年的疑惑。江有庭燒陶時，腦中思維的經驗運動過程「禪定」產生一種自性中的「靜、定、慧」，再透過實際驗證的方法「燒」，於動中修行人在哪裡，心在哪裡「定性」的功夫，切實感受禪宗無的妙用、心法的頓悟、定慧不二的精神。綜觀21世紀充滿各種藝術表現形式的今天，我們被參差不齊，良莠參半的藝術樣貌包圍，失去了讓心和眼重新回到純粹的能力，透過江有庭的單純的藏色天目的圓器型，感受天目藝術是如何跨越從唐宋千年世紀的時空與界線，恆常地、單純、單一地呈現傳達出藏色天目本身的內涵和具中國陶藝哲學思想，完成的質感藝術。

五、資料蒐集與管理

本研究蒐集的資料包括「美感教育課程規劃與教學實施回饋表」、「研究者省思表」與訪談記錄三大類。說明如下：

（一）「美感教育課程規劃與教學實施回饋表」

本回饋表旨在提供本研究所有參與者提出量化與質性意見回饋之用。

（二）「研究者省思日誌」

由研究者在執行美感教育教學實驗方案時所寫下之紀錄與反思記錄。

（三）「訪談紀錄」

教學活動執行完完畢後，由研究者訪談鹽埕國小附設幼兒園的兩位大班老師經蒐集上述資料，進行分析，取得相關研究結果。

肆、結果與討論

　　幼兒教育是美感啟蒙之關鍵期，此時應該推動幼兒園美感及藝術教育紮根計畫，透過教育啟發每一個幼兒的美感覺知與經驗，奠定美力終身學習的基礎。本研究旨在建構「來自蒼穹的耀動-窯變·藏色天目」美感教育教學活動，並進行教學實驗方案。經所收集之資料，進行分析，所得結果如下。

一、在上雲藝術中心的部分

　　為解決台灣美感教育現行問題中，有關於專業知不足、現有城鄉、社會資源未能充分運用與學習環境的美適性有待營造等問題，本教學實驗方案邀請上雲藝術中心、鹽埕國小附設幼兒園與正修科技大學幼保系學生共同參與此教學課程。執行後，執行長讚賞此實驗課程的不僅提高來看展人數量，也提升參與學生的藝術覺知。蔣妙雨執行長就指出：

　　　　上雲藝術中心是私人機構，資源有限，往常也接了幾次學校與幼兒園參觀活動，但因為人力不足，包括我，只有兩位工作人員，在接待與導覽上是非常沒有品質，更沒有導覽後的分享與創作活動。通常是孩子分兩組，導到後來，孩子滿場逛來逛去的！講話的啦！亂碰藝術品的……！所以後來就盡量拒絕國小、幼兒園來參訪。但因為這個合作課程，來了許多正修幼保系的學生來協助，對於導覽課程也作了精心得策劃，導覽的品質改善了許多，也讓我們學習到如何根據幼兒的發展，給與適切的導覽方式。（回饋表5）

　　鹽埕國小附設幼兒園參訪結束後，鹽埕區周圍的另一間學校－忠孝國小，就有班級老師陸續打電話到上雲，希望能安排藝術教學課程，鹽埕國小也有3個班的老師希望帶小朋友參加大型集體創作課程：「色彩玩！玩！玩！」、「滾動吧！黑」。也有些參觀者來上雲參觀時，直接詢問哪時候有兒童美術活動。對於這樣的迴響，上雲藝術中心蔣執行長非常開心，希望本教學團隊，能繼續協助後續幾家學校的導覽事宜，並積極詢問是否能與正修科技大學幼保系進行產學合作計畫，建立長期的學術夥伴關係，共同開發幼兒藝術教育課程與兒童導覽活動訓練課程。蔣執行長也提及，藝術中心的經營是非常困難的，每一檔的展覽必須透過「行銷」，提高能見度，吸引觀眾來看展。所以藉由與正修科技大學幼保系合作，可解決藝術中心人員不足的問題，讓上雲藝術中心除了籌辦靜態的展覽，可增加動態藝術活動的部分，讓藝術中心朝多元化藝術中心發展，讓更多高雄市區民眾能享用此藝術資源。

　　透過此次的合作，在過程中，蔣執行長感受到正修科技大學幼保系20位學生的成長，讓她覺得藝術資源分享的價值，除了提高能見度外，也提升學生美感生活的經驗與體驗、啟發美感覺知。蔣執行長同時也指出，這次與正修科技大學幼保系合作感覺特別好，因為有研究者帶隊統整，所以學生在出席與參加活動的部分，態度變積極了，在佈展與撤場時都能做到執行長的要求，跟以前只有學生自己來實習的情況差別很大。

　　　　學生佈展的態度，讓我非常感動，因為江老師所展出的天
　　　　目碗單價很高，每個學生帶著口罩與手套，佈展時神情肅
　　　　穆，非常專注，沉浸在天目碗的禪定氛圍中。當江老師在

進行導覽時，學生非常恭敬，舉止表現出美感的特質，令我非常感動。（回饋表a1）

蔣執行長建議學生以後必需常常到校外參與藝術相關的志工活動，或長期擔任藝術相關機構的志工，例如：兒童美術館、高雄美術館、駁二藝術特區、正修藝術中心或私人單位如上雲、新濱碼頭現代藝術中心……等，因為他發現學生對於高雄相關藝術單位很陌生，甚至對兒童劇團也是很陌生，對於台灣相關藝術活動不甚清楚了解，例如：學生設計以戲劇方式來說明參觀藝術中心的注意事項，蔣執行長提到「紙風車劇團」進行319工程時，開場白時唐吉哥德拿著常常的劍向風車刺去的情節，學生就跟蔣執行長回應：「什麼紙風車？沒有！不知道！」，所以建議老師要多鼓勵學生參與社會相關藝術機構活動，將逛美術館、博物館、藝廊、書局的習慣融入自己生活中。

二、在正修科技大學幼保系學生的部分

參加此次教學活動設計的同學，對於「來自蒼穹的耀動-窯變·藏色天目」美感教育教學實驗課程，一致正面讚賞此實驗課程的價值，在此次的活動中，學習到多元層面的知識，其中一位學生寫到：

參加此次活動讓我認識天目碗，如果不是此次參教學活動，我絕對不會對什麼天目碗有興趣也不會認識江有庭老師，更不知道原來天目碗這麼貴，所以在佈展時我們都很怕會打破。從江有庭老師的口中瞭解，天目碗的由來與江老師創作的理念，這是很特別的經驗，由藝術家親自告訴

> 你，介紹他的作品，江老師對我們很好，很用心地告訴我
> 們創作的過程與心境，覺得他一點也不可怕，很平實，真
> 的學到很多。（回饋表b12）

感受到江有庭老師「認真的創作態度」、「對我們很好」、
「提升藝術的鑑賞能力與興趣」……等是此次參與活動的學生們
一致感想。如同李俊湖（2009）指出美感教育目的，並非培養藝
術家，而是在發展國民創造、理想及態度，成為能應用於日常生
活，能欣賞美感的判斷力，進而提升全民美感素養，從學生的回
饋單中，可以發現在執行此美感教育教學課程過程中，研究者達
到上述之美感教學目的。

學生感受到藝術的感動，同時也覺得很累，因為正修科技大
學在鳥松區而上雲藝術中心在鹽埕區，來回車程需40分鐘左右，
會影響學生上課時間；再者活動中多次運用到星期日與星期六的
時間、例如：兩次的上雲藝術中心親子塑陶課程：樂做小智瓶I
與樂做小智瓶II是排在星期六、佈展時花了一整天、進行活動設
計時，必須與研究者、蔣執行長開會，來來回回開了四到五次會
議，導覽流程除了紙上作業外，還必須彩排、試作……等，導至
有些學生必須挪出打工的時間來參加，所以有些小困難，雖然他
們覺得學習到很多，但是面臨這些問題時，學生還是會抱怨。

三、在鹽埕國小附設幼兒園的部分

兩位大班的老師都一致感謝與讚嘆此次美感藝術教育活動設
計的專業度、豐富度與執行度，感覺這樣的整合與教學執行是幼兒
的幸福，認為如果沒有整合上雲藝術中心與正修幼保系的資源，園
所的老師絕對無法進行如此專業的藝術活動設計，而且家長的回應

相當熱烈，紛紛詢問何時會再有這樣的藝術教學，他們想要再報名。在所有的活動中，家長們對大型創作「色彩玩！玩！玩！」與「滾動吧！黑」兩個活動，特別讚賞，覺得這個活動很有創意。

> 小朋友從來沒有在這樣大的圖畫紙上創作，剛開始有些陌生與害怕，但是後來玩開了，這樣的教學激發了幼兒的創意，看到小朋友很自在的潑、灑，甚至後來把腳當作工具，用水彩筆塗在腳掌上，在圖畫紙上隨意走動就如同在蓋腳印章，幼兒很有創意，這樣的活動效果很好，看到他們互相模仿玩的方法，這就是真正的做中學。（回饋表c3）

剛開始與兩位大班老師溝通「色彩玩！玩！玩！」與「滾動吧！黑」兩個活動，老師質疑活動後要幫20位幼兒清理身上的油墨與廣告顏料會很麻煩，因而建議取消或修改這兩次活動內容，但是研究團隊承諾會負責每一位孩子的清潔，只希望老師協助宣導請家長多帶一套衣服，我們會幫孩子清理與更換，老師們才勉強接受，結果最被老師們詬病的活動居然是最受孩子喜愛，回家時會講給父母聽，第一次參觀活動跟隨幼兒到上雲參觀的家長只有3名，第二次參觀活動，跟隨幼兒來參觀的人數，暴增到12名，大部分的家長都是聽到第一次活動的內容之後，第二次主動報名參加，重點是來幫幼兒拍照。

Jagodzinski（1981）提到增加學生經驗美感的能力，不是為了培養他們成為鑑賞家，而是應該在每個美感活動中，提供情感視野，從人藉由自己的歷史來詮釋所產生的美感經驗，去引發人類探索自己並領悟人自己才是主題，幼兒在活動中的表現，正呼應了Jagodzinski對美感教育的看法。

　　老師們有下列兩點建議：（一）在班級經營與帶班技巧方面，正修的學生必須多加強，因為孩子到上雲時，非常興奮，帶小組的學生無法掌控學生的秩序，還好兩位帶班老師從旁協助，要不然還真得有些難掌控幼兒的情緒。（二）時間的掌控必須再加強，兩次幼兒集體創作活動，都因時間來不及，沒有進行分享活動，如果能將前面導覽的時間縮短，進行「色彩玩！玩！玩！」與「滾動吧！黑」活動後的，與幼兒共同欣賞自己的大幅巨作，進行分享活動會更好。

四、研究者省思的部分

　　整個活動執行過程從尋找合作的藝術中心、接洽藝術中心附近走路10分鐘就可以到的鹽埕國小附幼、協調學生到藝術中心幫忙、設計教學活動、與江有庭老師接洽授課時間、向家長宣傳活動內容……等計畫案的細節與執行，實在是一件工程很浩大的工作，研究者的角色就是在三方合作單位進間進行協調與溝通的工作。雖然如此資源的整合，成就如此豐富度與專業度的美感教育領域課程，但是過程中各自有其立場與抱怨，讓研究者在執行此研究案的過程中有時會感到困擾與沮喪。

（一）在學生的部分

　　雖然從回饋表中瞭解，他們覺得整個教學設計與執行過程很棒，但是覺得很累，例如：在佈場時，將價值不菲的天目碗從箱子拿出來，放在櫃子上就定位後，再擦拭碗身，排列整齊，整個過程學生很專注地完成工作，表現也相當好，但事後閱讀學生的回饋單後才知道，「佈展」是他們很多人覺得不是「培訓」而是作苦工。但是在研究者的立場，覺得當天因為江有庭老師在

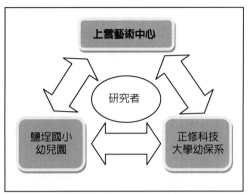

圖3　計畫協調溝通圖

現場指揮佈展的工作，所以主動與上雲藝術中心溝通可否給學生機會協助佈展工作，經過江老師首肯後，好不容易爭取來的與藝術品、創作者互動的機會，在學生的感受卻是「作苦工」（回饋表b3）、「壓力好大」（回饋表b7）、「不想作」（回饋表b12）、「沒興趣」（回饋表b13）、「跟教學無關」（回饋表b18）。這樣的回饋內容，認研究者省思「學生與老師的價值觀差距很大！」（研究者省思日誌a11）。

（二）在上雲藝術中心的部分

在活動設計的觀念上，上雲與研究者有些觀念上的差異性，例如：研究者建議「親職活動與江有庭一起感受藏色天目……談質感陶藝」活動可以和親子塑陶課程「樂做小智瓶I」與「樂做小智瓶II」同時舉辦，江有庭老師所談的內容可針對家長，因為大部分的家長會因為帶幼兒來參加親子塑陶課程，而順便去參加演講，如此一來可增加聽演講者人數，另外可在展場裡舉辦一次「與江老師坐禪-體驗藏色天目」活動，引導家長與幼兒在展場

上坐禪，結合江老師的創作理念，體驗禪定之美。但是卻因為還要再付一次車馬費與邀請費，而否決此活動。

　　雖然在執行此美感教育課程的過程中，存在上述的無奈與沮喪，但是過程中感受到正修學生的成長，家長的熱情回饋、活動過程中幼兒的投入、江有庭老師、李啟瑩老師的積極配合與對於研究者活動設計的支持、尊重……等，都令研究者非常感動與感謝，也了解藝術中心的運作方式，藉由與江有庭老師、李啟瑩老師、蔣執行長合作，不僅提升了研究者的藝術覺知，也因「藏色天目」引發了對生命與自然的感動。

伍、結論與建議

　　美感教育的落實，除了藝術領域的學科之外，尚要由其他課程、相關活動及日常生活中去達成。此次「來自蒼穹的耀動-窯變・藏色天目」美感教育活動，結合高雄市文化局地方文化館-上雲藝術中心，充分運用城鄉及社會資源，營造完整藝術學習環境，並邀請藝術專業工作者共同討論與執行教學活動，補強了研究者在藝術專業領域上的不足。研究結果說明下列兩點結論：一、運用PAAR課程模式所建構之實驗教學，不僅給予參與活動的幼兒們完整的欣賞及藝術感受的經驗，也提供機會給幼兒自我表達及自我創造自己的美感經驗。二、整合地方與社會藝術資源，邀請藝術專業工作者共同設計活動與進行教學之可行性與有效性。

參考書目

一、中文部分

于承平（2013）。〈學校推動美感教育之探討〉。學校行政，84，101-117。

邱兆偉（1992）。〈美感教育的哲理與實踐〉。收於國立高雄師範大學教育研究所編「學校美感教育國際學術研討會研究論文與研討紀錄」，125-155。高雄：同編者。

林玉（2010）。〈美感經濟的創新思維－淺談台灣工藝創意產業發展趨勢〉。文化創意產業專刊，4。

林玫君（2012）。《幼兒園教保活動與課程大綱美感領域」。教育部。

李俊湖（2009）。〈美感教育與教學〉。師苑驛聲，26（4），1-2。

李君如、陳品孜（2011）。〈美學經濟風潮下的企業創新思維由厚植美感與品牌經營的觀光工廠經驗談起〉。健康管理學刊，9（1），83-97。

李雅婷、黃筠珮、林于仙、吳珮如、吳哲維（2010）〈美感教育敘事教材發展之旅──以想像力為題〉。美育，173，78-91。

李雅婷（2011）。〈建構美感教育課程發展模式之質性研究〉。教育研究學報，45（2），1-28。

教育部（2013）。教育部美感教育中長程計畫第一期五年計畫（103年至107年）「台灣·好美　美感從幼起　美力終身學」。

漢寶德（2008）。漢寶德談藝術教育。台北：典藏藝術家庭

羅心玫（2007）。〈幼兒的美感教育－從戲劇賞析課程出發〉。國立臺南大學幼兒教育學系碩士班，碩士論文。

二、英文部分

Dewey, J. (1934). Art As experience. New York: Minton, Balch.

Entwistle, J. (2002) The Aesthetic Economy: The production of value in the field of fashion modeling. Journal of Consumer Culture. November (2). 317-339.

Greene, M. (2001).Variations on a blue guitar-the Lincoln Center Institute Lectures on Aesthetic education. New York: Teachers College, Columbia University.

Jagodzinski, J. (1981). Aesthetic education reconsidered or please don't have an aesthetic experience! Art Education, 36 (3), 26-29.

Madeja, S.S. (1971). Aesthetic education: An area of study. Art Education, 24 (8), 16-19.

Smith, R. A. (2005). Aesthetic education: Questions and issues. Arts Education Policy Review, 106 (3), 19-34.

小小新鮮人的「美感」悠遊行
——新課綱美感領域之課程實踐

黃娟娟

首府大學兼任助理教授

林伊瑋

嘉大附小附幼教師

吳昱玲

光榮國小附幼教師

摘要

　　現代人的生活中充斥著各式各樣的圖像、影音及符號,「滑世代」的來臨,更對很多觀念與事物都造成顛覆性的衝擊。這種速食式的、立即性的、功利取向的文化影響到幼兒教育觀,助長了分科與成果導向的教學方式,幼兒的美感教育乃被窄化為勞作、塗色或隨著樂曲敲打唱跳。有鑑於幼兒園教保活動與課程大綱之推行,或有助於幼兒園課程與教學品質的提升,研究者乃以美感領域目標及能力指標為本,透過課程的規劃與實踐,引導幼兒「覺知辨識」到自己的美感經驗,並透過不同的方式展現「表達溝通」與「想像創造」能力。

　　本研究在行動與研究的交織歷程中達到下列研究目的:

一、規劃並實踐一系列之幼兒美感教育活動。

二、呈現幼兒美感教育之幼兒表現與教師思維。

三、瞭解進行幼兒美感教育可能遭遇的問題及問題解決策略。

綜合研究結果：幼兒的美感「悠遊行」結合了生活經驗、學習主題和節慶素材，整個行動研究的歷程中，研究者規劃並實施了一連串的美感教育活動，也採用團體和個別輔導策略來改善問題。本研究藉由起腳、初探、漫遊、嬉遊等四大階段，引導幼兒「看到、聽到、嗅到、觸摸到、品味到生活與生命的美好、促發美感的覺醒」。也印證了幼兒的美感教育應該與整個生活相聯結，讓幼兒從生活週遭的人事物吸取更多養分。開放視野，就能發現「美」無處不在，並善用遊戲讓「美感」之嬉遊更豐富有趣，如此一來，「美感」才能不著痕跡地活在孩子身上。

關鍵字：幼兒園教保活動與課程大綱、幼兒美感教育

壹、行前計畫

如果美的旅程不只在尋找美的景觀，而更在於找到具有美感的心靈和審美的視窗，那麼教師的美感經驗將是開啟學生想像和創造的「美麗之眼」（陳伯璋、盧美貴，2009，頁7）。

一、研究背景

後現代浪潮的衝擊下，新的現實不斷顛覆著我們對社會及種種事物的定義，如：教育典範的轉移（林文生，2002）、再概念化運動（游家政，2005）等。管淑華（2003）表示，後現代主義強調社會公平、反霸權，更關注不同性別、族群、階級和文化。受此衝擊，藝術擺脫傳統束縛，展現多元多樣的風貌。運用各類

科技產物為媒介，開展無限可能的形式，融入生活或教育活動中（謝攸青，2006）。

歷史性的轉折也出現在台灣的幼兒教育發展史上，堪稱劃時代重大變革的《幼兒教育及照顧法》於民國101年1月1日正式實施，幼稚園及托兒所自此整合且改制為「幼兒園」，統一由教育部門監督管理，不僅解決幼托園所多年的分流與爭議問題，回應了快速變遷的社會與世界發展趨勢（教育部，2012a），並以《幼兒園教保活動與課程大綱》作為配套。據幼兒園教保活動與課程大綱研編小組（2011）表示，「幼兒園」屬教保機構兼有教育與照顧功能，重視二足歲到入小學前幼兒的特性、依其獨特的發展任務，透過有計畫、有目的之課程規劃，教保情境的安排與課程實施，以建構幼兒的學習。教育上應關注到幼兒認知、語文、社會、情緒、美感及身體動作各方面的成長，以奠定終身學習的基礎（楊國賜，2009）。

二、研究動機

現代人的生活中充斥著各式各樣的圖像、影音及符號（黃娟娟、楊淑朱，2009），人類高度依賴著這些多樣多變、實際或虛擬的系統及元素與世界互動，「滑世代」的來臨，更對很多觀念與事物都造成顛覆性的衝擊。但是，對幼兒而言，這種速食式的、立即性的、功利取向的文化，真的是一件好事嗎？答案應該是否定的。陳伯璋與盧美貴（2009）就以「慢食」為例，指出教育應該在「慢」當中展現教材的豐富性和多樣性，讓學習者有選擇權並享受學習，師生在親切互動和從容的交流當中，分享並創造對事物的經驗與詮釋。

人類多透過視覺享受著悅目的形色，而大自然的景物最容易

令人產生美的愉悅感受（漢寶德，2004）所以，我們應該正視生命中各類學習經驗與個體生活及世界的關聯性，去感受世上種種的藝術經驗（趙惠玲，2004）。許芳菊（2006）曾表示：美感教育可平衡身心、健全人格與激發創造力，融入生活中實施成效最佳。但是，幼兒園的美感教育常在分科與成果導向的觀念下被窄化為半成品的勞作、塗色或隨著樂曲敲打唱跳。研究者擔憂，存在於教保人員心中的諸多迷思、刻板印象和謬誤，若未能及早被覺知、消除，幼兒的「美感教育」可能在執行時被曲扭原意、各自解讀，無法真正儲備幼兒的美感經驗、建立其美感能力。

自《幼兒教育及照顧法》頒布之後，幼兒園教保活動與課程大綱也以「暫行綱要」版本進入推行階段，各縣市積極辦理課綱之教師研習。99及100學年度，嘉義大學附小附幼參與了新課綱學力指標實驗方案。因而在輔導教授引導之下，當時同校任教的兩位研究者——林、吳老師有更多機會深入探究課程綱要內涵、參照學習指標編擬教材的磨練，不僅理解到學力指標是一種檢視教師教學的目標，也對於幼兒園教保活動與課程大綱有更清楚的理解。是以，研究者對於領域指標如何恰如其分地落實到教學現場，萌生更深入探究的興趣。基於研究者的專長背景，乃決定以美感領域為新的起點，希冀能夠帶領幼兒進行一場探索覺察、表現創作及回應賞析的「玩美」經驗。

三、研究目的

幼兒藝術常以繪畫形式表現，與個人語文、認知等發展聯結、陶冶情緒。倪鳴香、幸曼玲、馬祖琳與簡淑真（2012）指出，新課綱揭示出「美感」領域為幼兒教育未來重點之一，乃因幼兒天生具備探索與感知美好事物的潛能，透過「探索與察覺、

表現與創作、欣賞與回應」歷程之豐沛美感經驗的累積，此潛能方得以逐漸發展。基於上述，本研究乃以新課綱之美感教育為本，引導幼兒「看到、聽到、嗅到、觸摸到、品味到生活與生命的美好、促發美感的覺醒」（陳伯璋、盧美貴，2009，頁5），在行動與研究的歷程中達到下列研究目的：

（一）規劃並實踐一系列之幼兒美感教育活動。
（二）呈現幼兒美感教育之幼兒表現與教師思維。
（三）瞭解進行幼兒美感教育可能遭遇的問題及問題解決策略。

四、名詞釋義

本研究以幼兒美感教育之實施為題，關鍵詞包括：幼兒園教保活動與課程大綱、幼兒美感教育，說明如下：

（一）幼兒園教保活動與課程大綱

幼兒園教保活動與課程大綱將課程分為——身體動作和健康、認知、語文、社會、情緒和美感等六大領域。透過統整各領域課程的規劃與實踐，使幼兒擁有「覺知辨識、表達溝通、關懷合作、推理賞析、想像創造、自主管理」等六大能力（倪鳴香、幸曼玲、馬祖琳、簡淑真，2012）。

（二）幼兒美感教育

美感指的是一個人對藝術的創作有覺知、辨識、敏感及回應、鑑賞等能力（幼兒園教保活動與課程大綱研編小組，2011）。本研究所指稱的「幼兒美感教育」即是掌握幼兒園教保活動與課程綱要的宗旨，參照美感領域目標與4-5歲幼兒分齡學習指標所進行的美感教學活動。

貳、文獻探討

本研究文獻探討有關課程大綱之內容，乃參考教育部（2012b）所頒佈之《幼兒園教保活動與課程大綱》；倪鳴香、幸曼玲、馬祖琳、簡淑真（2012）所提出的幼托整合後幼兒園教保活動與課程大綱（修整後文案）；幼兒園教保活動與課程大綱研編小組（2011）的報告彙整而成。限於篇幅僅針對與本研究最相關的，總綱和美感領域的部分內容擇要說明之，其次則探討藝術教育的概念與實施。

一、幼兒園教保活動與課程大綱概述

自幼托整合之後，為確立幼兒教育及照顧方針、促進幼兒身心健全發展，保障2-6歲幼兒接受適當教育及照顧的權利，提供合宜的教保服務內容以達成教育與照顧的目標，教育部乃依據「幼兒教育及照顧法」第12條之規定，制定幼兒園的課程綱要，以建構社會文化中的孩童圖像，也作為教保服務人員專業活動的依據。目前所採用的是民國101年10月5日公布的「幼兒園教保活動課程暫行大綱」（以下簡稱「課程大綱」），並自中華民國101年8月30日開始生效。

（一）總綱：課程大綱之宗旨與架構

在社會建構論的觀點下，課程大綱以幼兒為中心、不依學科知識劃分領域，避免幼兒教育淪為小學教育的準備階段，包括「認知、語文、社會、情緒、美感、身體動作與健康」等六大領域，其目的在培養幼兒各領域的能力、朝向全人發展。透過統整

各領域課程的規劃與實踐，幼兒可擁有「覺知辨識」、「表達溝通」、「關懷合作」、「推理賞析」、「想像創造」和「自主管理」等六大能力。課程大綱裡的每個領域都含括領域目標、課程目標，再依據各領域的課程目標及各年齡層幼兒的學習任務，分別規劃分齡學習指標和四個年齡層（2-3歲、3-4歲、4-5歲，及5-6歲）分齡的學習指標，強調在幼兒先前經驗及能力的基礎上，朝學習指標的方向進一步學習。

（二）美感領域目標與學習指標

「美感」是一種感知美好事物的體驗，為個體內心深處主動建構而成。美感領域則分為「情意、藝術媒介」兩個學習面向，其中「情意」是指在從事與美感相關的活動時，著重於能夠讓幼兒享受過程中的樂趣；「藝術媒介」則指探索與覺察的過程中，所運用到的視、聽、味、嗅、觸等各種感官知覺，以及在創作表現或回應欣賞時常用的視覺藝術、聽覺藝術、戲劇扮演等藝術媒介。領域目標有四：1、喜歡探索事物的美；2、享受美感經驗與藝術創作；3、展現豐富的想像力；4、回應對藝術創作的感受與喜好。美感領域能力則包含「探索與覺察、表現與創作、回應與賞析」等三項，綜述於下：

1.探索與覺察

以感官知覺探索周遭的環境事物，並對各式各樣美的事物產生好奇與感動。亦即，幼兒在參與各種藝術活動中，能發揮想像能力並享受自我表現與創作的樂趣，且能敏銳知覺、探索生活周遭事物的美，並覺察其間的變化。

2.表現與創作

樂於參與各種表現創作，透過藝術媒介來表現自我，並重現對生活事物的體驗。亦即，幼兒能嘗試以各種形式的藝術媒介——視覺藝術、聽覺藝術及戲劇扮演來發揮想像，進行個人獨特的表現與創作。

3.欣賞與回應

回應並欣賞生活中各種藝術創作與展現，並逐步發展自己對藝術創作的偏好與品味。亦即，幼兒樂於欣賞各種藝術創作、參與在地藝文活動，能對生活環境中多元的藝術創作或表現表達出感受，累積愉悅的美感經驗，並逐步形成個人的美感偏好與判斷。

表2-1　美感課程目標與能力指標對照表

能力＼面向	課程目標	
	情意	藝術媒介
探索與覺察	美-1-1 體驗生活環境中愉悅的美感經驗	美-2-1 發揮想像並進行個人獨特的創作
表現與創作	美-1-2 運用五官感受生活環境中各種形式的美	美-2-2 運用各種形式的藝術媒介進行創作
回應與賞析	美-3-1 樂於接觸多元的藝術創作，回應個人的感受	美-3-2 欣賞藝術創作或展演活動，回應個人的看法

（三）美感領域學習範圍

另，有關美感領域內涵之學習要點，陳伯璋與盧美貴（2009）配合美感課程目標分別列表，研究者將之彙整為下表2-2。

表2-2　美感領域學習範圍要點

目標	學習領域內涵		
	視覺賞析	音樂賞析	戲劇賞析
探索與察覺	*強調幼兒對自然物、人造與藝術作品的探索及感受。	*強調幼兒對生活環境中聲音的探索，包括：大自然、週遭事物或樂器聲音	*強調幼兒對感觀或情緒經驗的探究。
表現與創作	*不同的藝術媒介又各有其獨特的媒材與元素。 *媒材包括美勞工具和相關材料。 *元素則包括線條、色彩、形狀與空間。	*媒材包括人聲、樂器和身體動作。 *元素則為因高、節奏、音色、速度、力度等。	*媒材包括肢體動作、聲音和口語表達。 *元素為人物、情節、對話、道具和其他特殊效果。
回應與欣賞	*欣賞的來源－自己、同儕作品；圖畫書；畫作；藝術成品。 *賞析－描述所看到的人、物及相關內容，或運用線條、形狀、色彩等簡單詞彙來表達自己的偏好。	*欣賞的形式－自己、同儕的音樂即興創作；古典、現代、兒歌、在地或世界各國等多元文化的音樂。 *運用強弱、快慢、高低或音色等簡單詞彙來表達自己的偏好或描述所聽到的多元形式的音樂及其差異。	*欣賞的形式－在自發性的戲劇扮演或老師引導的戲劇活動後，自己或同儕的戲劇創作與展現。透過影音播放或現場展演。 *戲劇元素－人物特色、故事情節、化妝、服裝、道具、場景等視覺表現、音效或聽覺表現。

（四）美感領域之教學原則

美感領域的教學原則共有下列六項（教育部，2012b），包括：

1、提供需要運用感官探索的媒材與經驗，鼓勵並引導幼兒探索。

2、提供幼兒探索與創作的美感環境，規劃多元豐富的空間、材料與情境。

3、提供充裕的時間，體驗各種美感經驗與藝術元素，增加其對美的敏銳度。

4、重視幼兒創作過程的引導甚於結果的展現，讓幼兒體會創作的樂趣。

5、接納幼兒不同的想法與感受，鼓勵幼兒原創性的自我表現。

6、結合社區藝術文化資源，拓展幼兒的藝術經驗。

二、美感與藝術教育

「美」是透過感官感受的感覺（漢寶德，2004），從複雜的經驗中探索而得，具有整體的綜合兼具性，包含主觀和客觀成份（劉千美，2001）。「美感」則是「美的感覺」，意指個體對美的感受與反應，涉及如感覺、知覺、聯想、想像、思維、情感等多種心理意識活動，具有主觀性與客觀性（陳築萱，2007）。亦即，美感經驗是一種完整的、有機的、變換不居的心理組織，包含情感、認識批判等作用，有時會複雜到只能意會不能言傳（劉千美，2001）。

（一）藝術概論與藝術教育

藝術是一門學科，代表一種觀點、一種看待事物的獨特角度。它是存在於生活中的各種感官知覺經驗，也是文化的一種具體呈現（吳宜蓁，2005），更是一種多角度運用想像、參與、批判與包容的、更清楚的認識與感受能力（李瑞娥，2007）。藝術深入在生活週遭，其型態亦隨著時間、空間、文化和區域而有

不同,透過多樣的表現方式展現人的各種情感、延伸對外界世界知覺的原始活動,其類別包含:音樂、美術、舞蹈、戲劇、電影等,用以展現人的各種情感,延伸人們對外界世界的知覺。藝術也如一扇窗戶,可呈現兒童的世界,也讓成人透過它來了解兒童的世界(四季藝術兒童教育機構,2007;簡楚瑛,2004;krechevsky, 2001)。

「藝術即生活」,廣義的藝術教育就是在生活中陶冶情操、培養美德的創作活動,與「美育」同義(管淑華,2003),其首要目的在於結合美感經驗和生活經驗,讓藝術教育融入生活、生活融入藝術教育(吳宜蓁,2005)。人文與藝術學科能增進人們對美與德行的瞭解,理解生活在不同時空中人類的想法與他們對命運的看法(Gardner, 2000)。幼兒藉由材料的操作可激發思考、發展知覺,並從藝術活動中抽取並連結各種視覺形式,再將之符號化。奠基在幼兒時期對於善與美的感受,其形成是對藝術內容、造型、形式和表現的和諧追求。幼兒在視覺意向創作過程中,若能運用各種材料與創造意向,就能獲得自信及建構知識世界的滿足感(劉豐榮,1991)。所以蘇振明(2000)就呼籲從學前階段開始奠定美育的基礎,提供參與、深入探究社會與生活環境中人事物的機會,以了解整個社會的脈動、環境及狀態,充實生活與心靈。

(二)後現代藝術觀點及後現代藝術教育

傳統藝術中,基本功夫紮實、技藝精巧而昇華者被視為已臻藝術境界,但是現代藝術已脫離了美感(漢寶德,2004)。後現代藝術利用各種媒材或表現方式,產生多樣性的局面,在創作形式上已打破了藝術與生活的界限。採取包容性的理解立場,建

立自我的多元秩序與美感（管淑華，2003）。而當藝術擺脫了傳統的束縛，運用各種科技產物為媒介，多元多樣的風貌和種種藝術經驗引導著人們去感受，去正視生命中個體生活、各類學習經驗及世界的關聯性，也開展了無限的可能（謝攸青，2006；趙惠玲，2004）。黃娟娟與楊淑朱（2009）就指出，中國人有著豐富的歷史文化，結合創意、美感和藝術能力就能創作出令人驚嘆的作品，例如：世界知名的時尚藝術餐具～法蘭瓷，就是完美融合東西方優美意象與典雅人文氣質的成果。

後現代藝術教育的課程多元化、接納少數族裔、流行藝術，納入社區環境與資源、鄉土教材、民俗藝術及區域性藝術活動；作品詮釋強調與文化的聯繫、社會階層的省思，與社會訴求、個人內在心理；善用攝影和電腦的協助來表現，視藝術創作為創造性、閱讀性或解構性的文本，鼓勵學生說出多元的觀點；不再偏重技術導向的精緻藝術教學；傾向以多元的美感標準，用讀者／觀者的立場進行解讀、詮釋；積極培養對社會問題批判與反省的人文精神與能力（管淑華，2003）。詹棟樑（2002）則認為藝術教育的趨勢為：1、教師轉變為引導者，與學生共同成長。2、隱喻（metphor）的使用——以感性、具啟發作用的隱喻，引發不同的想法，獨自思考的空間；3、課程教學以過程為中心——發展實用性與自主能力，關注學習過程的收穫和發現的問題；4、多元角度的評量，如：自我學習過程的狀況、同儕互評。

所以，一位藝術教育教師需具備合宜的專業素養，在教學前熟悉課程材料、兼顧到教材與幼兒生活的結合、重視個人與環境間的互動關係；教學上更活潑、有更多的對話；運用多樣多元媒材賦予幼兒更大的揮灑空間，去嘗試各種創作及探索，建構出個人獨特的美感與價值。方能以充足的藝術知識與探究知識的能

力，提供學生多元文化、風格、主流、邊緣、角度、論點之充足
的藝術面貌與資訊（謝攸青，2006）。

參、研究設計

行動研究（Action Research）是一種學習與成長的過程（甄
曉蘭，1995），是由實務工作者在工作現場進行的、探究實踐的
專業活動（陳惠邦，1999），也是教學者成長的工具（陳佩正，
2000）。

一、研究方法與設計

投入行動研究的教師思考更有彈性、能以新的想法敏銳解
決問題、勇於反省（林素卿，2002）。而教育行動研究的行動介
入和結果檢驗，更能使處於教與學「不確定」歷程中的研究者
從舊情況中得到新領悟（孔建昌，2003；Argyris, Putnam & Smith,
1989）。同時，教育行動研究之「行動」是有意圖、有方向、
有訊息資料為依據、有專業承諾的；其「研究」則是強調螺旋
式循環過程的一種：尋找→再尋找的歷程（蔡清田，2004）。
透過行動研究，研究者能在實踐知識中反思解決教育性的問
題（Henderson, 2000）；評估行動實施歷程及成效，反覆再修
正、再實施，最後解決問題（林素卿，2002；McNiff, Lomax &
Whitehead, 2001）。而唯有透過行動研究的歷程，才能以創新改
革方式來因應實務情境需求及困難、改善教學品質，將專業理論
及教學實務經驗，轉化／發酵成為有依據、有系統、有實際參考
價值的教育知能，亦使教育工作者獲得自我學習與專業成長（黃
娟娟，2009）。所以研究者認為，基於本研究的實際需要，採用

教育行動研究應該是最合宜的一種方式。

　　本研究之美感教育的課程規劃和實施採兩種方式：1.一系列的藝術活動；2.融入主題之美感體驗和創作。藝術活動每週進行一～二次，由教師視幼兒的能力、興趣和需求事先規劃；融入主題之美感教育則沒有固定的時間，活動內容也依主題之發展彈性實施。研究期程配合學年度，自101年9月到102年6月止，從確定研究方向和目的，蒐集相關資料、進行文獻探討。歷經了上、下學期兩階段的課程討論、規劃；執行、反思、對談、修正、成果發表和檢討，最後彙整、分析資料，撰寫研究報告。

　　美感教育之行動研究循環從預擬計畫→實踐→修正→再實施的歷程，呈現如下圖3-1。

二、協同研究者與研究場域

　　為求跳脫舊有思維、自我精進以提升專業，本研究由三位具有異質性的研究者協同進行。研究者黃，有博士學位，自小學習鋼琴和繪畫，曾為嘉大附小附幼之教師兼園長，現已退休，在本研究中負責提供諮詢和建議、進行現場觀察、分析資料、彙整報告；研究者林，幼研所畢，具備藝術專長、創意和興趣，曾於某幼兒園擔任藝術教師；吳老師對藝術有高度興趣，兼具幼教及特

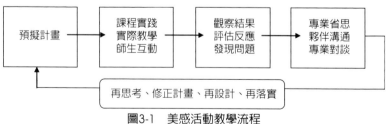

圖3-1　美感活動教學流程

232

教師資格，目前撰寫碩士論文中，在本研究期間與林老師為班級
搭檔，102學年才因家庭因素調往新北市。兩位教師共同規劃和
執行幼兒美感教育課程、撰寫教學紀錄、蒐集幼兒作品及家長回
饋；同時在行動中探究自己的教學思維、即時修正課程。三位研
究者隨時透過電話、e-mail、社交網站訊息及面談等多管道密切
聯繫，共同針對課程規畫和教學實務進行討論與分析；本研究蒐
集的資料則包括美感課程計畫、教學日誌、幼兒作品、教師省思
札記等等。

　　教育行動研究多以研究者工作的現場為研究場域，本研究
亦選定研究者任教的嘉大附小附幼無尾熊班（四歲組）為課程實
施對象，班上有28位幼兒（18男、10女），都未曾參加課後才藝
的音樂班或美術班，且其中26人是初次接受學前教育的校園新鮮
人。選定嘉大附幼為研究場域的另一個重要因素是：教學具高度
開放性、自編課程，學習主題擷取自生活題材與重要議題，再由
師生共同進行課程之發展，因此非常適合本研究之幼兒美感教育
課程的規劃→實施→修正或延伸→再實施等之研究行動歷程。

肆、研究結果與討論

　　蟬鳴，說著夏天的到來。又是一個新學期的開始。嶄新的班
級，嶄新的面容；孩子與家長們的臉上掛著興奮、緊張、期待以
及些許的惶恐表情。就這樣，我們帶著這一群孩子，從夏天的尾
巴開始，引導他們抓住每個美麗的時刻。

一、悠遊行～起腳──從自由探索「我的美感」開始

　　美不是在快、急與忙中產生，而是在從容、悠閒與優雅的

慢旋律中施展開……遊戲則能延展新課綱美感教育的視野（陳伯璋、盧美貴，2009）。

　　學期一開始，多少人會有新生症候群？分離焦慮會有多嚴重？我們無法預測。僅能嘗試將美麗事物無形變有形，讓幼兒能夠在「學校」這個沒有家人一直陪伴的場域，獲得一些心靈上的慰藉。

（一）審慎規畫，讓計畫能夠因應變化

　　初次入學的新鮮人滿懷著好奇，因此我們從五感體驗開始，規畫了一系列的藝術活動，希望吸引孩子掉進「玩」中學的情境裡，也期盼幼兒能從活動中享受藝術之美，開始探尋自己認定的美感，並呈現出來。

表4-1　美感教育課程規劃

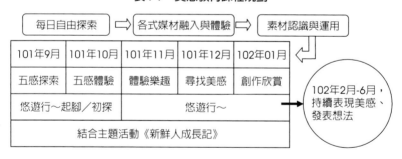

　　在學習環境的規劃方面，我們將藝術區緊臨水源以及建構區，希望打破學習區僵化的區隔，讓這群正好奇於探索世界的幼兒能夠更自由地與教材教具互動。教室空間如圖4-1：

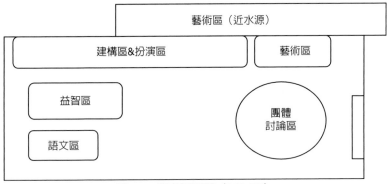

圖4-1　教室平面圖（101.09）

（二）課程，讓學習能符應幼兒與需求

　　如何引導幼兒嘗試更多元的探索？別忘了，幼兒天生就是愛探索，讀懂幼兒的心情和期盼，就能回應他們的需要。我們發現，教師的是相當重要的媒介，妥善引導就能適時吸引幼兒的目光，讓他們感受到使用感官去體驗和創造出美麗事物是有趣的，再點綴上幾絲教師具有的美感專長，師生就能徜徉在美的國度。

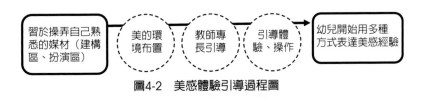

圖4-2　美感體驗引導過程圖

二、悠遊行～初探——從五感開始的美感經驗

圖4-3　美感體驗活動（五感）設計概念圖

　　小小新鮮人的美感體驗從自己出發，在實際的藝術活動過程與脈絡中，反覆碰觸、體驗後，觸覺與精細動作發展，也獲得美的感受。孩子的能力增進，開始用手照顧自己、用手玩遊戲、用手做作品，玩得開心，也讓分離焦慮的情緒有了紓解。以下，就初探期時的規劃及設計，作一思維及活動簡介。

（一）美感活動～設計思維

　　第一步，藉由美感教育的學習歷程，提昇學習成就感。這群小小新鮮人的舊經驗還不夠多，需要給予新經驗並引領走向新概念。

（二）美感活動～感官體驗：「觸覺」系列

　　美感體驗活動預定從五感的體驗出發，在思索該如何循序漸進時突然醒悟，手，是孩子每天都必須使用到的部位。就從最常使用的探索器官「手」開始，用手去體驗多元素材，也鼓勵孩子

加上自己的想法，呈現出有意義的藝術作品。

1.手好好玩

＊活動流程：討論手的樣貌→思考並說出手的功能→描繪自己的
手→加以裝飾完成藝術創作。

＊幼兒表現：廷把手變成小鳥、翰的手發出煙火……創意十足！
（1010913教學日誌）

2.手的拓印

＊活動流程：在手掌塗抹顏料拓印在圖畫紙上，裝飾成為葉子，
組合成一棵勇氣樹。

＊幼兒表現──藝術治療情緒：

新生有較多的分離焦慮及情緒問題，在手上塗抹顏料蓋印讓
幼兒感到新鮮有趣、心情得到舒緩，勇氣樹也讓孩子情緒有所寄
託。體驗美麗事物上一連串探索與體驗，我們也嘗試讓幼兒開始
合作──這讓藝術活動變得很好玩，因為他們開始互相交談、甚
至一起完成某樣作品。（1010914教學日誌）

3.手可以玩魔術！（刮畫）

＊活動流程：在紙上塗抹顏料→使用牙籤與新素材在塗滿顏料的
紙上隨意刮，創作出不同的驚喜。

＊幼兒表現：

孩子用手，很純粹的去玩藝術活動。沾顏料或是在畫紙上
用力塗抹，幼兒笑得很開心，也消除了初進校園的慌張和焦慮。
（1010921教學日誌）

＊教師省思：

今天的活動讓幼兒在藝術活動中，體驗、學習，也紓壓，更能漸漸把自己獨特的美感，用各種方式表現出來。

4.彩虹手印畫──手印，也可以這樣玩

＊活動流程：手指謠→觀察自己與他人的手→團討→創意手印畫
　　　　　　→作品賞析與分享

＊教師省思：

重複是幼兒學習的要要素之一，幼兒也甘於不斷重複他們喜愛的活動。今天的美感活動提供許多圖片，並運用資訊工具引導幼兒觀察，透過舊經驗與新經驗的連結去建構及刺激孩子們的想像力，並且體驗到手印畫不只是手指或手掌，要能活用手的各部位，如此也能增加精細動作的熟練及發展。

觸感的藝術活動漸進方式，如圖4-4所呈現：

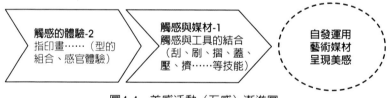

圖4-4　美感活動（五感）漸進圖

（三）美感活動～感官體驗：「聽覺」系列

除了觸覺，聽覺在美感領域中，是不可或缺的一大部分。因此我們設計一連串的音樂活動，融入幼兒的生活，不讓音樂只落在制式工具化的窠臼，而是讓幼兒有享受音樂的空間。有鑑於

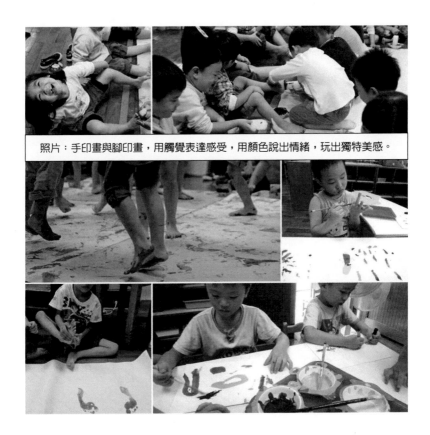

照片：手印畫與腳印畫，用觸覺表達感受，用顏色說出情緒，玩出獨特美感。

此，我們希望幼兒可以在有計畫的引導中運用聽覺及本體覺找尋美感，慢慢展現美的創作，並且在音樂國度中體驗音樂節奏×肢體動能的快樂感受。

　　另一方面，考量到音樂是抽象的、無形的，對先備經驗有限的幼兒來說較難以掌握，因此在相關的課程設計上，多透過故事營造／團體遊戲的情境，讓幼兒能很快融入音樂的世界，搭配肢體去感受不同的曲風和氛圍，以放鬆身心，抒發情緒，並學習適當表達自己的美感經驗。

1.節奏體驗

＊引起動機──要到魔法國去玩！

＊討論──需要什麼樣的交通工具？不同的交通工具行駛的速度
　之不同→以手鼓敲出屬於飛機的節奏、船的節奏、走路的節奏
　（快慢）。

＊主要活動流程：

（1）要到魔法國去囉！不同節奏代表不同的交通工具！並搭配
　　　肢體律動進行。

（2）認識響棒、鈴鼓以及沙鈴等不同的節奏樂器→用聽覺聽辨
　　　樂器的聲音→用肢體表現出來。

（3）統整活動：變變變。搭配音樂由快至慢的節奏，一直到
　　　停止。

＊幼兒表現：

　　從個別肢體變化到雙人合作，發現孩子喜歡舞動自己的身
體，但需要多一點的引導及激發，才會表現出更多的肢體語言。
（1010914教學日誌）

2.音律體驗──今天，音樂魔 法國有哪些好玩的呢？

（1）聆聽音樂：莫札特的小
　　　星星變奏曲。

（2）音階體驗：教師彈出音
　　　階高低，幼兒搭配肢體
　　　動作，音階越高小手往
　　　上爬，越低小手就往

聽覺遊戲　　身體律動
樂器體驗　　節奏感受

下……從坐著到站起來，配合肢體孩子也對聲音的高低更有概念。

（3）魔法樂器：配合精靈進行曲，分組使用響棒、鈴鼓以及沙鈴敲打節奏，先分奏，後合奏。

（4）魔法樂器：配合精靈進行曲，分組使用響棒、鈴鼓以及沙鈴敲打節奏，先分奏，後合奏。

3.樂器體驗

（1）引起動機：介紹響板、玩身體部位遊戲。

（2）主要活動：用身體各部位敲打節奏。

（3）延伸活動：口香糖黏哪裡？用綠色小布球當口香糖，配合節奏將小布球黏在老師所指定的身體部位。

　　然而，這只是一種階段，任何聲音都可以產生美感，樹梢被風吹動的聲音、枝頭上鳥兒唱歌的聲音，腳踩落葉的聲音……聽覺敏銳的幼兒們，若能引導去注意生活中的各種聲音，其美感之養成就更加自然、不刻意。

圖4-5　美感活動（聽覺）設計

三、悠遊行～漫遊──結合生活／主題的美感體驗

　　從五感中的視覺開始，結合觸覺／聽覺等其他感官，我們跟著主題，一樣從「手」開始探索，結合幼兒的興趣設計出一連串

美感活動體驗。幼兒因為摸得到、看得到，其興趣有增不減。此外，在學習區～藝術區中，除了保留基本的藝術媒材，也每隔幾天就放入不同的素材；但……要依序加入什麼呢？幼兒能力的增加和創作慾望，正是提醒教師即時增加素材的訊號。我們也結合幼兒生活中的經驗與機會協助蒐集媒材，像：飲食──蛤蠣殼的蒐集任務、遊戲──大自然素材的蒐集、及節慶應景物品等等，適時將生活中的點滴和美感活動導入美感教育。學習區素材之轉化，如圖4-6所示：

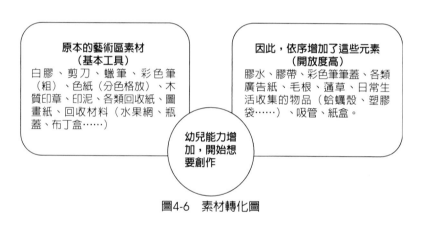

圖4-6　素材轉化圖

（一）美感活動～課程設計思維

　　在美感探索的過程中，教師更需要不斷觀察幼兒表現及興趣以符應其所需。但在「需要」中，也必須有著教師鷹架幼兒的預擬「計畫」，並帶領幼兒真實的去做，才能適時發揮最好的互學及支持力量。

（二）美感活動～彩虹手系列（主題活動）

1.彩虹手與小柚子（結合生活節慶）

＊主要活動流程：認識輕質土→練習運用各種搓揉技巧進行捏塑
　→作品欣賞

＊教師省思：

　　配合中秋節的活動練習捏塑的技能，一整天的活動都以柚子為主軸，從看到、觸摸、聞嗅到品嘗柚子，再試著把柚子的形狀捏塑出來，發現五感體驗的經驗使孩子能能舉一反三、很快聚焦，在捏塑形狀時也更有概念。（1010928教學日誌）

2.小柚子上學記～拼貼畫（結合生活經驗）

＊主要活動流程：

（1）討論與發表：認識彩虹手的朋友們，我們發現彩虹手可以和腳踏車、沙子、書、玩具、黏貼（作品）等做朋友，不但好玩，而且讓手愈來愈厲害呢！

（2）分組創作：以小柚子上學為題，將學習活動，如：畫日記圖、玩玩具、跑步、吃點心等等，在PP瓦楞板上以白色蠟筆畫出輪廓，再以柚子皮和蓪草黏貼做創作。

（3）小組作品欣賞與發表

＊教師省思：【玩藝術，提升秩序感】

　　今天的藝術活動延續中秋的小柚子，也讓孩子回顧自己的學校生活，來學校的第一件事、接著有哪些學習活動？並依序把該完成的事情用貼畫方式圖像化，也提升孩子的語文經驗。（1011001教學日誌）

3.當畢卡索遇上彩虹手（結合新經驗）

＊設計思維：為拓展幼兒的美感素養，藉由圖畫書和影片向幼兒介紹藝術大師～畢卡索，同時設計相關的創作活動，讓幼兒學習用更創意發想的方式表達意念。

＊主要活動流程：討論基本圖形之組合變化→尋找教室內有固定形狀的物品→大家將蒐集的圖形物品排列於地板上，隨意組合→全班共同檢視是否組合出類似某物的形狀→重複組合與蒐集（玩創意）→拍照留念。

（三）美感活動～聖誕系列（結合生活節慶）

　　聖誕節是充滿愛和歡樂聲音的節日，除了人們的歡笑聲、聖誕歌曲的樂音，還有裝飾上或拉雪撬的麋鹿身上常見的聖誕鈴噹搖晃時發出的清脆聲響。我們也掌握了聖誕節的氣氛，設計下列兩個音樂活動，但實際進行教學的時間則更長。

1.聽見／體驗音樂

＊主要活動流程：

（1）韻文兒歌→體驗不同樂器的敲打方式

（2）運用各種節奏樂器一起演奏聖誕音樂→單排獨奏、多排輪奏

（3）聖誕舞：扭動身體跳舞，運用全身去感受、表現樂曲的快樂感受。

2.叮叮噹噹小碰鐘

＊主要活動流程：

（1）練習敲擊碰鐘→操作鈴鼓、響板、碰鐘等節奏樂器

（2）聽辨樂器→樂器合奏→即興分擔奏

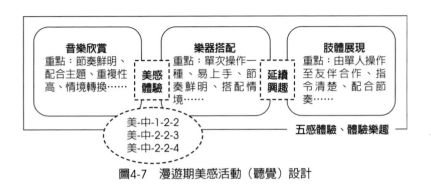

圖4-7　漫遊期美感活動（聽覺）設計

（四）美感漫遊中的五感統合

　　看見幼兒的成長，我們確信，美感活動不只是用手做、也包括了肢體／音樂／視覺等的統合體驗。更是充滿動能性與感動性的「感性直觀→智性認知→行為實踐→文化發展」歷程（陳伯璋、盧美貴，2009）。在此階段的音樂活動中，我們明顯的將肢體展演及其他搭配音樂的遊戲加入，讓五感學習更加平衡。

　　有關藝術美感的節慶、校園以及音樂活動製圖呈現，與新課綱學力指標對照如下：

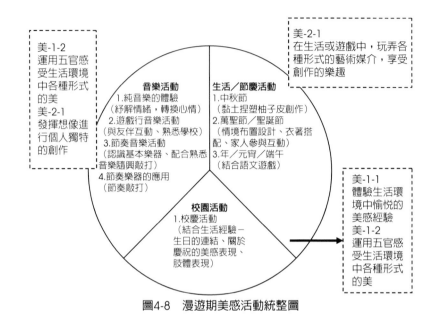

美-1-2
運用五官感
受生活環境
中各種形式
的美
美-2-1
發揮想像進
行個人獨特
的創作

美-2-1
在生活或遊戲中，玩弄各
種形式的藝術媒介，享受
創作的樂趣

音樂活動
1.純音樂的體驗
（紓解情緒，轉換心情）
2.遊戲行音樂活動
（與友伴互動、熟悉學校）
3.節奏音樂活動
（認識基本樂器、配合熟悉
音樂隨興敲打）
4.節奏樂器的應用
（節奏敲打）

生活／節慶活動
1.中秋節
（黏土捏塑柚子皮創作）
2.萬聖節／聖誕節
（情境布置設計、衣著搭
配、家人參與互動）
3.年／元宵／端午
（結合語文遊戲）

校園活動
1.校慶活動
（結合生活經驗－
生日的連結、關於
慶祝的美感表現、
肢體表現）

美-1-1
體驗生活環
境中愉悅的
美感經驗
美-1-2
運用五官感
受生活環境
中各種形式
的美

圖4-8　漫遊期美感活動統整圖

大自然素材

各類素材的運用，帶幼兒
一起去找尋素材及可利用
的素材，增強學習動力！

多元方式
體驗美感

（五）漫遊後～美感形成

從「氛圍」而言，節慶與藝術活動最容易結合。因著節慶的社會文化氛圍，幼兒的藝術視野變廣了，理解到藝術不僅是制式的繪圖，而是可以與大自然、家庭／校園生活和社會文化做多元的結合。美感活動漫遊行的形成脈絡，以圖示呈現如下：

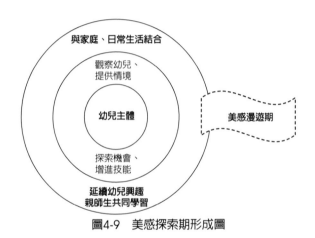

圖4-9　美感探索期形成圖

四、悠遊行～嬉遊─融入主題的美感體驗

統整課程之實施是新課綱推廣中的重點，本研究之幼兒美感教育也盡量延伸自班級正在進行的主題，從日常生活取材。加上有趣的圖畫書、樂曲和肢體動作，讓幼兒在自己感興趣的素材中體驗各種美感，並等待適合的表達時機。

（一）融入主題的美感經驗～視覺藝術之嬉遊

藉由操作、體驗，從舊經驗延續新經驗，增加技巧變化與新

工具的使用。以下為嬉遊期所發展之主要活動簡介。

1.無尾熊家的線條組曲

＊經驗回顧：回顧《絲絲的畫》故事中看見的各種線條。如：直
　線、曲線、波浪等。

＊主要活動流程：

（1）示範運用蠟筆、畫出配置與各種線條的變化

（2）說明排筆與廣告顏料的使用

（3）個別創作：用蠟筆在圖畫紙上自由畫、變化與配置各種線
　　　條→使用排筆在圖畫紙刷上廣告顏料→放至外陽台晾乾

＊幼兒表現：

　　「延續孩子舊經驗，再增添新經驗」是這兩次教學設計的共同
重點，所以在熟悉蠟筆線條畫的基本線條後，今天大家都能自由地
在八開大的圖畫紙創作，成果都相當好呢！（1011004教學日誌）

2.小小設計師

＊主要活動流程

（1）團體討論：孩子們決定無尾熊家要有三個房間，每個房間
　　　都需要有清楚的標誌—招牌，老師建議招牌應該有具體形
　　　狀，並把字放進去。

（2）分組創作設計圖→設計圖之分享與發表→修正

＊幼兒表現：

　　亮亮眼書房是最有創意的組別，從亮亮眼魚、亮亮眼公主、
亮亮眼大書，孩子們都有自己的創意唷。（1011012教學日誌）

＊教師省思：

　　四～五足歲的孩子好奇心強，許多事情都喜歡直接用感官進

行嘗試。藉由今天的招牌設計活動讓幼兒學習到，很多事情需要先想一想再做，而不是貿然行動，希望孩子可以先經過思考、觀察，進而選擇適和的方式呈現出來。

3.我的健康肚子

＊新課綱學力指標：美-中-2-2-1

　　了解基礎的視覺工具和素材的操作方式，發揮想像，以個人獨特的方式進行創作。

＊主要活動流程

（1）引起動機：以green master,go away一書討論營養食物與垃圾食物之分別→說明營養食物的種類（六大類）及其價值，鼓勵幼兒多嘗試。

（2）發展活動：我的健康肚子。運用幼兒已經接觸過的剪、捏、撕技巧，製作各種創意蔬果，並請幼兒畫出自畫像，組裝成健康娃娃。

＊教師省思：

　　【健康肚子X玩藝術】為了能使接下來的工作更加順利，進行工作分析，將步驟更細部化，也發現能力較弱的孩子也較能理解。（1011022教學日誌）

4、牙齒啊牙齒

＊新課綱學力指標：美-中-3-2-1

　　欣賞自我或他人的視覺創作後，能依個人的感覺或偏好，描述作品中的內容或特色

＊主要活動流程

（1）繪本分享：小恐龍拔牙記

（2）認識牙齒寶寶：簡單的認識牙齒構造
（3）小醫生來幫忙：觀察牙齒模型→用黏土捏出牙齒、拉出牙根→幫小恐龍種牙齒。

＊教師省思：【從有趣的事物開始】

　　為提高孩子學習動機，先用紙箱製作了一隻大恐龍，並且結合藝術與創造力的概念，讓孩子發覺廢棄素材可以做出有趣的物品。之後，初步認識牙齒的樣貌，用黏土捏塑出牙齒及牙根，幫忙小恐龍裝上牙齒。實際操作過的經驗比口述討論的印象來得更深刻，也更容易理解。（1011105教學日誌）

5.彩色泡泡畫

＊新課綱學力指標：美-中-2-2-2

　　操作基礎的視覺工具和素材，進行有意識的創作，表現出偏好的人、事、物

＊主要活動流程

（1）引起動機：唸手指謠→複習洗手步驟——濕、搓、沖、捧、擦。
（2）從洗手步驟帶入活動，幼兒分組將手上搓出之泡泡搜集在大盆子內→在泡泡內加入深淺同色之顏料，讓幼兒用手進行攪拌。一手捧一種顏色的泡泡，再將兩手合在一起搓揉，看看會跑出甚麼顏色？

幫忙種牙齒

兩種顏色的泡泡混混看

黏土捏牙根

搓泡泡囉

＊教師省思：【當生活經驗碰上藝術】

　　今天的泡泡畫結合洗手步驟、方法和時機，也滿足了孩子想恣意玩水及泡泡的願望。活動中，孩子們發揮團體合作的精神，努力蒐集泡泡到盆子裡面，若因為喜歡玩泡泡而沒有努力蒐集泡泡，就會受到友伴的提醒☺。第一次玩，單純的把混色活動加入泡泡畫中，藍色加黃色變成綠色泡泡，藍色加紅色變成紫色泡泡，魔術般的混色變化讓幼兒體驗到混色的神奇，對於顏色的深淺也有更進一步的認識！（1011112教學日誌）

（二）融入主題的美感經驗～聽覺藝術之嬉遊

　　延伸自主題探索內容的音樂活動，可以有哪些美感的體驗呢？我們希望藉由聆聽樂曲、敲打節奏樂器、配合音樂舞動肢體等活動，幼兒可以感受到不同曲風的樂曲，學習說出對不同音樂的感受，也在肢體展演中恣意地舞動、抒發情感，激發出獨特的美感火花！以下呈現的為下學期的主題「魚躍熊門」的美感活動。

1.大白鯊來囉！

＊主要活動流程

（1）引起動機：閉眼聆聽並感受音樂→說出對音樂的感受——
　　　像魚在游、像下雨……

（2）律動：under the sea。幼兒扮演不同的魚類（小丑魚、魟魚、鯊魚、飛魚）舞動身體。

（3）樂器演奏：配合節奏敲擊樂器（鈴鼓、手搖鈴、三角鐵、碰鐘、響棒、沙鈴）→配合指揮及樂曲（poyo）進行分奏及合奏。

（4）肢體律動：大白鯊來囉！小魚（幼兒）隨著樂曲任意遊走，音樂暫停時必須躲到岩石中（呼拉圈）；呼拉圈量數會越來越少，幼兒必須敏捷反應以免被大白鯊（教師）捕食。

2.百變魚兒

＊主要活動流程

（1）引起動機：聆聽音樂「波妞」→發表自己的感覺。

（2）塑膠袋樂器：利用塑膠袋的特性搭配音樂玩節奏，幼兒發現了許多讓塑膠袋發出不同聲音的方法，如：揉、扯、拉……

（3）利用身體肢體與塑膠袋做結合，再配合音樂玩遊戲。

（4）百變魚兒水裡游：隨著音樂節奏，利用塑膠袋的特性變換出不同魚的樣貌，如：手舉高揮舞塑膠袋→飛魚，塑膠袋裝滿空氣→河豚……等，舞出魚游百態。

（5）分享經驗，說出自己的感受。

而五感也是我們一直希望讓幼兒去體驗美感的媒介，從小小新鮮人到探索魚的秘密「魚躍熊門」，美感的觸發檔主題活動中開始有脈絡及痕跡出現，以下研究者也將此些脈絡整理成表格，並對照新課綱之學習能力指標去檢視課程是否有不足或是可再規畫的部分。

表4-2　延伸自主題的藝術活動v.s能力指標對照表

主題延伸 活動摘要	美感活動的融入	幼兒表現 ／教師評析	學習能力 指標對照
＊小金魚兒 1.欣賞《小金魚兒》繪本 2.設計小金魚兒的家	1.經驗建構：繪本內容的視覺場景。 2.經驗轉化：根據自己的想法設計出屬於金魚的家。 3.技法：繪畫／細節	中班下學期開始使用黑色簽字筆，可細膩的表達自己的想法，構思整個版面的構圖，或是加上細節。	美-2-2 美-中-2-2-5 發揮豐富的想像，運用各種形式的藝術媒介，以個人獨特的方式，進行表現與創作
＊五花八門，尾鰭秀 1.《小米奇的新尾巴》自製故事欣賞與討論 2.魚尾鰭的秘密 3.魚尾鰭體驗律動遊戲 4.「美人魚」律動	1.經驗建構：以自製素材讓認知與美感活動結合。 2.經驗轉化：根據媒材終於的形象去做模仿及創作。 3.技法：肢體／創作	以自創繪本敘說、扮演以及體驗遊戲的方式詮釋傳達概念－魚尾鰭。 生動、簡單、有趣的方式，讓幼兒轉化自己的美感經驗做統整性的學習。	美-1-2 美-中-1-2-2 透過感官探索生活周遭事物的美，並覺察其間的變化
＊會動的魚 1.思考如何讓魚動？ 2.提供新素材「雙腳釘」 3.製作完成後，魚兒在綠色軟墊（水草）上快樂地遊戲。可試著加入魚的尾巴功能。 4.歌曲：魚兒水中游	1.經驗建構：在主題活動終將魚類知識不斷轉化，用藝術創作讓幼兒體驗 2.經驗轉化：從結合性工具去做聯想，引出新工具 3.技法：創作／表達	延續魚的身體和尾鰭經驗，使用新素材製作「會動的魚」。孩子從平面繪圖的經驗，進一步思考「怎麼讓魚動」；清楚的工作分析和說明，有助於孩子理解。	美-2-1 在生活或遊戲中，玩弄各種形式的藝術媒介，享受創作的樂趣
＊創意葉子魚 在戶外撿拾各種大自然的素材，孩子們拼出一隻又一隻創意的葉子魚。			美-1-1 以好奇心探索生活周遭事物的美，並產生愉悅的感覺 美-2-1 在生活或遊戲中，玩弄各種形式的藝術媒介，享受創作的樂趣

＊魚兒家設計圖票選以團討的方式讓幼兒表達出對學習區改造的想法，並鼓勵畫出自己的設計圖			美-2-2 美-中-2-2-1 發揮豐富的想像，運用各種形式的藝術媒介，以個人獨特的方式，進行表現與創作。 美-3-2 欣賞各種形式的藝術創作或展演活動，並回應個人的感覺與偏好
圖書區（海裡的洞）	走廊區（海底隧道）	藝術區（藝術大海）	建構區（亞馬遜河）

大自然的親密接觸

五、悠遊行～轉折——問題與改善：給予機會善用創開展能力

小小新鮮人懷抱著無比的好奇心和探索慾望進到幼兒園，初期的美感體驗大多是由教師設計好並直接給予，幼兒只要接受引導去操作即可，這樣的方式對教師而言方便且易掌握。但是，有些從未接觸過繪畫的孩子缺乏嘗試的勇氣，而且隨著幼兒各方面的成長和藝術能力的開展。從研究中發現，幼兒慢慢地從無約束、無目的之探索轉變成有任務性質的美感體驗，並開始運用他們所建構的概念、所習得的技能去解決問題。這令我們醒悟到，必須讓美感經驗與主題之學習活動密切接軌，同時也應該釋放更多的創作機會給幼兒。

（一）踏出困難的第一步～破除觀望和遲疑

教育行動研究最有趣的地方，就是在行動和研究交織的過程中教師得以嘗試新的觀念和做法、解決所面臨的現場問題。教學不可能一直順利地照著計劃走，在本研究的過程中，我們遭遇的第一個大問題就是幼兒的學習態度。無論老師如何鼓勵，總是會有幾位幼兒不想參與美感藝術活動。他們的反應是：我不想、我不要做、我不會。

1.我不想、我不要做

不是每個孩子都喜歡「主動」去「接觸」或是「表現」對美的感受。

因應策略：付出耐心——用很長的時間觀察並陪伴；結合學習區活動讓幼兒自由探索。例如：喜歡建構積木的幼兒，讓他

設計一座建築表現他的美感；喜歡友伴的人，請好朋友與他共同完成一件任務（如：用任何素材畫／建構出自己和好朋友的圖像）；喜歡大自然的孩子，帶他去幫忙蒐集天然素材、撿樹枝、踩落葉，這也就是因材施教的精髓。

2.我不會

在鷹架幼兒的過程中，幾位興趣缺缺或前經驗不足的幼兒開始出現「我不會，老師幫我」這樣的「口頭禪」和依賴性。

因應策略：給學習的機會。在學習區中放置一些基本的體驗素材，讓友伴帶領著他去探索；請家長配合在家提供體驗機會；給予較大的關注和協助；肯定其說出「不會」是好的反應，因為它意味著「我想要學會」。

（二）如何讓想法聚焦～團討的拋問

主題之進行常需要大量的討論，大家一起表達想法、找出重要的議題來進行探究。鼓勵幼兒腦力激盪的結果，他們不斷分享自己的想法，不擔心講錯答案——因為原本就沒有標準答案。所以「如何將美感教育與主題密切融合」這一大難題，就從「那麼，可以怎麼做？」的發想開始，透過持續的引導，師生共同進行課程的萌發。但是，無數多天馬行空的意見，如何聚焦、如何抉擇，又是新的挑戰。

圖4-10即為本研究藝術創思之引導策略：

一起製作的可愛的團討板

拋問題，給任務	澄清／檢視	分組進行創思	選擇→動工
1.接受幼兒天馬行空的想法 2.寫／畫下幼兒的意見	1.協助再次澄清觀點 2.檢視幼兒答案，逐步聚焦	1.依任務分成異質／同質小組 2.引導小組討論，決定設計	1.選擇合宜素材 2.分組創作活動（教師適時協助）

圖4-10　藝術活動引導策略

＊問題紀錄與解決思維：

　　要將教室變身是延伸自主題的、非單一的藝術創作活動，也是一項大工程。因為是整體課程中的一部分，幼兒們帶著從主題中所建構的相關概念來進行美感的活動時，豐富的學習經驗就像一座寶藏，支持著孩子們對於所要創作的東西提出更多、更深入的意見。而他們迫不及待的分享又引發更多的創意發想，加上曾經接觸過各種素材、應用過多種的基本技巧，因此所提出的點子都令人驚艷。不過要在討論的過程裡，有效率的彙整龐雜的想法、幫助幼兒聚焦，也是頭痛的問題。於是，我們討論出藝術創思的引導策略，在保留幼兒創意的同時，更聚焦於美感的呈現和體驗。

（三）脫隊的孩子～個別輔導策略

　　當教師觀察到幼兒們對於美感探索活動確實抱持著高度的興趣，同時檢視著自己的教學與新課綱學習能力指標之間的關係時，猛然發現到以往單一設計的美感體驗活動因結構性低，開放度相對高，即使有幼兒因技能上不夠熟練，只要有表現的意願，在教師協助下都能完成工作任務。

　　但是，當我們進入「嬉遊」──延伸自主題的美感體驗階段，希望幼兒能在美感活動中綜合表現出自己的思考、創作等能

力時，部分幼兒開始慌亂。太多的想法在他們腦中萌發，但自己卻無法決定要從哪裡開始或該如何著手。種種現象都顯示出孩子需要個別輔導與介入。從觀察中教師發現，孩子的困難大致可歸類為四大部分：步驟不清、技能不熟、不擅表達自己需求、不理解活動內涵。而其中，最為關鍵、也是最急需被解決的是～不理解活動內涵，因為技能和表達的困難可以從做中學，而步驟也可以在實際工作時由老師或友伴協助引導。幼兒的困難釐清過程如下圖4-11。

圖4-11　個別問題釐清過程

幼兒在美感教育的學習中遇到困難，關鍵可能在於不理解活動的內涵與意義，然而，問題是出在幼兒的理解力、思考力抑或是專注力呢？我們結合各方面的力量實踐三個策略：

策略一：伴隨語言的說明，以更細的步驟引導幼兒觀察、理解與思考；

策略二：鼓勵幼兒間的同儕合作；

策略三：研究者與夥伴教師之間的專業對談。

圖4-12所呈現的，就是研究者與夥伴教師針對幼兒學習上的困難進行專業對談，擬定解決問題的脈絡。

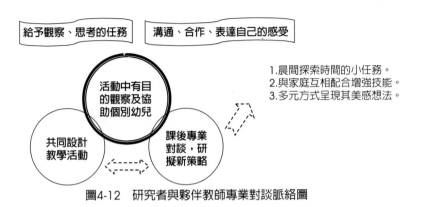

圖4-12　研究者與夥伴教師專業對談脈絡圖

　　三項策略的擬定之後，一連串的「問題解決」行動展開了（如圖4-13）。短時間之內研究者就發現部分因為學習有困難或先備知識不足的幼兒開始出現改變。友伴間的互相支持、教師的適度引導均產生了鷹架的力量，而能力較好的幼兒也獲得增強及熟練的機會，「個別差異過大」的問題也逐漸縮小。我們也發現，教師不宜直接介入，而是藉由情境與素材的提供、給予練習機會、同儕支持，就能有效解決問題。

圖4-13　美感活動問題解決與策略應用圖

六、悠遊行之收穫滿行囊～幼兒的改變與進步

　　小小新鮮人的美感悠遊行，從起腳、初探、漫遊到嬉遊，在美感教育的伴隨下，孩子們轉瞬間欣然融入團體，不哭、不鬧，享受與友伴手牽手在校園中四處探索的樂趣，也從更多的藝術媒材體驗中飛快成長，愉快的度過在幼兒園的第一年。

（一）悠遊～行腳與初探期的收穫

　　體驗，用身體感官去驗證──從無目的的「探索」，到有計畫的「體驗」。

　　改變：從探索到體驗，開始學習解決問題

　　我們看見了……

　　在此階段，我們設計讓幼兒可以盡情的、不受拘束探索的美感體驗活動，再依序提供基本／進階的素材。除了引導幼兒表現自己的感受之外，也可以藉由校園活動、音樂活動、抑或是拓展到社區的探索，去欣賞進而用各種方式去表現出自己對事物的美感。若以新課綱學習能力指標來檢視幼兒在美感經驗中的成長，對照如下表4-3：

表4-3　新課綱學習能力指標與活動對照表（一）

課程目標	重要概念	活動設計及策略說明	幼兒表現	活動對照
美-1-1 體驗生活環境中愉悅的美感經驗	能自主選擇及體驗	·設計時有意強調態度，目的是提醒老師創造情境或機會，協助幼兒去主動體驗。	良好。 藉由教師引導以及學習區的情境創造，幼兒開始能主動體驗藝術活動。	不間斷的晨間自由探索時間。

美-1-2 運用五官 感受生活 環境中各 種形式的 美	能辨識和 描述出細 節及變化	·生活環境的事物的差 異：要能會分辨細節， 要能描述得出來，包括 色彩、形體、質地、聲 音（大小聲、節奏）、 感官及情緒經驗。 ·應用生活經驗中吸取到 的經驗，重複在遊戲 中。	良好。 幼兒能主動交談，並表達 自己喜愛的顏色或是活動 中的感受。	「手」系列 的 藝 術 活 動。 結合日常生 活動。 試著親身蒐 集材料。
美-2-1 發揮想像 進行個人 獨特的創 作	能自主選 擇及發揮	·這個目標是一種態度、 一種習慣、一種行為， 無階段性（年齡）的差 別。	良好。 對創作相當感興趣。	不間斷的晨 間自由探索 時間。

（二）悠遊～漫遊與嬉遊期的收穫

改變：轉化，讓舊經驗順暢地連結新經驗

改變V.S收穫：主題開始與美感活動緊密結合。

我們看見了……

上學期，我們依照教師思維，有計畫地引導幼兒開放感官去探索及覺察生活中關於美的事物。自由探索自己的美感後，幼兒們更躍躍欲試想要更深入、更廣的學習內容。身為鷹架者，教師努力讓美感教育順暢地融入於整個主題之中。從主題「新鮮人成長記」開始進行的，一連串美感體驗和創作實錄中，我們發現幼兒已建構符合年齡的美感領域相關能力。在下學期，幼兒們在藝術區的時間愈來愈長，在友伴互動的支持下，每天都有意見交流後完成的創意作品——從平面的繪畫，到摺紙，到後來開始做立體的組裝，或是會將其與樂器做結合。尤其在嬉遊階段，美感教育的活動已完全融入主題探究之中，主題「魚」躍熊門的創意發想更能讓幼兒於統整課程中學習，並展現出個人獨一無二的創意

與美感，然而這些都只是美感活動足跡中的一小部分。最好的美感教育，應該融入生活（許芳菊，2006）。**學齡前幼兒的美感教育應該與整個生活相聯結，讓幼兒從生活週遭的人事物吸取更多養分，「美感」才能不著痕跡地活在孩子身上。**

　　幼兒之表現和進步，正是引領教師繼續設計課程方向的基準，我們也發現在不斷地檢視自己課程設計的當下，發現了活動設計上的迷思，得以適時調整並給予幼兒鷹架的支持。為檢視教師所設計的活動適不適合幼兒，看清課程的走向與脈絡，我們運用表4-4將美感教育課程與新課綱美感學習能力指標對照呈現。

表4-4　新課綱學習能力指標與活動對照表（二）

課程目標	重要概念	活動設計及策略說明	幼兒表現程度	活動對照
美-2-2 運用各種形式的藝術媒介進行創作	・依據藝術媒材的特性選擇及運用 ・依想法創作	・創作：會依自己的想法添加素材，完成想要的東西，不一定是新的或獨特的。 ・藝術媒介：以自發即興、直覺表達及非正式的創作為主。 ・運用各種形式：以基礎操作的方式使用日常基本的工具或素材，進步到熟悉老師所提供的各種（不同）工具或素材的特殊性並能選擇運用。	良好。 從基本技能的藝術活動進入到主題時間去轉化自己的能力，教師藉機設計過程評量，進行幼兒美感表現之觀察。發現幼兒不只能應用先前所習得之美感經驗，還能在友伴間進行交談討論出更有創意的想法，並嘗試著去執行。	不間斷的晨間自由探索時間／「新鮮人成長記」主題活動的融合
美-3-1 樂於接觸多元的藝術創作，回應個人的感受	有看法的回應（描述）	・回應個人感受：幼兒以表情、動作或口語的方式直覺地表現自己的偏好	良好。提供幼兒間許多互相欣賞及回饋的機會。初期練習分享自己的想法；後期可以欣賞他人的作品，並嘗試說出自己的感受。	主題活動分享時間／藝術活動回饋時間／音樂活動體驗。

（三）悠遊～家人的感受，互學的大力量。（回饋與親子學習單）

小宥回家後常提起校園生活的樂趣，觀賞班網時非常開心，對於
藝術活動特別有興趣，謝謝老師的用心……。

……好喜歡孩子們葉子魚的創作，感謝老師設計這樣的課程，讓
孩子感知自然界的美，有華德福的FU……。

家長回應

每次陪小浩完成學習單時，他總有源源不絕的想法，要謝謝
老師在學校設計了這麼多有趣的課程，讓小浩學到了很多，也樂
在其中！

小昱最近對畫圖超感興趣，畫風也有些改變，開始會有整張完整的構圖，顏色也搭配的越來越協調，感謝老師們的指導，讓小昱更加成長。

小裕以前最常畫的就是車子，形狀都差不多，不過自從接觸魚之後，在家裡就開始畫許多不同形狀的魚，就連畫車子時的形狀也都會話不一樣喔！

七、悠遊行之再出發～大寶貝美感教育之預擬活動

　　無尾熊班的幼兒升上大班之後，我們希望美感體驗也能晉級。因為幼兒的精細動作發展以更趨成熟，觀察事物的能力也更強。所以在未來美感教育的活動規劃中，我們將賦予素材更細膩的表情、更鮮活的生命。表4-5所呈現的就是大班上學期初預擬的美感體驗活動。

表4-5　大班上學期初預擬美感體驗活動

藝術活動	活動評量主軸	指標對應
黑筆動一動 ＊教師思維： 以人事時地物去引導，結合簡單的素材（黑色簽字筆、圖畫紙）。 ＊活動脈絡 請幼兒選定一個角色，進行下列思考後再作畫： 1.他在哪裡？在做什麼？ 2.附近可能還有什麼？	1.此活動主要是觀察幼兒對於細膩的生活有沒有感受力，並不給任何侷限讓他們去呈現。 2.觀察對於黑筆的運用如何。	美-1-2 運用五官感受生活環境中各種形式的美。 美-2-1 發揮想像進行個人獨特的創作。
顏色動一動 ＊教師思維： 以簡單的紅藍黃綠去做組合，分組以不同素材呈現。 ＊活動脈絡 1.組別一：繽紛面具。 2.組別二：玻璃彩繪。 3.組別三：粘土創作。	1.主要看對顏色的喜愛及感知力，有人喜歡單一顏色，有人喜愛多種顏色。 2.觀察幼兒對於混色的概念。 3.觀察幼兒對不同素材的應用及選擇。	美-2-1 發揮想像進行個人獨特的創作。 美-2-2 運用各種形式的藝術媒介進行創作。 美-3-1 樂於接觸多元的藝術創作，回應個人的感受。
好玩柚子皮 ＊教師思維： 結合節慶／創造力。 ＊活動脈絡 選擇切成各種形狀的柚子皮，並在黏貼紙上做聯想	1.創意的表現是否獨特？相似與否不是主要的重點。 2.觀察幼兒解決問題及替代素材的能力。	美-2-1 發揮想像進行個人獨特的創作。 美-2-2 運用各種形式的藝術媒介進行創作。

伍、悠遊行的終結印象～代結論

　　最好的美感教育，應該融入生活（許芳菊，2006）。**學齡前幼兒的美感教育應該與整個生活相聯結，讓幼兒從生活週遭的人事物吸取更多養分，「美感」才能不著痕跡地活在孩子身上。**

一、開放視野，發現「美」無處不在

　　小小新鮮人為期一年的悠遊行，隨著本研究的結束走到暫停

點。但是幼兒用心學習的笑顏、全面而飛快成長的腳步，在在激勵著教師繼續引導幼兒悠遊於美感的世界。是以研究者也預擬了大班開學後的探索行程，期望能融合視覺藝術、音樂和戲劇等元素，協助幼兒獲得更豐富的美感經驗。在本研究中，我們從「**預擬計畫→課程與教學實踐→發現問題→省思及專業回饋**」這個重複循環的行動研究過程，落實了幼兒美感教育，也獲得彌足珍貴卻很容易在教保現場實施的研究成果。

101學年度的上學期，研究者憑藉教師思維，有計畫地引導幼兒開啟感官去探索及覺察生活中關於美的事物；自由探索自己的美感後，發現幼兒們更躍躍欲試想要更多元的、更多原創機會的學習內容。因此從主題「新鮮人成長記」開始，教師隨時負起鷹架角色，努力讓美感教育順暢地融入於整個主題之中。而根據一連串美感體驗和創作實錄（教學日誌、幼兒作品檔案），我們發現幼兒多已建構符合年齡的美感能力。到了下學期，幼兒們在藝術區的時間愈來愈長，尤其在友伴互動的支持下，每天都有共同製作出的創意作品──從平面的繪畫、到摺紙，到後來進入立體的組裝，或是將作品與樂器結合。尤其在本研究的嬉遊階段，美感教育的活動已完全融入主題探究之中，主題「魚」躍熊門的創意發想更讓幼兒學習到美感教育於統整課程中的多元面貌，因而得以展現出個人獨一無二的創意與美感。然而這些都只是美感活動足跡中的一小部分，團體或小組討論時幼兒互相支持的言語、快樂執行任務的身影，也說明了「**美感與創作**」，不一定是要幼兒「**畫**」或是「**做出什麼**」具體成果，只要把心中所思所想表達出來並試著去嘗試，就是最美的創作。

二、遊戲，讓「美感」之嬉遊更豐富有趣

視教學為遊戲，師生得以在悠遊的互動氣氛中親近地對話，獲得新視野的美感經驗，並藉由再參與的歷程重新建構新經驗（陳伯璋、盧美貴，2009）。在本研究的教學歷程中，我們將遊戲思維融入於美感教育的每個環節，讓幼兒的美感體驗和創意都富含不同的趣味，例如：彩色泡泡畫活動中，以搓泡泡方式玩混色遊戲；設法讓紙製的魚尾鰭「動」起來。尤其是抽象的、無形的音樂，對先備經驗有限的幼兒來說較難以掌握，因此在音樂的活動規劃上，研究者多透過故事營造情境，再結合遊戲和肢體動作讓幼兒能很快融入音樂的世界，感受到不同的曲風和氛圍。得以放鬆身心，抒發情緒，並學習用各種聲音適當回應自己的美感經驗。

三、打破迷思，獲致專業成長

美，不該只是看得見的、流於形式的表象，而應該是發自內心的，能以繪畫、雕塑、音樂、舞蹈、詩歌等等不同之藝術管道來傳達的深層感動；幼兒的美感教育，更不僅是流於「手做」作品──那只是表現方式之一。回顧整個研究過程，研究者設法在審慎的評估與細膩規劃之環環相扣中研發出合宜的美感教育課程，並在課程實施中隨時留意幼兒所傳達出的訊息，用心檢視自己的教學鷹架，因而得以擦亮研究者的「美麗之眼」，看到個人在美感教育上的盲點，對新課綱中的美感教育也獲得更深入的理解。誠如陳美如（2006，66頁）所言：「教師作為課程實踐的靈魂人物，需要有思考、有自己的理解、詮釋與判斷，否則就沒有能力作選擇與判斷。」教師的專業成長是永不停歇的旅程，本研

究雖已結束，但是隨著新學期的開始，一段嶄新的幼兒美感教育
旅程才剛要展開。

參考書目

一、中文部分

孔建昌（2003）。我們的那堂兒童美術課：校外教師團體專業成長經驗
　　與意涵。未出版碩士論文，國立臺北師範學院藝術與藝術教育研究
　　所，台北市。

四季藝術兒童教育機構（2007）。談幼兒藝術教育。線上檢索日期：
　　2007年4月6日，網址：http://www.seasonart.org/art%20museum/talk%20
　　art.htm

幼兒園教保活動與課程大綱研編小組（2011）。幼兒園教保活動與課程
　　大綱（暫定版）。教育部國教司委託研究報告。

吳宜蓁（2005）。台北市幼稚園藝術教育現況調查。未出版碩士論文，
　　國立屏東教育大學幼兒教育學系碩士班，屏東縣。

李瑞娥（2007）。幼兒創造性學習理論與實務。台北：揚智。

林文生（2002）。轉化與發展。載於國立教育資料館主辦「現代教育論
　　壇：菜單VS.食譜：數理領域在學校本位課程之實踐」研討會論文
　　集（頁11-22）。國立台北師範學院：台北。

林素卿（2002）。教師行動研究導論。高雄，復文。

倪鳴香、幸曼玲、馬祖琳、簡淑真（2012）。幼托整合後幼兒園教保活
　　動與課程大綱。教育部國民教育司委託研究報告。

教育部（2012a）。教育部101、102年度施政方針。台北：教育部全球資
　　訊網。線上檢索日期：2012年03月4日。網址：ww.edu.tw/secretary/
　　content.aspx?site_content_sn=905

教育部（2012b）。幼兒園教保活動與課程暫行大綱。中華民國101年10
　　月5日頒布，線上檢索日期：2012年11月24日。網址：http://www.ece.
　　moe.edu.tw

許芳菊（2006）美感教育健全身心，啟發創造力2006.11教育特刊，天下
　　雜誌，台北。

陳伯璋、盧美貴（2009）「慢」與「美」共舞的課程—幼兒園新課綱
　　「美感」內涵領域探源，兒童與教育研究，5，1-22。

陳佩正（2000）。從「心」教學──行動研究與教師專業成長。台北：
　　心理。

陳美如（2006）。教師與課程。教育研究月刊，143，112-115。

陳惠邦（1998）。教育行動研究。台北，師大書苑。

陳築萱（2007）。美術館親子觀眾互動模式與美感經驗之關聯性研究
　　──以台北市立美術館2006-2007年典藏常設展為例。未出版碩士
　　論文，國立新竹教育大學美勞教育研究所，新竹。

游家政（2005）。國中校長的轉型課程領導。北縣教育，54，16-20。

黃娟娟（2009）。蛻變～幼教師課程轉型與專業成長之行動研究。2009
　　幼兒健康照顧與教育學術研討會論文集（頁86-98）。彰化：中州
　　技術學院。

黃娟娟、楊淑朱（2009）。幼兒創造力表現之研究。幼兒教師創造力提
　　昇及創新教學論文集，6，76-95。

楊國賜（2009）。我國幼兒園教保活動與課程大綱評介。幼兒教師創造
　　力提昇及創新教學論文集，6，6-10。

詹棟樑（2005）。教師的專業倫理與專業精神。教育研究月刊，132，
　　11-19。

漢寶德（2004）。漢寶德談美。台北：聯經。

甄曉蘭（1995）。合作行動研究：進行教育研究的另一種方式。國立嘉
　　義師範學院學報，9，297-318。

管淑華（2003）。藝術與人文領域課程設計與實施之研究。未出版碩士
　　論文，國立台北師範學院課程與教學研究所，台北。

趙惠玲（2004）。後現代藝術教育思潮：視覺文化藝術教育。台灣教
　　育，628，14-22。

劉千美（2001）。差異與實踐：當代藝術哲學研究。台北縣：立緒。

劉豐榮（1991）。艾斯納藝術教育思想研究。台北：水牛。

蔡清田（2004）。課程發展行動研究。台北：五南。

謝攸青（2006）。後現代藝術教育理論建構與實例設計。嘉義：濤石。

簡楚瑛（2004）。方案課程之理論與實務——兼談義大利瑞吉歐學前教育系統。台北：文景。

蘇振明（2000）。啟發孩子的美術潛能。臺北：光佑。

二、英文部分

Argyris, C., Putnam, R., & Smith, D. M.（1989）。行動科學——實踐中的探究（夏林清、鄭村祺譯）。台北：張老師。（原著出版於1985）

Henderson, J. G.（2000）。反思教學——成為一位探究的教育者（李慕華譯）。台北：心理。（原著出版於1997）。

Howard Gardner（2000）。學習的紀律。（魯燕萍譯）。台北：台灣商務。（原著出版於1999）。

Jean McNiff, Pamela Lomax, Jack Whitehead（2001）。行動研究：生活實踐家的研究錦囊（吳芝儀總校閱）。嘉義市：濤石文化。（原著出版於1996）。

M. krechevsky（2001）。光譜計畫：幼兒教育評量手冊（梁雲霞譯）。臺北：心理。（原著出版於1991）。

剛柔並濟的賞味：
性別教育繪本圖像之內容分析
——以《紅公雞》和《海馬先生》為例

洪珠淑

樹德科技大學兒童與家庭服務研究所研究生

郭洪國雄

樹德科技大學人類性學研究所助理教授

摘要

　　繪本是幼兒最早、也是最容易接觸到的藝術作品，尤其隱藏在繪本圖像內容線索中的意義與趣味，更是培養幼兒視覺美感及審美的基本經驗。藉由透過繪本這項「藝術媒介」，結合剛硬批判的「性別」議題與柔性感人的「美感」教育，讓幼兒能在美感教育的薰陶下，同時又潛移默化地傳遞性別概念，來建構幼兒多元文化的的性別觀，以達到寓教於樂的目的。本研究採用內容分析之「文本分析法」和「比較研究法」，選取《紅公雞》和《海馬先生》二本繪本為例，針對圖像內容之藝術性與性別意涵進行深入剖析和意義詮釋，將單一向度概念擴充為多元層面，以敏銳意識知覺，發掘精微之異同，藉以獲得文本傳遞豐富的訊息意涵；並由分析結果獲得啟示、提出建議，以作為碩士論文之前導研究。

關鍵詞：繪本、圖像、視覺美感、性別教育

壹、研究動機

　　圖畫書是兒童的精神食糧，而圖畫書中的插畫通常是孩子最早，也是最容易接觸的藝術作品，欣賞圖畫書可說是「藝術上的啟蒙教育」，它是「永不關門的家庭美術館」（徐素霞，2001）。圖畫書中的手繪插畫是畫家將「純粹藝術」的美感特質，結合「美術設計」的傳達原理，配合文章內容所製作的「有條件、有目的的繪畫」。好的優良圖畫書，並不因為是給小孩看的，形式就過於簡單粗略；相反的，因為兒童早期的視覺經驗將影響其一生的美感發展，更應於角色造形、構想、色彩運用、情境內容上善加教育美學考量。兒童美感發展應該從小來深根教育，因此為兒童慎選風格多元和表現技法洽當的圖畫書是非常重要的。

　　蘇振明（2001）談到「圖像是一種視覺符號，也是一種心靈語言」。美術教育是統合視覺、圖像與美感思維的應用科學，透過圖像符號的感知與分析，可以達成人與人之間的理解、溝通和關懷，進而促進社會文化的的發展。而郝廣才（2006）認為社會如果充斥著圖盲，那麼要達到「美」的境界，就還有很深的鴻溝要跨越。因此許多為孩子挑選繪本的大人若對繪本有錯誤的觀念和荒唐的解釋，更會誤導被帶讀的孩子，無法發現圖畫書中的美好趣味。然而目前繪本導讀對圖的閱讀能力普遍低落，造成在討論繪本時只談到每本書內容的「意義」，而沒有能力探討「技藝」，實為可惜。所以方法、技法是真正的關鍵，有用對方法才能深入，有深入才能了解技法運用的巧思，發掘到層層豐富的意義。郝廣才（2006）相信讀好書的孩子們，可以從書中找到生命

的能量；在人生路途上，若遇到種種的困擾與挫折時，那些能量可以帶領他們跨過難關，迎向未來。

　　繪本中的圖像是一種很好的介入媒介，幼兒對圖畫的興趣比文字來的高，因為圖畫能比文字做更多的內容詮釋，尤其是文字無法表達的感覺或難以形容的部份，都能透過圖像清楚具體的呈現出來，因此在學校的教學與輔導上，較常作為讀書輔導的重要媒介。而繪本是以圖像為主，可以克服幼童文字認知上的障礙，對於孩子在刺激學習上，不只是美感經驗的滿足，更是助於想像力的發揮和邏輯思考的建立。Perry Nodelman（2010）提出：「圖像的辨識，就某個程度而言，是靠後天而來學習的一種能力，它不只會影響我們對於圖文關係的瞭解，也會影響之後我們對於圖畫書與其所預期的讀者之間關係的瞭解。」由於繪本淺顯易懂，提供了幼兒一個想像的世界，因此從圖像出發學習如何看懂一本圖畫書，發現隱藏在圖像線索中的意義與趣味，一方面對語文能力不佳或是文字抽象概念不甚理解的兒童接受度很大，另一方面更可以達到寓教於樂的目的。可見圖畫書對幼兒有著無比的吸引力，更可從中培養視覺美感及審美的基本經驗，具有無遠弗屆的深遠影響。

　　然而在早期兒童讀物中，存在著許多性別刻板印象，從人格特質、家務分工、休閒活動、職業志向，或外在形貌的描繪中都可隨處可見。隨著時代的變遷，有些繪本作家（巴貝柯爾、安東尼‧布朗、提利.戴爾飛等）開始關注到性別議題，在書中謹慎地詮釋，並賦予兩性新面貌，王子不見得都很勇敢，公主也可以很有主見，可以決定自己的幸福，顛覆了性別刻板印象。如何讓幼兒在美感教育的薰陶下，同時又潛移默化地傳遞性別概念，建構幼兒多元文化的的性別觀？圖畫書是一個很好的媒介，藉由透

過性別教育繪本圖像的賞析，搭起剛硬的「性別」議題與柔性的「美感」教育橋樑，此為筆者欲研究之動機。

貳、幼兒繪本之探討

　　科技日益進步，現在多數學童每天接觸電腦、電視，甚至手機的時間幾乎都超過二小時，孩子們習慣在聲光效果十足的多媒體媒材下來獲得知識，反而減少了閱讀紙本書籍的時間。洪蘭（2001）曾說過：「增加智慧，看書還是唯一的方式；當孩子打開一本書時，你就替他打開了一個世界。」因此，閱讀除了可以豐富知識經驗外，還能刺激大腦的神經、增加神經突觸，更能提升語言溝通和閱讀理解能力。而繪本（Picture Books），也是俗稱的圖畫書，內容多以適合幼兒、兒童閱讀為取向，是一種專為兒童設計的說故事形式，也是孩童起步閱讀所接觸的「第一種文字」；目的在於啟迪孩童潛能的發展，促進孩童多元智能的學習力。以下就繪本的定義、特性、教育功能來說明：

一、繪本的定義

　　一般人很容易把有插畫的書（illustrated books）也歸類為繪本，其實不然，帶有插畫的書是以圖畫來豐富文字內容，讀者大多閱讀技巧較為成熟；但繪本強調頁面中文字與圖畫彼此間融合、協調的關係，在圖畫中陳述內容，專為閱讀能力尚未流暢的小讀者製作。近年來，繪本的運用已引起廣大的迴響，許多學者也致力研究於此，提出各自的看法，並分別下了定義，分述如表1：

表1　繪本的定義

學者	年代	繪本的定義
林敏宜	2000	一種以圖畫為主，文字為輔，甚至是完全沒有文字、全是圖畫的書籍，特別強調視覺傳達的效果。
蘇振明	2001	幼兒繪本是以圖畫表現主題的書，適宜學童觀賞與閱讀，屬於「狹義的圖畫書」。
何三本	2003	圖畫書是用圖畫來表現故事內容的，幼兒透過閱讀圖畫，就可以直接進入故事的情境中，不需要由他人來轉述。
林美琴	2009	以豐富的圖像訊息來傳遞意涵。
林真美	2010	透過文字和圖像的互相依存，再加上翻頁效果，而被完整設計出來的書，逐漸成為一個跨世代的溝通媒介。
谷本成剛 灰島佳里	2011	繪本裡有圖、有字，讀者以兒童為主，為了取悅觀眾而產生。

　　綜合以上學者對繪本的定義，可看出圖畫在繪本中扮演的角色是十分重要的，不僅要能清楚呈現故事內容的主旨，甚至還可以取代文字的表達，來彌補文字所不足之處。由於繪本是結合文字與圖畫的藝術品，透過讀者不同的生活經驗，就會產生不同的共鳴。因此，藉由繪本共讀，搭起成人和孩童心靈溝通的橋樑，將故事的中心思想潛移默化地傳遞孩子，是一種適合各種年齡層且閱讀都不會感受到壓力的書籍。

二、繪本的特性

　　一本優質的繪本可以帶領讀者透過文字及圖像兩種媒介來構築想像的世界，應具有某些特性，分述如下（引自林敏宜，2000）：

（一）兒童性

　　兒童性是指專為學齡或學齡前的孩子所設計的，因此，在

文字方面，要淺顯易懂、符合孩子的發展階段及興趣需求，結合他們日常生活週遭直接經驗有關的事物；在插畫方面，要運用趣味、鮮明、具體的造型特質及豐富的色彩，並配合孩子視覺心理的發展，來滿足他們好奇和愛探索的童心，以提升學習的興趣。

（二）藝術性

藝術性包含了文字及插畫的美感與意義的表現，因此，在文字方面著重修辭，以想像、押韻、重覆等敘述技巧，使用優美且適合孩子程度的文字、語言進行創作；在插畫部分，繪者必須配合文章內容製作「有條件、有目的」的繪畫。

（三）教育性

教育性是指兒童藉由閱讀圖畫書而使個人在認知、人格、道德、生活等各方面獲得成長。兒童閱讀繪本除了獲得豐富的知識，擴展生活經驗外；更重要的是，在成長的過程中難免會經歷一些情緒困擾，透過故事中的情境、主角的人格特質，甚至解決問題的經過，提供兒童替代性經驗、取得學習楷模，藉由認同的過程得到紓解，進一步學會自我接納、提升道德正義感，並培養良好生活習慣及正向的生活態度。

（四）傳達性

繪本是兼具語文與視覺傳達的文學作品，隨著作者與插畫家精心策畫，以生動的文字解說搭配有趣的圖像描繪，讓故事更具有整體感、連續性、節奏感與動態感，擁有「書中有畫，畫中有話」的傳達效果。

（五）趣味性

為因應兒童的專注力仍無法長時間集中，因此繪本內容必須富趣味性才能吸引孩子的目光，包括文字間的幽默感、圖畫中的遊戲性以及整體版面的設計與安排，都要使兒童能參與沉醉於書中，持續產生閱讀的意願。尤其繪本中文字「重複」的表現方式更可以促進幼兒大腦發育，「重複」使孩子記住故事內容，還會讓孩子對這些故事產生可預測的興趣。

綜合上述繪本的特性發現，優質的兒童繪本必需考量孩子的發展能力，透過言簡意賅的文字和視覺藝術的圖像來描繪出具體和抽象的概念與內涵；吸引孩子在故事中看到所隱含的圖象符號，激起兒童主動閱讀的動機，以獲得樂趣和成就，更進一步擴大他的知覺經驗。

三、繪本的教育功能

國內歷年來與繪本相關的學術論文不下四百篇，其間有半數以上歸到教育類（陳素杏，2009），驗證繪本已普遍運用於輔導、教學、親子共讀以及自助閱讀的情境中（郭洪國雄，2010），由此可看出繪本在教育上廣泛的應用，以及潛藏的教育意涵。而繪本在教育上所具備的功能彙集諸位學者看法（黃迺毓，1995；林真美，1996；陳娟娟，1997；鄭瑞菁，1999；陳美姿，2000；林敏宜，2000），整理如下：

（一）社會化功能

社會化是指兒童透過觀察模仿，學習與人相處及社會互動

的行為模式。許多孩子無法直接獲得的生活經驗，透過繪本的媒介，可以間接讓孩子瞭解與體會。閱讀繪本不僅能和書中的主角、情境做認同，也會和自己的生活環境及經驗來聯結，尤其書中主角的行為和態度，往往被兒童視為社會接受與否的指標。

（二）增加認知學習功能

繪本的內容包羅萬象，猶如百科全書般，提供各種觀察性、思考性與感受性的認知學習經驗。尤其繪本大多以親子共讀的方式進行，一方面父母朗讀故事過程中不僅增加孩童的詞彙；另一方面，在親子問答互動間也提升兒童溝通與表達的語文能力。

（三）品德培養功能

繪本的內容主旨常蘊含一些啟示或是道德觀念的判斷，教導孩童明辨是非善惡，培養正確的為人處事態度。尤其運用故事中動人的情節取代訓誡責備，讓孩童在自己的日常生活及行為上有所省思領悟，較被孩子所接受，對於兒童道德品行可達到潛移默化的功能。

（四）美感娛樂功能

繪本版面設計精美、情節生動有趣、插畫細膩具美感，能取代文字冗長枯燥的教科書。透過閱讀能使兒童將自己化身在各種角色之中，彷彿進入故事的情境之中，跟著情節起伏感同身受，讓孩童的想像力與創造力得以發揮，進而產生學習遷移的效果，達到寓教於樂的功能。

（五）情緒抒發功能

繪本涵蓋的議題十分廣闊，如家暴、性騷擾、性侵害、離異家庭、性教育、同性戀等平時較不堪啟齒的內容，透過故事情節討論，在現實生活中找到一個出口；尤其許多不善表達的孩童，能從情節發展或角色的投射獲得認同、找到安慰，得以抒解情緒所帶來的困擾。

綜合上述發現，繪本的功能涵蓋多元且廣泛，在教育上具有著極大的功能。運用繪本來教學不僅適用於各個年齡層，尤其對於語文能力較弱、生活經驗較少且注意力較短暫的幼兒，更是有顯著的效果。而現代幼兒平日常接觸的除了電視媒體卡通外，兒童讀物可說是生活不可缺少的「好夥伴」。兒童讀物所呈現的男女性別角色會影響兒童性別角色態度與行為的形成（張湘君，1996）。利用繪本為教學媒介，一方面提供孩童學習尊重多元的性別特質、消除性別刻板印象的機會，以建立正確的性別觀念；另一方面，更可以輔助幼童透過繪本圖像的鑑賞，陶養其美感能力，以達到潛移默化的教育價值。

參、性別教育繪本之意涵

傳統社會文化下既存的性別角色刻板印象，對男女行為要求不盡相同的雙重標準，限制個人的興趣、能力、行為、性向和價值觀的發展與成長，以致於壓抑了個人潛能的發展，也或許掩沒了另一個「吳季剛」、「古又文」的出現。2010年10月16日馬總統特別邀請十歲就買布給娃娃做衣服的旅美時裝設計師吳季剛，暢談讓孩子從小就培養自由創作及追求夢想的重要性，其中馬總

統治國週記中（中華民國總統府，2013）提到：「台灣要培養更多的吳季剛，可能還需要更多吳季剛的媽媽；父母的鼓勵能讓孩子有勇氣做自己想要做的事情，才能為夢想負責，也讓台灣的創意得以在西方激烈競爭的環境下出人頭地。」正如同在《威廉的洋娃娃》繪本中，爸爸最後尊重威廉的喜好，開心地選擇自己喜歡的玩具～洋娃娃；因此，如何創造一個尊重性別差異的社會，讓每個幼兒長大後都能「做自己」，自在的表現出他的男性和女性特質，是所有親師共同努力的目標。以下就性別平等教育意涵和性別教育繪本來探討：

一、性別平等教育意涵

性別平等教育（gender equity education）中的性別（gender）不僅包括了生理性的差異，更涵蓋了社會制度、文化觀念所建構出的性別概念；而平等（equity）意指公平、無私、公正的對待不同屬性的個體，除了維護人權的基本尊嚴外，更有著尊重差異、包容異己的社會對待。許多學者也各自提出對性別平等教育意涵的看法，分述如表2：

表2　性別平等教育的意涵

學者	年代	性別平等教育的意涵
謝臥龍	1997	讓受教者在學習歷程中能檢視並解構自我潛在的性別歧視意識與迷思，認知性別生理、心理以及社會層面的異同，建構性別適性發展與相互尊重的新文化，始能落實性別平等教育的真諦。
張玨、王舒芸	1997	包括兩個概念，一為呈現與尊重多元化；二為在教學內容與教學歷程中，反省、反映並探討男女性別生活體驗的經驗差異，破除性別不平等的現象，才能建構符合多元文化教育精神的性別平等教育。

蘇芊玲	1998	應該具有兩層意義：第一層意義是用生物學的觀點來論斷或誇大差異的謬誤予以破除；第二層意義是要檢視由後天文化所造成的性別不平等，探究其成因、居心及造成的傷害，然後加以匡正及重建。
郭維哲	2002	是一種基於人權平等的理念，希望透過教育的歷程，檢視生活中的性別迷思以促使性別的相互瞭解，能夠包容多元的差異現象，並擁有均等的潛能開發機會，進而學習培養相互尊重、欣賞，以建構理性和諧的人文社會。
陳秀萍	2006	是在生活環境與情境中提供男性和女性公平而適當的學習機會；經由教育的歷程，讓學習者瞭解不同性別的差異，去除性別偏見與歧視；培養個人尊重多元與差異之性別態度，建構社會平等、和諧之性別關係。

綜合上述學者們對性別平等教育意義的詮釋，均認為透過教育的歷程可以讓學習者省思傳統社會文化造成的性別刻板印象及偏見，進而去除自身潛在的性別歧視與迷思。更重要，無論是父母或是老師來施教，都是影響兒童性別平等觀念形成的重要他人；因此，培養施教者正確的性別平等觀念以及提供幼兒性別平等的讀物，才能真正實質地促進社會平等的性別地位。

二、性別教育繪本

Barbara Smith（蔡春美譯，2007）提出社會學習理論派學者認為幼兒獲得性別認同的過程是來自於社會環境、文化認同以及角色模範的影響。社會文化環境包括個體生活周遭的環境，如男女廁所的象徵標誌、以有名望的男人之名命名的街道或建築物等；角色模範有真人的角色模範（父母和老師）以及象徵的角色模範（電視、電影、廣告及書籍），尤其大部分的性別認同是來自於象徵的角色模範。顯示了社會文化是重要兒童性別發展的影

響因素，也說明了大眾媒體（電視卡通、電影戲劇、廣告、新聞及圖畫書）若蘊藏性別刻板印象，也會成為兒童直接學習的知識。而閱讀圖畫書不僅可以跟自己的生活環境及經驗來聯結，更能和書中的情節發展或角色的投射獲得認同，尤其書中主角的行為和態度，更是兒童模仿學習的對象。根據陳怡如（2003）的研究中發現若要讓兒童學習正確的性別觀念，教學者及家長們應多安排兒童接觸非性別角色刻板印象的圖畫書，為正確之選擇及作法。因此家長、老師們在為孩子選擇看的、聽的、玩的教材上必須謹慎把關以及詮釋解讀，才不會成為性別刻板印象複製的工廠。

　　其次，Kohlberg的理論也明確指出認知能力在性別發展上的影響力；因此，兒童的認知能力程度的高低會影響其對性別相關訊息的解讀與建構。基於繪本具有社會化、增加認知學習、品德培養、娛樂、情緒抒發等教育功能，尤其圖畫書裡的世界無奇不有，五花八門的內容不但擴展兒童的視野，也影響了兒童對現實世界的認知（張湘君，1998）。倘若父母或師長藉由繪本引導兒童共讀賞析，不但可以提升其認知學習能力，進而更能激起對性別平權意識的反思與實踐。

　　再者，Bem（1974）認為性別基模從幼兒時期開始形成，兒童會根據性別基模來評價文化與社會信念對性別的差別待遇，以發展符合他或她的行為表現、態度及其個人特質。倘若文化製造大量的兩性有別的刻板印象，而個體也會順應社會文化對角色的期待去從事該有的行為。因此，越是用性別基模去覺知社會文化外在世界與自我概念的人往往也是較具有性別刻板化的人（劉秀娟、林明寬譯，1996）。而兒童在性別刻板的文化下成長，其性別基模化的程度就會提高，不由自主就會習得性別刻板印象（晏

涵文，2011）。在討論性別平等教育議題，不能脫離社會文化分析的其他面向，應將性別的視野增廣至整體社會文化脈動的層次，析解性別教育繪本內的文字與圖像所表達之明示或隱含的意涵，提供導讀者讓兒童消除偏見、去基模化，才能避免性別角色刻板印象的訊息被儲存增強。

　　有鑒於此，提供幼兒正確的性別平等訊息及適當的學習楷模是很重要的。尤其在社會學習論所提到幼兒不僅藉由觀察與他們互動的同儕和成人楷模而學習，也會從閱讀故事和看電視中學習性別角色。相較閱讀書籍比觀看電視益處來得多，繪本涵蓋的性別議題十分廣闊，無論是故事中的情境、主角的人格特質，甚至實踐理想的經過，都可以提供兒童替代性經驗、取得學習楷模，是一項非常適宜解構性別刻板印象的介入媒材。

　　目前相關性別教育繪本來源大致為國立台東大學兒童文學研究所林文寶教授提供的有關兩性平等讀物書單、教育部所推薦選擇性別平等教育優良讀物100兒童版（2001年選出，2009年增修）以及2009年8月至12月女書店承辦教育部「98年度性別平等優良讀物增修計畫」選出的讀物。隨著時代變遷、觀念革新，性別議題的廣度也隨之拓展許多；增修了以往比較避諱的「同性戀」及「跨性別」等涉及性別認同及多元性別特質的主題讀物；也融合社會議題，突破傳統習俗的藩籬，在多元種族、族群文化的議題上檢視階級與性別的關係；以及其他性別教育子議題，如突破職業的性別刻板方面、改變社會結構的行動參與、討論多元家庭型態、身體自主權及性騷擾、性侵害防治和不同性別的情感互動都有其繪本題材。而筆者針對《紅公雞》和《海馬先生》兩本繪本來進行分析詮釋，以作為碩士論文之前導研究。

肆、研究方法

　　由於圖畫書的文本內容屬於較為穩定、一致的類型，將圖像、文字羅列相對照，可視為文本選擇和組織的「再脈絡化」；評析「再脈絡化」的文字符號，得以萃取出其所表徵之隱含或明示的性別意涵，裨益瞭解我國性別教育發展的紋路（詹寶菁，2006）。而文本分析是從作品分析逐漸發展演變過來的，作品分析比較侷限在內文中的語句、結構等所建構的意涵，此意涵必須透過對作品有所專研的人才能予以釋放（夏春祥，2000）。就本質而言，文本分析是將一文學作品拆解，觀察分析歸納其部分之間是如何拼湊組合而成，而詮釋是將與某些知識傳統相連的價值應用到文本之中。所以，文本分析所要分析的不僅僅只是某種形式存在的作品，它同時包含了詮釋的過程，並且對其中所蘊含的關係進行分析探究（陳雍正，2006）。Fairclough（1995）認為文本具有互文性（intertextuality），也就是社會之成品植基於社會脈絡，並蘊含社會意義，分析文本即能將語言和意識型態的關係詮釋出來。Jensen & Jankowski更指出文本的內容必須被視為「一個具有意義的整體」，因此分析就像其他解讀行為一樣，必然涉及詮釋的動作，因此直接以「文本分析」來稱呼質化的內容分析（唐維敏譯，1996）。

　　語言思考很快，常常會漏掉許多細節；但如果用圖像思考，那畫面就豐富多了。平滑的表面留不住水滴，單調的圖象留不住記憶；唯有細節的累積，再配合總體的構圖，才能產生深刻的感動。好的繪本會在圖像中隱含許多訊息，一方面激發讀者的想像，讓讀者的眼睛隨著圖滲透到故事的核心；另一方面，激發孩

子好奇的天性來養成圖像思考的習慣，培植他的觀察力（郝廣才，2006）。

桑達克曾說：「一張插畫是文本的一種放大，一種詮釋，讓孩子更容易理解文字的意涵。」繪本的故事並不只是靠文字來敘述，而是由插畫和文字的組合來共同表達。繪本中的插畫就像一座橋，連接著文字內容和讀者的心。而插畫大致上有兩種畫法：一種是直接而理性將文字內容畫面畫出來；另一種是寫形於外、寫意於內，來闡釋文字的意涵。也對應了Jane Doonan（2006，宋珮譯）指出圖畫有兩種基本的傳達方式，一為指涉（denotation），即一目瞭然地呈現某樣東西的圖畫，不需要靠精確的寫實技巧即可直接明確指出；二為示意（exemplification），意思是當圖像需要表達抽象的意念、狀況、想法等無法直接說明的東西時，無論是據實描繪或用暗示的手法呈現，都可以藉著圖畫本身的質地與包含的物件顯示出來。

因此，本研究採用「文本分析法」和「比較研究法」，選取《紅公雞》和《海馬先生》二本繪本，針對圖像內容之藝術性與性別意涵進行深入剖析和意義詮釋，將單一向度概念擴充為多元層面，並以敏銳意識知覺，發掘精微之異同，藉以獲得文本傳遞豐富的訊息意涵。

伍、分析結果

一、繪本簡介

表3　《紅公雞》和《海馬先生》的繪本簡介

	《紅公雞》	《海馬先生》
作者	文／王蘭　圖／張哲銘（本土創作作品）	文圖／艾瑞・卡爾　翻譯／柯倩華（翻譯國外作品）
挑選來源	性別平等教育優良讀物100兒童版	98年度性別平等優良讀物增修計畫
內容情節	一早紅公雞散步時，撿回了一顆白蛋，母雞沒空幫忙照顧，請他放回原處。紅公雞回到原來的地方，等待蛋主人的出現；卻遇見一隻大蛇，讓他覺得太危險。於是，紅公雞決定自己來孵這顆蛋。紅公雞忍不住好奇的猜想孵出來的寶寶到底長什麼模樣，當小雞孵出來後，紅公雞驚喜萬分；從此紅公雞和小雞就形影不離了。	是一個訴說著海洋世界中奶爸們的故事……。海馬太太將卵產在海馬先生肚子的育兒袋裡。海馬先生幫忙帶著卵，在大海裡悠閒的游泳！不久，他遇見了好多和他一樣用心的爸爸，例如：刺魚、吳郭魚、鉤魚、海龍、鯰魚等等。他們都各自擁有特殊獨到的技巧保護著心愛的卵，耐心的等待小寶寶的出生……。
故事類型	故事類，以行進式的情節來鋪陳，發展衝突製造高潮，呈現故事主題。	故事兼具知識類，情節簡單並同時傳達海底各種魚類生物特質及偽裝、擬態、保護色的科學事實。
媒材運用	油性粉蠟筆塗底，用竹籤刮出線條、花紋，勾勒出物件的律動感。	彩繪拼貼裁剪出海馬造型，並巧妙地運用透明片來添增躲在暗處有毒魚種的威脅感。
視點運用	採用不同的角度來呈現情節所需的氛圍，增加故事的說明性。	以肉眼直視角度呈現，畫面單純，平鋪直述。

色彩基調	底圖為橘黃色基調，以鮮紅色來凸顯公雞雄赳赳、氣昂昂的氣勢。	底圖為白色基調，以明亮繽紛的色彩來表示海馬愉快、健康的身體狀態。
版面構圖	以圖像為主，排版設計較多變化。	以圖像為主，跨頁畫面呈現。
主題概念	性別角色、生命教育	性別角色、海洋教育

二、圖像文本分析

（一）《紅公雞》

表4　《紅公雞》圖像文本分析

頁數	圖像內容分析	
1、2	公雞的鮮紅與草地的翠綠成對比，搭配誇大的遠近構圖，而主角紅公雞竟可以看到遠處的小白蛋，顯示主角擁有觀察細膩的特質。	
3、4	紅公雞身體成弧狀，顯示紅公雞繞著小白蛋產生狐疑，與文字文本「這是誰家的蛋？」相呼應。	
5、6	紅公雞擬人化，踮著腳尖苦苦哀求母雞幫忙，而母雞的表情充滿不屑、嘲笑的態度來回應紅公雞；尤其中間那道輸蛋管道，更呈現性別兩元化的意象，將男女工作區隔；更存在著尊卑上下、討好不屑的天秤意象之分。	

7、8	紅公雞抱著白蛋的背影渺小而模糊，顯得孤單無助；而在另一角大蛇卻是形象清晰，且虎視眈眈的望著紅公雞他們；尤其圖中那道傾斜的欄柱更顯得紅公雞處境充滿危險，隨時有不祥的事情發生。	
9、10	兩方眼神堅定、互相瞠目怒視，直線條往下顯示大蛇急速地撲向紅公雞；不過紅公雞身上發出白光，似乎有股反抗邪惡力量的意味。	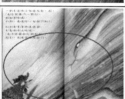
11、12	紅公雞擬人般的雙手交叉於胸前，眼神堅定的注視這顆蛋，似半橢圓形的窗口，平衡了整張畫面，而紅公雞背後的樓梯，一直延伸直達二樓的雞窩，似乎說明了牠想自己孵蛋的決心。	
13、14	畫面安排這些農場裡的朋友和讀者一樣由俯視的角度觀看紅公雞，俯視也可以解釋成被關心的意思，彷彿媽媽看著抱在懷中的小嬰兒一樣，代表紅公雞是受到關注的。但右方母雞的表情及誇大的肢體動作似乎在嘲笑紅公雞，認為牠不可能辦的到；而紅公雞本身的顏色比其他幾頁來得偏橘色一些，可能有著剛決定自己孵蛋時，因無法得到他人的支持而顯得失去自信。再者，畫面空間構圖扭曲不符合技巧，也代表著公雞孵蛋是件荒謬、不合常理的事。	

15、16	四隻母雞很熱心的幫助紅公雞（母雞的態度與上一頁有明顯的對比），使得紅公雞可以放鬆心情（紅公雞顏色與上一頁比較確實又鮮豔了一點）；就像女人屆臨生產，男人若在身旁幫忙，可讓待產婦較不會焦慮不安，只是讓性別對調而已。且紅公雞的手指交接，一方面顯示牠的手足無措；另一方面，紅公雞也流露出柔弱無助的陰柔特質。	
17、18	原本在桌上空的紅色花瓶，在上一頁被母雞插上了新鮮的花朵，顯現出紅公雞孵蛋即將瓜熟蒂落，也期盼新生命的到來；而另一方面，紅公雞下方紊亂的毛線則代表牠對寶寶的模樣感到不安。紅公雞疲憊不堪的身軀，映對著窗外灰白的半弦月，也讓紅公雞必須獨自完成孵蛋工作的辛勞及孤寂感表露無遺。	
19、20	想像不安的事情在夢裡發生了，貓頭鷹、大蛇、鱷魚和恐龍，這些兇猛可怕的動物通通從蛋殼裡蹦出；而整個畫面用連頁的方式放大呈現，四周又飄落著黑色的短線條，像是上圖紊亂的毛線段，也代表紅公雞的驚慌恐懼。	
21、22	紅公雞牽著恐龍寶寶散步，讓畫面下方母雞們四處逃命、小豬及鴨子們張大嘴巴；尤其黃嘴的鴨子更像極了孟克的畫作〝吶喊〞，顯現出農場朋友們的害怕。對紅公雞而言，辛苦孵化出的孩子竟是一隻大恐龍，雖然不悅也得接受，點出了紅公雞的無奈。	

23、24	畫面80%都被紅公雞佔據，彷彿就像走近到主角身旁，紅公雞的羽毛像光芒地呈放射狀，代表對孵出的小雞感到萬分驚喜。畫面中只有蛋和小雞沒有做刮線顯得樸素，與公雞誇張表情相對稱，用以襯托、凸顯迎接新生命的喜悅。尤其小雞破殼而出，更讓紅公雞的情感帶至高潮；因此，本張圖像也使用在封面。	
25、26	翠綠色草地襯托出鮮紅色的公雞、太陽鵝黃色的光暈也散開在紅公雞身上；而小雞與紅公雞的眼睛方向都望向太陽，太陽升起也代表著新的一天、新的希望和新的夥伴。	

（二）《海馬先生》

表5 《海馬先生》圖像文本分析

頁數	圖像內容分析	
2、3	海馬先生和海馬太太眼神交會，似乎預告著有事情即將發生。而畫面中波浪線條代表著水流，也顯示海馬游動緩慢且姿態優雅。	
4、5	雄海馬會由下往上將擴大的生殖口裝至雌海馬的輸卵器上進行交配，因此圖中海馬太太在上、海馬先生在下。畫面中兩隻海馬身軀交疊、彼此眼神堅定，更有著同心協力、合作無間的意味。	

6、7、8、9	具攻擊性的喇叭魚會把自己幾近垂直的身體保持著豎立的姿勢，跟其它垂直的物體（圖中水草）摻和在一起，藏在旁邊，等待獵物出現將其捕獲。作者運用繪有黃綠色水草的透明片來隱藏喇叭魚，顯示海馬先生孵孕過程中隱藏危險性。	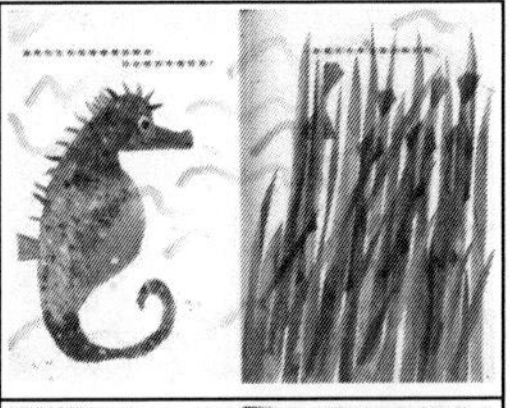
10、11	雄刺魚會收集藻類或葉片，再利用腎臟製造出的黏液使這些材料凝固築巢，來引誘雌刺魚到巢中產卵，接著自己授精、孵化；因此，圖中枝幹上掛著佈滿黑點卵的巢十分顯眼。再者，海馬先生低下頭視向刺魚，彼此互相鼓舞、打氣。	
12、13、14、15	具毒性的獅子魚將自己隱身在保護色（棕褐色）透明片的珊瑚礁後，帶給海馬先生威脅性。	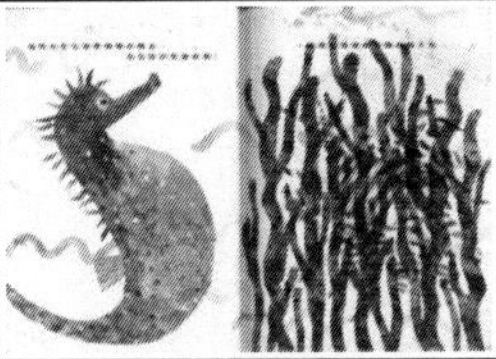
16、17	圖中海馬先生注視著吳郭魚嘴裡含的卵，切確地瞭解吳郭魚先生無法與牠交談的原因，感同身受孵卵生活的不便性。	
18、19、20、21	含毒性的葉魚躲藏在保護色（青綠色）透明片的海藻間，也讓海馬先生需處處警覺。	
22、23	海馬先生呈倒掛金鉤的姿態與鉤魚交談，與「鉤」魚有相呼應的意味。	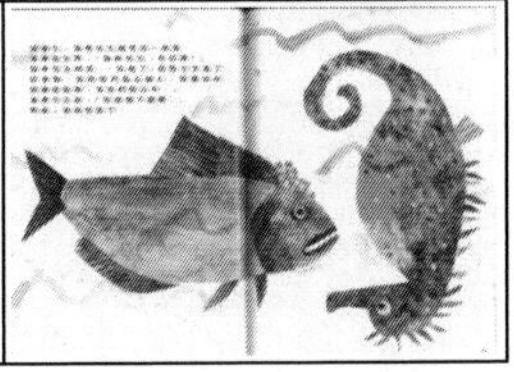

24、25 26、27	具毒性的石頭魚擬態躲在深褐色透明片的礁岩後，海馬先生四周實在危機重重。	
28、29	海馬先生與海龍先生並列交談、位處下方，此時的肚子更顯隆起、下垂，彷彿懷孕後期婦女大腹便便、行動不便，也顯示著即將孵出小海馬。	
30、31	海馬先生俯視著鯰魚先生及其鯰魚寶寶們，一方面有關懷羨慕之意；另一方面，也期待自己寶寶的誕生。	
32、33	圖中海馬先生頭稍後仰，因臨產時必須像不倒翁一樣前俯後仰，在後仰時育兒袋的小孔就會張開，這樣才方便把小海馬從肚子裏噴射出來。然而有一隻海馬寶寶轉身想回育兒袋，卻被海馬先生拒絕；正符合人類社會中，父親通常扮演讓孩子獨立自主的角色。	

三、比較分析

（一）主角都是可愛動物造型並擬人化

　　郝廣才（2006）提到繪本絕大部分是為孩子做的，就算有成人的讀者，也是給心中還有赤子之心的大人看的，因此「可愛」是角色造型的最高要求。無論張哲銘繪出的紅公雞或艾瑞・卡爾創作的海馬皆是動物造型，可愛不失天真，色彩鮮豔更能吸引幼

兒的目光。而艾瑞・卡爾以孩子的觀點來塑造海底生物鮮活的藝術造型，紅公雞與農場裡動物互動時誇張的肢體動作更是神氣活現；皆帶領孩子進入想像空間，寓教育於藝術中，翱翔在書香世界中。

（二）孕育後代是件項不輕鬆的任務

紅公雞遭受大蛇的攻擊和海馬先生經過具毒性及攻擊性的喇叭魚、獅子魚、葉魚、石頭魚旁，皆歷經重重驚險困難才將卵孵化出來，實在是個甜蜜的負擔；不過，紅公雞有了白母雞的熱心幫忙提供建議、海馬先生與刺魚、吳郭魚、鉤魚、海龍、鯰魚間互相鼓舞打氣，都讓這個勞心勞力的孕母工作稍稍減輕壓力。因此，在生產、教養子女時常會遇到許多疑難雜症，透過親朋好友或小團體的交流，皆可獲得精神支持與實質協助。反觀，在現實社會中，成立了許多的媽媽團體，但似乎少見「爸爸團體」，這也是爸爸們還要加油、努力的地方！

（三）性別角色的認知是由社會文化所建構

大自然生物中絕大多數是由雌性擔負起生育的重責大任，在家禽類中，孵蛋是雌性動物理所當然的責任與義務；雄性家禽在整個孵育過程中，似乎處於置身事外的旁觀者立場。不過也有一些例外，其中一個就是企鵝；另外一種辛苦的爸爸動物就是海馬，也擔任起孵化母海馬所託付照顧的小寶寶。性別角色是經由社會化所習得，所處文化不同即會產生認同價值觀的差異；若要達成性別間真正的平等，必須彼此調適、反動歧視，進而行動落實。而《紅公雞》一書的作者雖以「公雞孵蛋」來做為一個笑點，來助長幼兒的幽默感、增加趣味性；不過，更值得省思台灣

父權文化下兩性家務分工的議題，只要願意投入、參與，大男人也可以成為像紅公雞一樣的新好男人。

（四）性別主流概念的轉向

　　在《紅公雞》一書的圖像中，紅公雞踮著腳尖苦苦哀求母雞幫忙孵蛋，而母雞的表情卻充滿不屑、嘲笑的態度來回應；尤其中間那道輸蛋管道將性別分化、男女工作區隔，更有著性別二元化的意象，就如同翹翹板般此高彼低，至多達到平衡，容易造成對立。反觀《海馬先生》一書的圖像中，公海馬與母海馬相互合作、幫忙孵孕工作，公母海馬的身形圖像彷彿一張太極圖，男女共處彼此協助、和樂融融。

圖1　天秤圖

（引自網路：http://tw.images.search.yahoo.com/images/view）

圖2　太極圖

（引自網路：http://tw.images.search.yahoo.com/images/view）

　　因此，性別平等絕非僅是「女性陽剛、男性陰柔」特質的翻轉，也不是「男主內、女主外」家事的易位，這樣反而簡化了性別多元的意涵，容易落入性別二元化的迷思，甚至可能反向地壓迫異己者。正如同吳玫瑛（2008）所言：「性別刻板形象的破除若只停留在性別二元對立論述的翻轉及易位……非但無法對既有的性別分化提出有力及有效的質疑，反而掩蓋了原本錯綜複雜的性別認同問題及難題，限制了開闊性別意涵探討的可能。」

　　由2001年性別平等教育優良讀物100兒童版書單中的《紅公雞》，到2009年98年度性別平等優良讀物增修計畫書單裡的《海馬先生》文本分析詮釋，在在顯示性別主流概念由二元化轉向尊重多元，正如同「牽手」（公母海馬尾部互勾）比「內人」（母雞在屋內孵蛋）稱呼來適宜形容妻子，期許未來能共創一個性別平等的理想境界。

四、啟示與建議

（一）美感教育以多元方式結合性別議題

　　羅心玫（2008）指出幼兒美感教育著重在能感受與領會美的能力，而最直接有效的方式就是透過藝術賞析的方式，引導幼兒體會與領受美的能力。而性別議題多半嚴肅、具批判思考性，對於幼兒而言，內容方式若不生動富趣味性，是無法吸引孩子集中注意力、投入沉醉其中；因此，好玩有趣的繪本是一種很好的媒介。范瓊芳（2003）也提到藝術是實踐美感教育的最佳方式，透過視覺、音樂及戲劇等多元的「藝術媒介」，皆是融入幼兒的生活環境中來提升幼兒美感能力的管道。因此，除了繪本視覺賞析外，也可以透過其他的藝術管道融入，如：音韻節奏、肢體律

動、角色扮演、戲劇創作等來進行。生活無處不性別，藝術源自生活，也融入生活，將「性別」教育與「美感」教育相結合，落實於生活，無形間讓孩子養成一種生活習慣與待人處事的方式。

（二）延伸設計繪本相關的藝術創作活動

　　林玫君（2012）提到幼兒美感經驗可分為「回應式的」與「生產式的」兩個層面。透過繪本圖像視覺鑑賞屬於「回應式的」美感經驗；而「生產式的」美感經驗則為幼兒發揮想像，主動使用材料、道具、樂器和工具，進行藝術、音樂、戲劇或舞蹈等自發性的創作。為了累積幼兒的美感經驗，由繪本賞析出發，還可以更進一步為幼兒設計相關藝能活動，利用黏土、拼貼畫、刮線畫或其他媒材來操作學習。例如：閱讀過《紅公雞》後，來個竹籤刮畫，讓幼兒操作體會線條的律動變化；欣賞過《海馬先生》之後，也可以利用剪貼的方式完成海底世界，順便教孩子色彩學中類似色和對比色的差異。唯有不斷地提供更多的機會給幼兒去體會及感動「美」，才能造就符合世界潮流、具美感品味的未來主人翁。

參考書目

一、中文部分

王蘭（2004）。《紅公雞》。台北：信誼出版社。

何三本（2003）。《幼兒文學》。台北市：五南。

吳玫瑛（2008）。〈男孩・娃娃・舞蹈：經典圖畫書中的另類男童形構〉。婦研縱橫，86，24-32。

宋珮譯（2006）。Jane Doonan原著。《觀賞圖畫書中的圖畫》。台北市：雄獅。

林玫君（2012）。〈台灣幼兒園課綱美感領域學習指標發展初探－以戲劇指標與量表之建構歷程為例〉。當代教育研究，20（4），1-44。

林美琴（2009）。《繪本有什麼了不起》。台北市：天衛文化。

林真美（1996）。《圖畫書──幼兒的閱讀之窗》。台北：天衛文化。

林真美（2010）。《繪本之眼》。台北市：天下雜誌。

林敏宜（2000）。《圖畫書的欣賞與應用》。台北市：心理。

柯倩華譯（2012）。《海馬先生》。台北：上誼文化。

洪蘭（2001）。〈面對二十一世紀的挑戰：一個國小老師如何準備自己〉。全國兒童閱讀種子教師研習手冊，教育部。

唐維敏譯（1996）。K. B. Jensen & N. W. Jankowski原著。《大眾傳播研究方法》。台北市：五南。

夏春祥（2000）。〈媒介記憶與新聞儀式：二二八事件新聞的文本分析（1947-2000）〉。國立政治大學新聞學系博士論文。

徐素霞（2001）。《台灣兒童圖畫書導賞》。台北市：藝術館。

晏涵文（2011）。《性、兩性關係與性教育》。台北：心理。

郝廣才（2006）。《好繪本如何好》。台北市：格林文化。

張玨、王舒芸（1997）。〈兩性平等教育的挑戰與迷思〉。婦女與兩性通訊，43，1-3。

張湘君（1996）。〈童書需要女性革命－女性角色的現代化應從童書開始〉。國民教育，36（3），32-34。

郭維哲（2002）。〈不同教學策略對國小學童兩性平等教育教學效果之研究〉。國立嘉義大學國民教育研究所碩士論文，嘉義市。

陳秀萍（2006）。〈以繪本進行幼兒性別平等教育之行動研究〉。國立屏東科技大學幼兒保育系碩士論文，屏東縣。

陳怡如（2003）。〈兒童圖畫書閱讀行為與其性別角色態度之相關研究〉。國立屏東師範學院國民教育研究所碩士論文（未出版）。

陳美姿（2000）。〈以兒童繪本進行幼兒情感教育之研究〉。國立東華大學教育學系碩士論文，花蓮縣。

陳娟娟（1997）。〈道德題材兒童讀物之分析研究〉。私立文化大學碩士論文，新北市。

陳素杏（2009）。〈圖文與教學——國小教師使用繪本教學之行為現況及繪本特質認同度之研究〉。南華大學出版與文化事業管理研究所碩士論文，嘉義縣。

陳雍正（2006）。〈文本分析〉。管倖生等編著：設計研究方法，73-82。台北：全華。

黃迺毓（1995）。《如何閱讀圖畫書》。台北市：鹿橋文化事業有限公司。

詹寶菁（2006）。專書評介－Norman Fairclough之《論述分析：文本分析在社會研究上之應用》。初等教育學刊，24，87-94。

劉秀娟、林明寬譯（1996），Susan A. Basow（1992）原著。《兩性關係－性別刻板印象與角色（Gender Stereotypes and Roles）》。台北：揚智。

劉鳳芯譯（2010）。Perry Nodelman原著。《閱讀兒童文學的樂趣》。台北市：天衛文化。

歐凱寧譯（2011）。谷本成剛、灰島佳里原著。《如何幫孩子選繪本：28部世界經典繪本深入導讀》。台北市：貓頭鷹。

蔡春美譯（2007）。Barbara Smith原著。《性與性別教育：發展心理學取向》。台北市：華騰。

鄭瑞菁（1999）。《幼兒文學》。台北：心理。

謝臥龍（1997）。〈從兩性平權教育觀點探討教學互動歷程中的性別偏見〉。教育研究，54，37-43。

羅心玫（2008）。〈幼兒的美感教育－從戲劇賞析課程出發〉。國立臺南大學幼兒教育學系碩士論文，台南市。

蘇芊玲（1998）。〈家庭——兩性平等教育的基石〉。兩性平等教育季刊，2，105-118。

蘇振明（2001）。〈圖畫書的定義與要素〉。載於徐素霞（主編），台灣兒童圖畫書導賞，13-15。台北市：國立台灣藝術教育館。

中華民國總統府（2013）。〈為夢想負責讓創意發生〉。2013年10月1日，取自http://www.president.gov.tw/Default.aspx?tabid=1104&itemid=22546&rmid=2074

二、英文部分

Bem, S.L.(1974). The Measurement of Psychological Androgyny. *Journal of Consulting and Clinical Psychology,* 42(2), 155-162。

Fairclough, N.(1995). *Critical discourse-Textual analysis.* New York: Longman Publishing.

幼兒園美感教育實務教學經驗分享
──繪本狂想曲

史綺君

高雄市私立怡青幼兒園園長

摘要

　　本論文旨在探討美感教育在幼兒園實施的重要性與具體做法，並檢討教學過程可能存在的問題。幼托整合後，幼兒園與幼教師在「幼兒園教保活動課程暫行大綱」的推行下，將面臨新的挑戰，本文以高雄市私立怡青幼兒園為例，以觀察、拍照、相關文件如課程實錄蒐集等方式，記錄從園內環境規劃及文中兩位幼兒園教師及教保員如何在課程活動中挑戰及突破，勇於創新嘗試，將美感相關課程活動結合繪本、融入課綱指標，以統整方式實施美感活動的歷程。

關鍵詞：美感教育、繪本主題、統整學習

壹、前言

　　幼兒是天生的藝術家與科學家，具好奇心與喜愛遊戲的特質，他們每日都在生活中「探索」、「覺察」、「分享」環境中有趣的事物，也經常在生活中與美感經驗相遇，其感受力敏銳。

喜愛唱歌和塗鴉是幼兒的天性，幼兒只要有一張紙和一隻筆就會開始玩創意，隨意自然的塗或畫，他們在作品中表達情緒與想法，拿到可敲打的物品或樂器就會不亦樂乎的敲打或自編歌曲，而感到快樂。再加上得天獨厚的模仿力與創造力，特別喜愛模仿生活中的人事物，只要有簡易的扮演素材便能開心的玩起扮家家，在這些遊戲活動中，他們透過敏銳的五官（視、聽、觸、嗅、味）及運用活躍的肢體動作，從中獲得自信與滿足。學齡前的幼兒，年齡雖小但在其內心深處卻隱藏有主動感知外在美好事物存在的能力。幼兒們是透過感官學習，對美的感受及回應也從每日生活與環境中開始，除了家庭以外，幼兒園就是孩子們第二個家，也是幼兒生活與學習過程中最重要的成長環境，幼兒園的活動與課程安排對幼兒的身心健全發展有密切的關係。隨著幼托整合的腳步及教育部「幼兒園教保活動課程暫行大綱」的推行，將幼兒園課程領域重新統整與規劃出身體動作與健康、認知、語文、社會、情緒、美感等六大領域，其中美感領域的活動該如何減少分科及才藝教學，整合六大領域以統整方式進行，是值得探討的議題。筆者長期於幼兒園現場進行教學指導工作，對於美感領域課程活動有濃厚興趣，希望透過此文分享、探討幼兒園現場（以怡青幼兒園為例），如何規劃與實施美感教育的實際作法，以期許美感教育能在幼兒園開始紮根。

貳、幼兒園美感教育之重要性

幼兒教育是之後各階段教育的基礎，若從廣義的角度來看幼兒園的教育目標是要以培育身心健康的兒童及未來社會公民為首要目標，因此在「幼兒園教保活動課程暫行大綱」之中的總目標

就明訂：

一、維護幼兒身心健康

二、養成幼兒良好習慣

三、豐富幼兒生活經驗

四、增進幼兒倫理觀念

五、培養幼兒合群習性

六、拓展幼兒美感經驗

七、發展幼兒創意思維

八、建構幼兒文化認同

九、啟發幼兒關懷環境

　　等九項總目標，為達成此目標，幼兒園的課程活動需從幼兒生活的環境出發、取材，設計規劃以幼兒為中心、統整方式實施。（教育部，2013）幼兒園美感教育的實施與做法與以上各項目標達成都有著互通性與相關性。教育的本質就是要鼓勵孩子們發展潛能及自我發展，如今學前教育正在一個創新與改革的道路上，現代的家庭也是多元家庭的型態，幼兒園需擔任積極推動的角色，幼兒園的美感活動不是在訓練技巧，應是快樂的體驗和創造的過程，並從中學習如何傳達想法與情感。美感教育不只是藝術教育，亦是融合品德、創造力為一體的教育。

參、美感課程實施內涵

一、課程領域的轉變

　　在國內的幼兒園尚未實施幼托整合前，公私立幼稚園課程標準中將課程制定為健康、遊戲、工作、音樂、語文、常識等六

個領域。至於私立托兒所教保手冊規定的課程領域,則包含生活習慣的培養、遊戲、工作、音樂、故事與歌謠、常識等六個領域。綜觀以上課程標準領域並無美感課程,美感相關教學活動而是分散歸納在創造性領域的工作課程與音樂課程中。其中在幼兒工作領域的教學內容包含有繪畫(自由畫、合作畫、故事畫、圖案畫、顏色遊戲畫、版畫)、紙工(剪貼工、撕紙工、摺紙工、廢紙工、造型設計、紙漿工)、雕塑(泥工、沙箱、積木、雕塑)、工藝(縫工、木工、通草工、廢物工)(國教司,1977),在幼兒音樂課程教學內容包含有:唱遊、韻律活動、節奏樂、樂曲欣賞、幼兒戲劇等活動。(史綺君、涂豔秋,2001)

　　教育部自2000年開始推動「幼托整合政策」,並於中華民國101年10月5日發佈「幼兒園教保活動課程暫行大綱」(以下簡稱課程大綱),課程大綱以達成「幼兒教育及照顧法」為目標,其中課程大綱的內涵依據幼兒需求與社會文化的期待,劃分為身體動作與健康、認知、語文、社會、情緒、美感等六大領域,然實施方式需符合幼兒的生活經驗,以統整方式實施。各領域之學習面向彼此關聯、相互統整。以支持幼兒發展統合的六大能力(覺知辨識、表達溝通、關懷合作、推理賞析、想像創造、自主管理),面對未來多變的社會。其中美感領域課程須培養幼兒探索與覺察、表現與創作、回應與賞析等三項能力,課程領域涵蓋的內容有:視覺造型藝術、音樂與律動、幼兒戲劇等三大項目,其課程目標及內涵架構如下表所示:

表1 美感領域內涵架構表

學習面向 領域能力	情意	藝術媒介
1.探索與覺察	美-1-1 體驗生活環境中愉的美感經驗	美-1-2 體驗生活環境中愉悅的美感經驗
2.表現與創作	美-2-1 發揮想像並進行個獨特的創作	美-2-2 運用各種形式的藝術媒介進行創作
3.回應與賞析	美-3-1 樂於接觸多元的藝術創作，回應個人的感受	美-3-2 欣賞藝術創作或展演活動，回應個人的看法

（資料來源：教育部全國教保資訊網http//:www.ece.tw/-，「教保課程」）

二、幼兒園美感課程活動實施原則

美感領域的教學範疇廣泛，課程實施的過程中必需跳脫以往分科、才藝的分科教學模式，採行統整學習之經驗課程方式進行。除此外其要點以適齡適性、教材多元化、體驗在地化、生活化、過程創意化為原則，並參考幼兒園教保活動與課程大綱美感領域計畫主持人林玫君（2012）提出以下實施原則：

（一）提供感官操作的媒材與經驗。

（二）鼓勵運用身體感官進行體驗探索。

（三）規劃豐富藝術環境，提供各樣探索空間。

（四）經營美感環境，直接體驗美感生活。

（五）設計適宜的藝術活動，激發自主參與的興趣。

（六）鼓勵原創性的自我表現，避免刻板的模仿。

（七）採彈性作息，提供充裕時間進行探索與創作。

（八）尊重藝術表現的個別差異，接納幼兒的想法與感受。

（九）重視創作的過程甚於結果。

（十）避免分科藝術教學提供統整學習的經驗。

（十一）協助持續體驗各種藝術元素，增加幼兒對美的敏銳度。

（十二）直接以簡單的藝術詞彙來討論藝術表現與創作。

（資料來源：幼兒園教保活動與課程大綱：美感領域簡報）

三、幼兒園美感課程活動檢核及省思的方向

　　筆者近幾年在幼兒園輔導教學的經驗發現在美感領域教學活動的實施有出現以下現象：

（一）在幼兒園每日作息活動中顯少融入美感覺知的活動

（二）課程中的美感領域活動也缺少統整性的規劃。例：主題活動的課程規劃及主題學習目標的訂定會較偏向認知及技能，情意部份的目標也較多以品德、情緒的內涵為主，仍有不均衡的情形。

（三）在實施美感領域的活動容易產生偏頗，太多技巧的訓練和或以分科才藝為導向或才藝發表形式的音樂活動等。

（四）使用坊間教材易出現同質性高、半成品的美勞活動、兒歌唱跳律動，在課程活動中無法提供幼兒多元創作經驗。

（五）教學過程比較強調表現與創作階段，在教學現場匆忙完成作品後活動就結束，忽略了賞析與回應的分享。

（六）學習區的規劃與全面性的開放實施未落實（如美勞角、扮演角）。

（七）課程活動雖然有規劃藝術活動但因受限於幼教師本身的藝術專業素養及創造力不足，及欠缺課程統整規劃概念等因素，造成教師難以突破。

（八）教師未能養成省思教學的習慣，缺乏省思教學的能力，在美感教學活動的規劃上容易一成不變。

　　綜觀以上問題，幼兒園在推動與實施美感教育相關活動的過程上仍有待提昇與改進的空間。尤其教師是引導幼兒進入美感世界、指導幼兒發展美感能力最重要的人，除了要依循教學三部曲→做好教學活動計劃、準備素材→執行教學→進行評量外，教師的信念及反思能力很重要。該提供什麼創作主題與活動？資源為何？何時該教師主導？何時該由孩童自主？何時該進入協助引導？這些決定都會影響活動及幼兒學習的過程。美感活動應以協助幼兒成功及快樂體驗為目標，美感活動也是創意的活動，教師如何在教學過程中巧妙營造愉悅及自主學習的氛圍，考驗著我們。以下是筆者整理出提供幼教師在省思美感課程活動時使用的檢核參考（表2）

表2　幼兒園美感課程活動檢核省思表

幼兒園美感課程活動檢核及省思內容	完全符合	部份符合	未符合
1.是否配合主題活動調整學習區的設置及材料？			
2.是否提供多元、開放且安全可發展美感活動的工具、材料？			
3.是否提供幼兒親近、觀察、欣賞大自然與生活環境中藝術品的機會？			
4.教學過程教師是否運用創意教學策略、重視並鼓勵幼兒創意表現？			
5.是否提供展示作品、表演的空間？並定期更換			
6.是否引導及鼓勵幼兒介紹、發表創作的機會？			
7.是否提供觀賞戲劇及音樂會的機會？並發表及分享欣賞後的感覺？			
8.是否落實將音樂欣賞融入各項活動中？如起床音樂、用餐音樂、遊戲音樂等。			
9.是否提供幼兒自發性扮演的學習區及素材？			
10.是否安排及引導幼兒進行創造性戲劇遊戲及合作性戲劇表演活動？			

11.是否運用社區及家長專長資源提供幼兒美感學習經驗？		
12.是否有為幼兒的作品拍照、記錄、留存、建檔。		
13.是否有規劃親子共賞的美感活動？		
14.是否在教學過程中觀察幼兒？		
15.是否以正向的及合宜的口語回應幼兒的創作？		
教師省思：		
教學主題：　　　　　　教學日期：　　　　　　教學者：		

（資料來源：作者彙整）

肆、幼兒園美感教育實施經驗分享

一、幼兒園園區環境藝術化

　　幼兒園如同一座大花園，老師是園丁，孩子彷彿就是花園中的小生物，如果是座百花齊放的花園，這群小蝴蝶、小蜜蜂每日必定在此花園內流連忘返，不想回家。在此座大花園裡每天有許多精彩的故事發生，每天一早園長和教保服務人員打開幼兒園的大門迎接幼兒入園開始，孩子們就開始了一連串探索校園的旅程。從大門口入園到教室小小的路逕，看似平常但總是會讓幼生發現處處充滿驚喜，幼兒園環境是啟發幼兒探索與覺察能力的重要場所，學校環境是啟發幼兒探索與覺察能力的「第二位老師」（林佳慧，2011），如能妥善規劃幼兒園區的公共環境，讓美感與情境佈置做結合，以達到激發幼生對環境進行探索覺察與欣賞的能力，及親師生共賞園區情境的境教功能。以實例（高雄市怡青幼兒園為例）說明之：

＊幼兒園大門配合時令季節更新佈置（圖1、圖2）

＊園區內海報區定期更換園內生活花絮及活動海報（圖3、圖4）

＊一樓設有生日櫥窗每月更新小壽星照片及插圖，讓每位小朋友都有機會成為最佳男女主角（圖5、圖6）

＊園區一樓走廊的幼生作品展示區定期展示主題作品（圖7～圖9）

＊大門入口處的三角窗配合節令如中秋節、聖誕節、過新年佈置成角色扮演區，提供親師生體驗、欣賞、拍照的機會（圖10～12）

＊園區的庭園咖啡座可欣賞植物、聊天、點心野餐令人身心舒暢（圖13）

＊資源教室的彩繪設計讓孩子如同置身童話王國般的享受驚喜（圖14～15）。

＊幼兒閱讀室～玩具兵閱讀館的書籍分類規劃其中包含藝術類相關書籍（圖14）。

＊打造幼兒專屬故事屋（圖15）。

＊幼兒活動室師生共同營造規劃主題分享及作品區，營造美的情境。（圖16～21）

| 圖1 幼兒園大門配合時令季節更新佈置－向日葵花園迎接幼兒入園 | 圖2 幼兒園大門配合時令季節更新佈置－溫馨五月節 | 圖3 園區內海報區定期更換－師生合作－畢業季祝福海報 |

圖4　園區內海報區定期更換-活動花絮照片分享	圖5　生日櫥窗每月更新小壽星照片及插圖－八月父親節為主體	圖6　生日櫥窗每月更新小壽星照片及插圖－祝福小壽星們生日快樂

圖7　師生共同營造情境－立體作品展示及孩子創作門神春聯	圖8　作品展示區定期展示主題作品－歡喜迎新年捲紙工＋繪畫	圖9　作品展示區定期展示主題作品－水彩畫創作

圖10　角色扮演區－聖誕節送禮物	圖11　角色扮演區－中秋節烤肉	圖12　角色扮演區－賞魚區樂

圖13　在庭園咖啡座進行親師溝通	圖14　潔靜溫馨的玩具兵圖書館	圖15　月光森林故事屋

圖16　繪本小書－愛的禮物書　　圖17　主題作品展示－髮型娃娃　　圖18　主題童詩＋插畫

圖19　小真的長頭髮主題區　　圖20　動物卡哇伊主題區　　圖21　作品欣賞～砂紙畫

二、繪本狂想曲1——藝術創作及美感活動融入主題課程

　　藝術活動需透過不同的媒介來引發幼兒創造與想像如：視覺藝術媒介、聽覺藝術媒介、扮演媒介、肢體、故事文本等。其中繪本是最佳媒介，近幾年來繪本愈來愈受到幼教師們的喜愛並普遍運用在教學中，經常成為教師延伸創意課程活動的最佳教材。每一本繪本創作都是一件獨特的藝術品，幼兒在教師的引導下，從欣賞繪本、師生共讀繪本、討論繪本的經驗與過程中，就像在欣賞藝術。繪本教學的實施有助於可獲得多項能力的養成，如欣賞、觀察、專注、思考、想像創造、表達溝通等能力。

　　怡青幼兒園自2009年起採用繪本主題課程教學模式，每學期透過教學研討會議，訂定繪本主題課程目標與學習方向，教師們選定主題繪本與相關書群後，主題開始進行先從師生共讀繪本、

探索故事的圖文內容出發，教師引導孩子進行文本及圖像的賞析再延伸規劃主題藝術活動，也會共討論再參考幼兒的興趣、或課室中偶發事件等進行美感課程活動規劃。以藝術創作為例，本園雖無另聘藝術教師，但園內教師們透過主題相關繪本故事，設計多元的繪畫或創作主題，並結合運用各種素材來指導幼生進行創作，幼兒從中接受藝術活動的陶冶。每一次經驗的累積，其圖像閱讀力、想像力、創造力也提升許多。

　　師生共同發想創意的元素後，豐富了幼兒美感經驗，享受創作的樂趣，也讓園區內經常充滿了藝術氣息和生命力，幼兒的創意作品展示、呈現在教室內外及走廊，提供小朋友間互相觀察欣賞的經驗、親師生也樂於參與其中。現以大班「小房子」主題為例進行實例說明，教師從「小房子」的繪本共讀出發，擬定主題網計劃，收集相關資源進行統整課程設計。

主題繪本：小房子

主題緣起：

　　一間房子代表著一個家，因此希望藉由「小房子」這繪本，來探討社會的進步，時代的變遷以及建築的美，最後了解家的重要性。在主題進行過程，除了「小房子」繪本外，透過主題書群之相關繪本閱讀、參觀社區建築、客家文物館的

三合院、左營的城門等一系列的活動，讓孩子從中體驗繪本之美和環境文化之美，認識社會的進步。再回顧以前祖先所留下的智慧。
作者：維吉尼・李・巴頓（林真美譯）。出版社：遠流出版社。

高雄市私立怡青幼兒園101學年度第二學期師生互動課程網

◎班級：綿羊班
◎主題名稱：小房子
◎課程實施日期：
102.02.25~102.05.03.

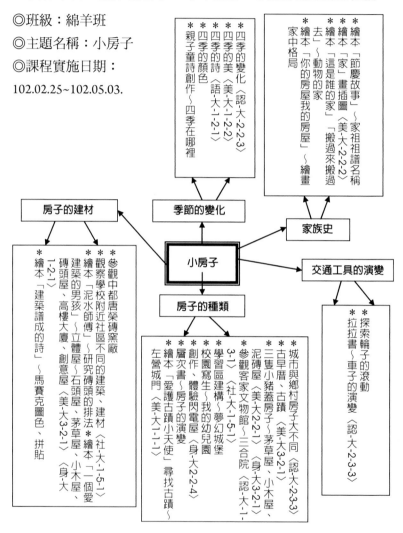

房子的建材

＊觀察學校附近社區不同的建築、建材〈社-大-1-5-1〉
＊繪本「泥水師傅」～研究磚頭的排法 ＊繪本「一個愛
建築的男孩」～立體屋～石頭屋、茅草屋、小木屋〈身-大
磚頭屋、高樓大廈、創意屋〈美-大3-2-1〉
1-2-1〉
＊繪本「建築譜成的詩」～馬賽克圖色、拼貼

季節的變化

＊四季的變化〈認-大-2-2-3〉
＊四季的美〈美-大-1-2-2〉
＊四季的詩〈語-大-1-2-1〉
＊四季的顏色
親子童詩創作～四季在哪裡

家族史

＊繪本「節慶故事」～家祖祖譜名稱
＊繪本「家」畫插圖〈美-大-2-2-2〉
＊繪本「這是誰的家」「搬過來搬過
去」～動物的家
＊繪本「你的房屋我的房屋」～繪畫
家中格局

小房子

房子的種類

交通工具的演變

＊探索輪子的滾動
＊拉拉書～車子的演變〈認-大-2-3-3〉

＊城市與鄉村房子大不同〈認大-2-3-3〉
＊古早厝、古蹟〈美-大3-2-1〉
＊三隻小豬蓋房子～茅草屋、小木屋、
泥磚屋〈美-大2-2-1〉〈身-大3-2-1〉
＊參觀客家文物館～三合院〈認-大-1-3-1〉
＊學習區建構～夢幻城堡〈社-大-1-5-1〉
＊校園寫生～我的幼兒園
＊創作、體驗閃電屋〈身-大2-2-4〉
層次書～房子的演變
繪本「愛護古蹟小天使」尋找古蹟～
左營城門〈美-大1-1-1〉

小房子主題學習目標：

    1、探索城市與鄉村不同的風貌。

    2、認識社區裡各種房子的種類、造型和用途。

    3、欣賞中西建築特色和社區之美。

    4、觀察四季的變化

    5、探討日月星辰的運轉

◎資源運用

（一）情境規劃

＊圖書區～有關房子的圖畫書。

＊主題區～木工（木板、鐵鎚、鐵釘、軟墊）。

＊美勞區～捏塑（陶土、鋪墊）立體房子創作（紙盒、紙板、及
  各種素材）。

＊積木區～原木積木、海綿積木、樂高積木等。

＊主題展示區～紅磚頭、水泥、海砂、小石頭、磁磚、工具等。

＊運用教室走廊外牆佈置成紅磚牆區，紅磚的部份，孩子可以學
  習砌磚的技巧。

（二）家長資源

＊各種類型的圖畫書（有關建築的書籍及海報……等）。

（三）社區資源

＊高雄客家文物館

＊左營城門、眷村文化館

＊學校附近各式不同的建築物

高雄市私立怡青幼兒園繪本主題活動設計表

主題名稱	小房子	班級名稱	大班組
設計者	謝鐶	活動日期	
活動流程			學習指標

活動流程	學習指標
活動一：三隻小豬蓋房屋 1.導讀小房子繪本P2 2.討論：小房子很堅固，那你覺得是用什麼建材蓋的呢？ 3.講述「三隻小豬蓋房屋」故事 4.說白節奏～三隻小豬蓋房屋說白節奏＋樂器伴奏 5.分組表演 6.延伸活動：三隻小豬蓋房屋 讓小朋友更清楚什麼樣的房子才是堅固的。再加上說白節奏及律動、樂器的敲奏，孩子好喜歡，好愛唸唱這一首。  ◎教學資源： 1.繪本－三隻小豬蓋房屋（大繪本） 2.節奏樂器：沙鈴、手鼓、響板、鈴鼓 活動二：豬家兄弟來蓋屋 1.引起動機：針對豬大哥用稻草（茅草）蓋房子，想了解小朋友對稻草的概念知道多少，於是問問小朋友知道稻草從哪裡來的嗎？ 2.團體分享：小佐：撥種然後變成稻米 　　　　　　小姿：從許願井來的 　　　　　　小純：綠草枯掉的 　　　　　　小彤：田，耕田的地方	語-大-1-2-1 覺察兒歌與童詩的韻腳 美-大-2-2-3 用哼唱、打擊樂器或身體動作進行創作 身-大-3-2-1 與他人合作運用各種素材，共同發展新玩法。 美-大-2-2-3 以哼唱、打擊樂器或身體動作反映聽到的旋律或節奏 語大-2-2-2 針對談話內容表達疑問或看法

　　　　　小儀：麥田圈→外星人
　　　　　小銘：到地上撿，外面的地上
　　　　　小竹：農場～那裡有牧草
　　　　　小君：草叢
3. 從孩子的分享中，了解到仍有小朋友對稻草
　　（茅草）的概念不是很清楚，於是運用繪本
　　「麥子的故事」，來告訴小朋友稻草（茅
　　草）是怎麼來的。
4. 藝術創作～豬大哥的茅草屋
　　使用油漆小刷子及牙刷當工具，刷出茅草屋
　　屋頂

美-大-2-2-1
運用各種視覺藝術素材與工
具的特性，進行創

◎教學資源：
油漆刷、牙刷、廣告顏料、圖畫紙、黑色簽字
筆、蠟筆

活動三：木屋
1. 引起動機：回顧三隻小豬蓋房屋中豬二哥用
　　哪些材料蓋自己的房屋。
2. 團體討論：蓋一間小木屋需要哪些工具？
3. 繪本分享：小木屋
4. 小木屋繪本賞析：書名、作者、封面欣賞與
　　討論。
5. 故事情節分享：如何蓋一棟房子？需要哪些
　　器材？
6. 木工區介紹：準備鐵鎚、釘子、木板
7. 示範鐵槌、釘子的使用方法
8. 討論木工區注意事項？

9. 分組活動：為讓孩子更能體驗木工，學習區安排 （1）木工區，一次安排2位體驗釘子釘在木板上 	身-大-1-2-1 覺察各種用具的安全操作技能
（2）設計小木屋： 　　a.白色西卡紙塗滿咖啡色顏料 　　b.將塑膠袋搓揉後蓋在紙上壓平再掀開 　　c.紙木板 	美-大-2-2-2 用線條、形狀或色彩，進行創作
◎教學資源： 繪本、木板、釘子、鐵槌、軟墊、圖畫紙、廣告顏料、水彩筆、壓舌板、蠟筆 活動四：豬小弟的泥磚屋 1. 引起動機：在三隻小豬蓋房屋裡提到最小的豬蓋什麼屋？	身-大-2-2-4 熟練手眼協調的精細動作。

2. 團體討論：豬小弟的泥磚屋是用哪些建材蓋的？什麼是磚頭屋？	美-大-2-1-1 玩索各種藝術媒介，發揮想像並享受自我表現的樂趣。
3. 探索觀察活動：學校附近的建築？有無磚頭屋？	
4. 繪本分享：泥水師傅的故事	語-大-1-5-2 理解故事的角色、情節與主題
5. 賞析繪本：繪本名稱、作者及繪本封面欣賞分享感覺。	
6. 故事文本分享及探討：故事中的提到哪些建材？ 磚頭的如何排法？	
7. 分組活動：（1）學習測量海綿積木 （2）陶土區：捏塑房子	
8. 藝術創作～豬小弟的泥磚屋	
9. 學習區活動～捏陶樂	

用尺描畫泥磚屋的造型

將小磚頭黏貼在房屋上，太大太小再自行修剪。

認-大-1-1-7
運用標準單位測量自然現象或文化產物特徵的訊息

完成黏貼後再加上主角及背景

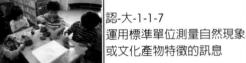
完成黏貼後再加陶土區捏塑

◎延伸主題區活動：沏紅磚

美-大-1-1-1
探索生活環境中事物的美，體驗各種美感經驗

◎教學資源： 繪本、陶土、珍珠板、圖畫紙、白膠、蠟筆、 剪刀、透明墊 活動五：三隻小豬劇場開鑼囉 1.引起動機：孩子從家中畫了三隻小豬故事中 　　　　　　的房子引起孩子創作故事的動機。 2.團體分享：編創一個不一樣的"三隻小豬" 　　　　　　故事情節 3.團體討論：劇場須要的道具有哪些？ 　　　　　（1）繪畫三隻小豬主要演員－ 　　　　　　　　製作成紙偶 　　　　　（2）佈置戲偶台 　　　　　（3）扮演人員安排～三隻小豬 4.分組活動：（1）製作故事角色紙偶 　　　　　　（2）製作戲偶台 5.三隻小豬劇場開鑼：分組進行表演及欣賞	美-大-2-2-2 運用線條、形狀或色彩，進 行創作 語-大-2-7-1 在扮演情境中依據角色的特 質說話與互動。 美-大-1-2-1 探索生活環境中事物的色 彩、形體、質地的美，覺察 其中的差異。

故事角色製作成紙偶

製作戲偶台

表演者透過紙偶分享故事

觀眾專注的欣賞演出

活動六：主題參訪－客家文物館、中都唐榮磚窯廠 1.引起動機：磚頭是怎麼製成的？網路搜尋有關磚頭製作工廠。 2.參訪客家文物館及中都唐榮磚窯廠。 3.出發前再次叮嚀參觀注意事項 4.參觀早期所使用的建材及用品 5.體驗館內各項設施 6.現場記錄所看到的建築、景物 7.逛逛磚窯廠～原來這裡曾經是製作磚塊的地方	社-大-1-5-1 探索社區中的人事物、活動、場所及其與自己的關係
  館內三合院情境　　　觀賞客家歌仔戲影片	認大-1-3-1 觀察生活物件的特徵
 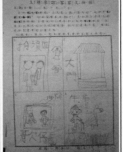 畫下客家文物館的建築及景物	美-大-1-2-1 探索生活環境中事物的色彩、形體、質地的美，覺察其中的差異

319

◎參訪中都唐榮磚窯廠  參訪中都唐榮磚窯廠後孩子發現以前的房子和現代的房子建材有所不同,到底哪裡不同呢 活動七:以前房子和現代房子之比較 1. 引起動機:如何從三合院的房子改變成透天厝的呢?圖片介紹:房子的演變  2. 參觀後討論:以前的房子和現代的房子相同及相異處 3. 分組活動:大家來蓋房屋 　(1) 石頭屋 	認-大-2-3-3 與他人討論生活物件與生活的關係 美-大-2-2-1 運用各種視覺藝術素材與工具的特性,進行創作。

（2）茅草屋

（3）小木屋

美-大-3-2-1
欣賞視覺藝術創作，一個人
偏好說明作品的內容與特色

（4）磚頭屋

（5）高樓大廈

美-大-1-1-1
探索生活環境中事物的美，
體驗各種美感經驗

| (6) 創意屋 
4.作品分享展示與賞析
活動八:校園寫生
活動九:拜訪左營舊城門
活動十:主題活動回顧 | |

（資料來源：摘錄自怡青幼兒園101學年度繪本主題記實，因版面有限摘錄部份）

三、繪本狂想曲2——教師劇場篇

　　好聽的故事大人小孩都喜歡，故事可以用說的，也可以用演的。平常在課程中老師可以繪本欣賞（說故事）來開啟幼兒對文學與美的興趣，並定期結合戲劇欣賞的活動，培養幼兒欣賞的能力與態度。兒童劇可幫助幼兒在創造力、情感、想像、推理方面都能有很好的發展；尤其對於人格養成、生活習慣、品德教育、倫理觀念的啟發都有很大幫助。筆者歸納出兒童戲劇活動的教育功能如下：

（一）放鬆情緒～戲劇活動的本質就是遊戲，讓孩子盡情想像與遊戲。

（二）心靈的成長～跳脫才藝教育及認知表現的迷思。

（三）創造力的培育～師生一起玩創意。

（四）未來觀眾的培養～透過戲劇欣賞，培養美的感受力。

（五）寓教於樂～教育的傳達與啟發。

以此目標為前題，自2005年起園內的教師成立了劇團，每學期會演一齣戲（表3），希望把生活教育及品德教育潛移默化的帶入孩子心靈孩子，也把歡樂及創意帶給全園師生們，劇團命名活動也在一次園務會議中經過大家腦力激盪命名為：「向日葵兒童劇團」。選定繪本後進行改寫劇本（附錄1）並擬定戲劇活動資源表（表4），大約二至三次的排練就粉墨登場囉。

表3　向日葵兒童劇團演出劇碼

劇名	年度	主題
是誰偷吃了月亮	2005年兒童節／四月慶生會	歡樂想像、解決問題
月亮好吃嗎	2005年中秋節／九月慶生會	合作、自我價值
年獸來了	2005年春節團拜	節慶故事
愛吃糖果的冬冬	2006年月慶生會	健康教育、口腔保健宣導
孝順的故事	2006年月慶生會	溫馨、倫理親情
愛看電視的球球	2006年月慶生會	健康教育、視力保健宣導
買空（禮物）	2006年月慶生會	親子關係
豆油找親戚	2007年10月慶生會	本土語推廣
誰偷了大王的王冠	2007年6月慶生會	邏輯推理、品德教育
來去阿嬤家	2008年慶生會	倫理親情、節慶習俗
小芬的小毯子	2008年11月慶生會	情緒表達、生活故事
王子與11位公主	2009年4月慶生會	品德、健康
小熊包力刷牙記	2009年11月慶生會	生活教育
大野狼診所	2009年12月慶生會	情緒表達、克服恐懼
爺爺一定有辦法	2010年3慶生會	親情、環保、創造思考
DoReMi樂隊	2010年4月慶生會	本土語推廣
阿松爺爺過中秋	2011年中秋節	倫理親情、節慶習俗
狐狸的新玩具	2011年兒童節	友誼、品德
眼鏡公主	2012年11月慶生會	生活教育
我一點也不醜	2012年4月慶生會	友誼、品德
暴燥的小印弟	2013年12月慶生會	情緒

（資料來源：怡青幼兒園）

附錄1－怡青幼兒園2012年4月份慶生會兒童品德劇場劇本

（資料來源：怡青幼兒園）

劇名：《我一點也不醜》

角色：魔法師、大象、蛇、小白兔、小老鼠、烏龜

演員：王乙慈、李青翠、麗芬、廖玉琪、洪郡紹、王珮禎

旁白／音控：洪嫚嬬　　　　劇本改寫：洪郡紹

導演：史綺君園長

器材：音響、音樂CD、大象帽子、魔法手杖、斗篷、巫師帽、
　　　樹、石頭、拉砲、圖卡

排練日期：每周四中午13：10（3/8、3/15、3/22、3/29、4/5）

旁白：綠色森林裡住著各種動物，有的很高大、有的很嬌小、有
　　　的硬梆梆，有的毛茸茸，有的滑不溜丟……雖然大家長得
　　　不一樣，可是他們時常玩在一起，相處十分融洽。這天，
　　　小動物們又開心的一起玩遊戲了。（音樂1）

小白兔：小老鼠，你看，我帶來一顆皮球，我們兩個玩接球遊戲～

小老鼠：嘿～我很厲害吧！我可以很用力地丟喔～你要接到哦～

小白兔：哈！！我也很棒！！看我的大飛球～～～～～

小老鼠：哈哈哈！我接到了，要換你接啦！一二三～～～

（劇情動作：<u>小白兔和小老鼠傳球時，
把球丟到躲在樹下睡覺的烏龜殼上。</u>）

（<u>澎通的音效</u>）

烏龜：哎喲～我在這裡睡覺，是誰用球丟到我，我好痛啊！

小白兔：糟糕～烏龜～～～對不起，把球丟到你了！原來你在這
　　　裡啊！我們剛剛都找不到你和我們一起玩。

烏龜：今天天氣這麼好，我是出來曬曬太陽的。

小老鼠：那我們可以一起玩傳球了耶！趕快開始玩遊戲～

烏龜：可是，我的動作很慢哦～一下子球就飛不見了。

烏龜：你們看，是大象和小蛇他們也來了，他們怎麼扭來扭去好奇怪喔。

（劇情動作：<u>大象和小蛇一路跳著蛇舞出場～</u>

<u>音樂：波斯市場</u>）

小老鼠：哈哈～牠們是在跳妞妞舞嗎？

（劇情動作：<u>拉著小白兔學他們跳舞～</u>）

烏龜：好啦～看他們在扭來扭去，我們去邀請他們一起玩遊戲。

小老鼠：大象、小蛇趕快來喲～我們要玩傳球遊戲啦～～

小白兔：對阿～大象、小蛇今天在幼稚園還沒跟你們玩到球呢～

大象：我們這麼多動物只有一顆球會不好玩，不然來玩捉迷藏好不好？

烏龜：我跑得很慢耶～～數到10的時候我才跑一半，一下子就會被抓到。

小蛇：我只能扭來扭去也很不方便，會閃到腰捏！不要啦！

大象：你們可以躲近一點阿

小老鼠：好啦好啦～～我們已經很久沒有玩了阿～那我跟你一起跑好了，我會幫忙你的，我贊成一起玩捉迷藏！

小白兔：要不然，我們五個來投票嘛！看看到底要不要玩捉迷藏。那贊成要玩捉迷藏的人請舉手。

小老鼠、大象：我要玩，我要玩。

小白兔：那要打球的人請舉手。糟糕～怎麼辦呢！2比2一樣多耶！

小老鼠：可是，小白兔你咧～你要玩哪一種？你沒有舉手阿？

大象：你選一個吧！你要玩球還是玩捉迷藏？

小白兔：那我要選捉迷藏。

小老鼠：哇！捉迷藏有三票，捉迷藏贏了，我們可以玩捉迷藏了。

小白兔：好好好～～我也要玩捉迷藏。

　烏龜：好吧！我也來玩捉迷藏吧！

小白兔：是誰要當鬼啊？

小老鼠、大象、小蛇、烏龜：選我、選我，我要當鬼。

小白兔：大家都要當鬼，可是只能一個人當鬼阿！恩～～～～～不然，我們來猜拳好了。

動物們：剪刀石頭布

小白兔：耶！終於換我當鬼來抓你們了，那我要開始數了，1.2.3.4.5……

動物們：快點去躲起來～

　老鼠：我要躲在草裡面

　大象：我要躲在樹後面

烏龜、蛇：那我們去躲在小朋友後面～

小白兔：大家在哪裡呢？我來找一找……哇～～我找到大家了，好好玩喔！（遊戲音樂）

動物們：我們再來玩，我要當鬼。

　旁白：這時，森林裡傳來叮叮噹噹的聲音，動物們轉頭找著聲音的來源，動物們很好奇紛紛討論著樹後面就竟藏著什麼呢？（音樂二）

小白兔：你們聽！有叮鈴-叮鈴的聲音。

小老鼠：對阿！你們聽聽看～

　烏龜：會不會是壞人？（恐怖的音樂）

小老鼠：會是恐怖的大鱷魚嗎？而且聲音從樹後面來的耶！我們去看看到底有什麼在樹後面。

小白兔：怎麼辦，我不敢去看耶！大象哥哥最勇敢，可以請牠去

看一看好不好～

大象：好！我的身體最強壯，我來保護你們大家。（大象走近
　　　一看。）

大象：你們看！是一個老爺爺呢！

　蛇：他是誰啊？

小老鼠：老爺爺，請問你是誰？你為什麼來綠色森林呢？

魔法師：大家好，我是一個法力高強的魔法師，我會一個很厲害
　　　的法術哦！是一個會讓人變得很漂亮的喔！如果你們覺
　　　得自己哪裡長得不夠好看，跟我說，我一定讓你們變得
　　　更漂亮！

魔法師：你看，這是一隻著在彩色村的白色小羊，牠覺得要變彩
　　　色才漂亮，我便幫牠變成……彩色羊！（俏皮的音樂）

動物們：真的嗎？怎麼變？（竊竊私語～不相信魔法師的話）

　旁白：動物們聽了都非常好奇，很想看看魔法師的易容術有多
　　　麼的神奇，大家左想右想，每個動物都對自己的長相很
　　　滿意，沒有人想改變容貌！

魔法師：我看，小白兔你先說有沒有想變漂亮的地方呢？

小白兔：沒有阿！我喜歡我的長耳朵，身上的毛也很漂亮，我一
　　　點也不想改變阿！

魔法師：那小老鼠呢？

小老鼠：雖然我身體小，可是我很喜歡我的樣子，不用變漂亮啦！

魔法師：小蛇呢？

　小蛇：我不想。

大象：我也不想變。

魔法師：這樣呀！聽起來你們都很喜歡自己的長相，難道你們都
　　　不想看看我的魔法嗎？既然大家都不想看魔法那我要先

327

走了。我去找找看有沒有小動物想改變自己，再見啦～

動物們：再見～～～

魔法師：你確定？你們真的不要改變自己嗎？

動物們：對阿！都沒有～

魔法師：真的嗎？我走了就不會再回來哦～你要再找到我很困難哦！

（劇情動作：<u>小老鼠左看看、右看看突然叫住魔法師</u>）

小老鼠：哎～哎～～魔法師！你等一下啦，你先不要走嘛！我想了一下我覺得烏龜揹這麼大一個殼，好像駝背一樣，真醜！您就幫他把殼變不見吧。

　烏龜：不，不可以！我的殼硬的像牆壁一樣，遇到危險只要縮進去就沒事啦！不可以，不可以變我，你看小白兔的耳朵這麼長，遇到壞人都沒辦法藏起來，您就把她醜醜的耳朵變短一點好了。

（劇情動作：<u>小白兔生氣地把烏龜踢翻一圈</u>）

小白兔：你別亂說，誰說我的長耳朵醜，我的耳朵非常靈敏，晚上黑漆漆的時候不用眼睛也可以聽到聲音呢！我看還是把大象的鼻子縮短一點吧！

（劇情動作：<u>大象用鼻子把一根樹枝折斷</u>）

　大象：不可以！你看，我的鼻子有多好用？吃飯、洗澡、搬東西都靠它，還是先把老鼠的大暴牙變短吧！

（劇情動作：<u>小老鼠氣得吱吱亂叫</u>）

小老鼠：誰說我有大暴牙，我的牙齒啃木頭、吃東西，常常在磨牙齒，我還嫌它長太慢，你們不可以把它變短。要變去幫蛇變一雙腳吧！總是扭來扭去才能往前走，我都怕你閃到腰咧！

蛇：你為什麼這樣說我呢？你不怕我一口把你吃掉！我可以滑過來溜過去，比你用腳跑步還快呢！

小老鼠：哎喲威呀～小蛇好可怕。

（劇情動作：<u>蛇用尾巴把小老鼠圈起來，小老鼠嚇一跳趕快溜走～</u>）

旁白：動物們你一句我一句越說越生氣，氣呼呼地大聲說……

動物們一起說：我再也不要跟你當好朋友了！哼！

（劇情動作：<u>全部的動物往後轉</u>）

（小白兔傷心地哭了，大象生氣地砰砰砰跺腳，蛇追著小老鼠到處跑，烏龜生氣地躲進殼裡不出來了。）（傷心音樂）

（魔法師左看看、右看看，他輕輕地點了一下魔杖，所有動物都停了下來。）

魔法師：真是的，我的魔法是要幫助動物們變漂亮，希望你們可以看見大家美麗的樣子，讓他們更喜歡對方，怎麼變成大家在吵架呢？看你們生氣吵架真不是辦法，讓我想想看有什麼好方法，我來想想看喔！（繞著小動物們踱步想辦法，走到樹後面。）（懸疑音樂）

魔法師：小朋友，我們要怎麼幫助牠們？那我來變一個魔法好了。你們想要我變什麼樣的魔法？

魔法師：阿！我想到了！來，看我拿出我的神祕法寶。

魔法師：小朋友，你們知道這是什麼嗎？它是我最愛的法寶之一～**友誼棒**，這是我的新法寶，才剛剛研究出來的哦！小朋友想知道它會變什麼魔法嗎？你們先來猜猜看。

魔法師：友誼棒很厲害喔～它是一個會開心的、高興的法寶，來～～我要開始變我神奇的魔術，我們一起來念咒語來施魔法～劈哩啪啦～蹦！（魔法音樂）

旁白：神奇的事情發生了，動物們又慢慢地走到森林中間圍坐在一起。

　　　　　（劇情動作：<u>動物們打了個冷顫再回到位置上</u>）

小老鼠：來～～擦擦眼淚～別哭了，小白兔。

小白兔：我們為什麼要吵架呢！難道我們真的長的很醜嗎？

（大象、小蛇輕輕敲烏龜的殼，和牠一起走過來）

　大象：小烏龜別生氣了，我不想跟好朋友吵架。

　小蛇：這樣我會好難過喔！

　小蛇：小老鼠也別怕，我真的沒有生氣了，我們還可以當好朋友嗎？

小老鼠：謝謝你跟我當好朋友，小蛇雖然沒有腳，可是你有漂亮的身體，會彎彎曲曲變造型，跳起舞來相當美麗呢！而且，牠在水裡還是一個游泳高手呢！

　大象：沒錯！小老鼠也有很棒的地方，你們看，除了小老鼠的牙齒可以啃木頭，也會手腳並用幫我們挖秘密基地，跑步也很快呢！

小白兔：還有啊～大象的長鼻子也很好用阿～你看，夏天的時候我們還有請他用長鼻子幫我們沖水，大象也很勇敢呢！

　烏龜：小白兔的長耳朵很美麗阿～一跳能跳好遠，當我們需要幫忙的時候，小白兔總是很快地就跑到我們身邊來了。

　小蛇：烏龜的殼還可以載小動物過河呢～

小老鼠：其實，不用魔法師變魔法，我們也是最漂亮的小動物。不過，說了這麼久，魔法師到底去哪裡了？

　　　　　（劇情動作：<u>動物們開始找起魔法師</u>）

　小蛇：我找到了，你們快來看。

　大象：原來你躲在樹後面聽我們講話啊！

烏龜：魔法師，我們現在都不需要魔法，因為我們一點也不醜，
　　　有這麼多好朋友喜歡我，我們都是最漂亮的小動物了。

小白兔：沒錯！每個人都有他美麗的地方，我們的好朋友也都發
　　　　現我們最好的一面。

魔法師：哈哈哈哈～你們說的沒錯，我很高興你們都覺得自己很
　　　　漂亮。希望你們也懂得欣賞別人的美麗。我的魔法就
　　　　是要希望你們說好話，做好事就能成為世界上最漂亮的
　　　　人喔！

魔法師：看來這裡的小動物們都已經學會讚美別人了，我要去尋
　　　　找下一個需要幫助的小動物囉～好朋友們，再見囉。

（劇終～結束音樂－朋友歌）

表4　以繪本為主題演出之戲劇活動資源表－教師篇

主題	角色	場景	道具	音樂（樂器）
DoReMi樂隊	牛主人 黃牛 狗 貓 老鼠 貓 雞 強盜 小孩	農田 村莊	牛繩、餵牛器具、食物、草席或紙箱、房屋、草叢、樹、克難樂器（鍋蓋、鍋鏟、大垃圾桶、洗衣板、大水桶）月亮、破枕頭、破襪子、破鞋子、行李箱	1.農村曲 2.牛犁歌 3.流浪者之歌 4.紅龜粿～老鼠 5.豆豆故事劇場 2～愛跳舞的咪咪 6.天光吥 7.臺灣森林自然聲音圖鑑～熊、蟬 8.拉丁童話芝加哥 9.頑皮豹

小熊包力刷牙記	主持人 小熊包力 熊爸 熊媽 野兔 啄木鳥 貓頭鷹 牙仙子 主持人	1.浴室 2.客廳 3.房間 4.公園或海邊	椅子、圓桌、水龍頭、刷牙用具、鏡子、床、棉被、枕頭、化粧臺、地墊、公園或海邊的布幕、啟發物（假牙、玉米、鏡子）、鐵琴	1.YoYo5-刷牙冠軍 2.豆豆故事劇場1～大象的話第12、14、34首 3.豆豆故是多系列（四）我是不是你的小孩？第10、11、14首 4.Sorry Sorry
阿芬的小毯子	爸爸 媽媽 阿芬 鄰居阿姨 奶奶 老師	阿芬的家（客廳、房間、院子）學校	毯子、包巾、禮物盒、床、棉被、枕頭、垃圾桶、梳粧檯、書包、小臉盆、洗衣盆、洗衣板、娃娃、醋瓶子、玩具、椅子、餐桌。	1.心肝寶貝 2.口哨與小狗 3.洗刷刷 4.甜蜜的家庭 5.健康歌～范曉萱 6.完具恰恰恰 7.大家都歡喜～吳美雲又兒音樂123。
我一點也不醜	魔法師 大象 蛇 小白兔 小老鼠 烏龜	森林	音響、音樂CD、大象帽子、魔法手杖、斗篷、巫師帽、樹、石頭、拉砲、圖卡	1.澎通的音效 2.波斯市場 3.俏皮的音樂 4.傷心音樂 5.懸疑音樂 6.魔法音樂 7.朋友歌

（資料來源：怡青幼兒園）

四、繪本狂想曲之3——幼兒戲劇活動篇

　　戲劇表演也是一種動態閱讀活動，透過好的故事題材，以戲劇方式呈現潛移默化的教育效果，有了兒童劇準備和演出的經驗，讓教師們知道在戲劇的演出中如何帶動會場的氣氛、如何搭配角色發揮個人的魅力、透過戲劇活動展現自信與美感力，……等；在提昇教師的創意及合作性方面有很正面的能量。

　　孩子觀賞兒童劇活動是很特別的體驗從中也獲得更多歡笑與驚奇感，由於教師劇團的帶動，園內孩子也受到感化，很愛看戲和演戲，因此逐漸的在繪本主題課程發展活動中孩子有提議要演戲，教師一則以喜一則以憂，喜的是孩子有興趣，憂的是演戲是所需要的資源準備及引導技巧是教師欠缺的，但是為了一圓孩子的表演夢，教師還是一步步協助孩子完成任務，將戲劇及扮演活動融入主題的統整方式來實施，在選定繪本後師生共同進行規劃戲劇活動執行工作，從計劃表演活動（以師生共同討論定訂角色、場景、道具）、進行演練、檢討修正、再次演出的執行過程，現以101上學期「小小愛書人」主題所延伸出戲劇活動-「小松鼠的願望」戲劇活動記實說明之。

高雄市私立怡青幼兒園101學年度第一學期師生互動課程網

◎班級：白兔班

◎主題名稱：「小小愛書人」

◎課程實施日期:101.10.8.-101.12.7.

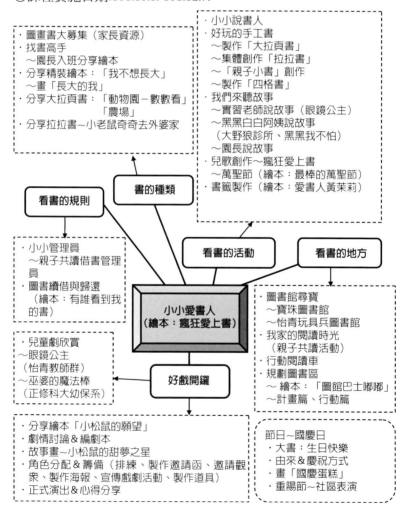

· 圖書書大募集（家長資源）
· 找書高手
～園長入班分享繪本
· 分享精裝繪本：「我不想長大」
～畫「長大的我」
· 分享大拉頁書：「動物園－數數看」
　　　　　　　　「農場」
· 分享拉拉書～小老鼠奇奇去外婆家

· 小小說書人
· 好玩的手工書
～製作「大拉頁書」
～集體創作「拉拉書」
～「親子小書」創作
～製作「四格書」
· 我們來聽故事
～實習老師說故事（眼鏡公主）
～黑黑白白阿姨說故事
　（大野狼診所、黑黑我不怕）
～園長說故事
· 兒歌創作～瘋狂愛上書
～萬聖節（繪本：最棒的萬聖節）
· 書籤製作（繪本：愛書人黃茉莉）

看書的規則

書的種類

· 小小管理員
～親子共讀借書管理員
· 圖書續借與歸還
　（繪本：有誰看到我的書）

看書的活動

看書的地方

小小愛書人
（繪本：瘋狂愛上書）

· 圖書館尋寶
～寶珠圖書館
～怡青玩具兵圖書館
· 我家的閱讀時光
　（親子共讀活動）
· 行動閱讀車
· 規劃圖書區
～ 繪本：「圖館巴士嘟嘟」
～計畫篇、行動篇

· 兒童劇欣賞
～眼鏡公主
（怡青教師群）
～巫婆的魔法棒
（正修科大幼保系）

好戲開鑼

· 分享繪本「小松鼠的願望」
· 劇情討論＆編劇本
· 故事書～小松鼠的甜夢之星
· 角色分配＆籌備（排練、製作邀請函、邀請觀眾、製作海報、宣傳戲劇活動、製作道具）
· 正式演出＆心得分享

節日～國慶日
· 大書：生日快樂
· 由來＆慶祝方式
· 畫「國慶蛋糕」
· 重陽節～社區表演

※好戲開鑼～「小松鼠的願望」劇情討論

<學習指標：美-大-3-2-3欣賞戲劇表現，依個人偏好說明其內容與特色>

　　園長入班講故事，透過實物投影機分享主題書群繪本「小松鼠的願望」，老師再拿著繪本將故事說了一遍，故事情節很吸引小朋友，也有很多重複的對白，於是和小朋友討論後決定以「小松鼠的願望」進行戲劇演出。

　　回顧欣賞慶生會老師所演出的兒童劇「眼鏡公主」的經驗，小朋友發現每個角色會有不同的出場時間、地點或道具，於是再次導讀繪本，討論出「小松鼠的願望」的演出角色出場順序、地點及道具。

地點／道具	松鼠家裡	祖父母家	花椅子、澆水器、書桌	小床	窗戶	天空	大樹小床	祖父母家
角色	小松鼠 爸爸 媽媽	小松鼠 爸爸 媽媽	祖母 祖父 小松鼠	祖母 祖父 小松鼠	祖父 小松鼠	貓頭鷹 蝙蝠 小松鼠	貓頭鷹 蝙蝠 小松鼠	螢火蟲 小松鼠 爸爸 媽媽 祖父 祖母

※回顧情節故事畫～小松鼠的甜夢之星

<學習指標：美-大-2-2-1了解各種視覺藝術素材與工具的特性，進行創作>

　　分享繪本「小松鼠的願望」後，由於小朋友對故事內容很感興趣，於是延伸故事畫～小松鼠的甜夢之星藝術創作，採分區、分組的方式，不同的創作技巧（剪、貼、畫、蓋印）更加吸引小朋友的參與。在紙上描手掌後剪下來當樹幹、貼樹葉、畫小松鼠、海棉棒沾黃色顏料及亮粉當螢火蟲，小朋友完成作品時覺得好漂亮啊，老師也發現小朋友能穩定的使用剪刀沿著手掌的線條剪喔！

※好玩的手工書【四】～四格書

<學習指標：美-大-2-2-2運用線條、形狀或色彩進行創作>

　　小朋友決定以「小松鼠的願望」進行戲劇演出，師生反覆共讀繪本內容或輪流對話，為了讓小朋友對故事情節更為熟悉，教師安排「四格書」的製作，將圖畫紙對摺3次，從最小一一展開，共有4個頁面。孩子的創作如下：

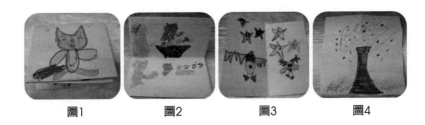

圖1　　　　　圖2　　　　　圖3　　　　　圖4

圖1.小松鼠家裡有3個成員。

圖2.媽媽要去醫院生寶寶，松鼠去阿公阿嬤家住。

圖3.小松鼠想要一顆甜夢之星，貓頭鷹和蝙蝠去找天上的小星星
　　幫忙。

圖4.螢火蟲當小松鼠的甜夢之星。

☺老師的分享～在準備過程中，<u>小宇</u>說：「老師你好會做小書
喔！」這句話對老師來說是個鼓勵，因為老師也在學習呢！

※好戲開鑼～「小松鼠的願望」角色分配＆籌備

＜學習指標：美-大-3-1-2樂於參與在地藝術創作或展演活動＞

◎角色分配～

　　經過一週的醞釀，小朋友對於自己想要扮演的角色已大致確
定，除了小松鼠、貓頭鷹、蝙蝠的角色因想要演的人比較多而用
猜拳方式決定角色（小朋友的提議），其它都選了自己想要扮演
的角色（如下表）。

故事角色	演員（選角色）
小松鼠1人	侯小鑫
松鼠爸爸、媽媽2人	林小威、何小家
松鼠阿公、阿嬤2人	宋小軒、吳小慈

貓頭鷹1人	陳小安
蝙蝠1人	陳小甫
旁白1人	陳小愉
小星星10人	蔡小翰等10人
螢火蟲10人	黃小恩等10人

　　教師省思～有的小朋友雖一開始就想好自己要演什麼角色，老師並不急著分配角色，讓小朋友有機會想清楚適合自己的角色。

◎**排練戲劇～**

　　在月光森林練習一次，陸續在四樓音樂教室練習了六次，總共7次的練習，小朋友就要正式演出了。

◎**串場歌曲～**

　　在練習故事中的對話時想到「星星的心」這首歌可以做為演出後的合唱；讓小朋友聽過之後，因為大家都很喜歡，於是透過網路的MV練習動作。進行排練後，也加入了出場歌曲「甜蜜的家庭」、「小星星」、「螢火蟲」（感謝園長現場鋼琴伴奏），進退場則用鐵琴。擔任螢火蟲的小朋友負責唱「小星星」，用三角鐵伴奏；擔任螢火蟲的小朋友負責唱「小星星」，用三角鐵伴奏。

☺省思～戲劇與音樂是我比較弱的項目，感謝園長的入班協助與指導，尤其是走位、串場與伴奏、聲調，小朋友都很努力的練習，也期待演出。

◎**邀請觀眾**～討論要邀請哪些班級來欣賞戲劇表演並製作邀請函
　　到各班邀請。

◎**宣傳戲劇活動**～全班分工合作完成海報製作並利用升旗時間進
　　行宣傳。

◎**製作道具**～小朋友自己動手做頭套。

◎**送發入場卷～**小朋友提到要有入場卷,因時間不夠,因此老師直接打字,由小朋友幫忙送到各班。

◎**討論與修改劇本～**小朋友對於自己的台詞仍無法完全記住,於是將演出內容打成劇本,再把幾位擔任主要角色的小朋友集合做練習,老師也適時的修正劇本內容,固定對白內容及流程,小朋友能比較熟悉自己台詞,較不需老師再提詞。

※好戲開鑼～『小松鼠的願望』～第一次演出

＊觀眾:園內各班師生

◎**第一次表演後表演者的分享與檢討**

(因版面有限,摘錄白兔班14位幼生之分享內容):

＊小璇－寬圃練習的時候一直玩麥克風,表演的時候就不會,我覺得寬圃有進步。

＊小駿－我今天當螢火蟲在飛和跳舞的時候，有大動作出來。

＊小安－侑軒當阿公，講話慢慢的講，很厲害。

＊小禮－我演小星星的時候，手有做動作，有大聲說話，很棒。

＊小愉－侑軒和翊慈輪到他們要出場的時候，他們會自己站起來。

＊小恩－詩涵在表演的時候有把小星星的動作做得很漂亮，很棒。

＊小幀－修安在敲三角鐵的時候很專心。

＊小棠－宇威當爸爸都知道自己什麼時候要出來，我覺得他很棒。

＊小聿－靖恩都知道什麼時候要敲鐵琴，敲得很好。

＊小璇－槿鑫演小松鼠有記住自己要說的話，後來得到甜夢之星，
很棒。

＊小翰－我演小星星講話的時候很大聲，我覺得自己很棒。

＊小軒－叡禮當小星星的時候，手都有在擺動，很專心。

＊小安－我有認真跳『星星的心』，很棒。

＊小壕－侑軒在等待的時候，很安靜。蘋果班看戲的時候很尊重
我們，因為他們很安靜看我們表演。

◎第一次表演後觀眾的回饋與分享：

＊蘋果班的回饋：看妳們的表演很感動ㄟ，太好看了，旁邊講故
事的姐姐講很長的故事，講得很好聽，很厲害。我們也要學哥
哥姐姐演戲喔。

＊鳳梨班的回饋：好看、好開心、很好笑，哥哥姐姐很厲害、很
棒，好強！我們希望能和你們一樣。

＊櫻桃班的回饋：哥哥姐姐你們表演很棒，尤其是唱歌跳舞孩有
唸故事的阿公好厲害，謝謝你們演戲給我們看。

＊綿羊班的回饋：小愉說故事很好聽、演小松鼠的說話太快聽不
清楚、最後唱歌很好聽、有聽到音樂（鐵琴）、很棒！他們的
表演很好笑。小安、小圓都有把台詞記起來。

◎需要改進的事項

＊阿嬤和小松鼠－說話不要太快，不然觀眾會聽不清楚。

＊小松鼠－不可以拿麥克風亂叫。

＊蝙蝠的麥克風要記得交給下一位。

＊在介紹演員時，叫到自己的名字時要揮揮手。

◎教師省思～

　　前一天還要不斷提醒，今天大家都能記住自己的內容及動作，在分享時，小朋友有的說自己、有的說別人進步及很棒的地方；對於小朋友今天的演出，老師真的很感動。

　　演員小松鼠（小鑫）、蝙蝠（小圃）會開玩笑，「是否要換演員？」是老師內心一直掙扎的，但即使會開玩笑，卻也逐漸在進步，今天問小朋友：「如果是你，你希望被換掉嗎？」大家的答案是否定的，結論是幫助他們練習。感謝小朋友們給了我答案，因為正向的態度會帶給孩子正向的行為。

※好戲開鑼～「小松鼠的願望」～第二次演出

＊觀眾－白兔班家長、可愛班、銀河班

　　教師省思與分享～今天家長參與率很高，共有23位小朋友的家長來欣賞戲劇表演，有的還是父母一起請假來的；也許是來了很多家長而造成有些小朋友在開玩笑、忘詞，老師適時的加旁白、串場，因此還算順利，看到家長們個個面帶笑容，雖然今天的演出較不穩定，但是就如小朋友說的「成功」，小朋友真的很棒喔！當小朋友一開始就開玩笑，確實令我有些擔心，但告訴自己「這是小朋友的緊張或人多所呈現的表現，要相信他們可以順利演完。」果然慢慢穩定，這也讓我深深感受到「遇有狀況一定要平心靜氣去面對，且要相信孩子是有能力的！」

※**藝術饗宴：正修科大兒童劇欣賞～「巫婆的魔法棒」**

　　受邀到**正修科技大學**欣賞兒童劇，欣賞大姊姊的演出，真的很精彩～服裝、道具、肢體動作、表情、配樂、走位……等，真是為這個主題畫下了完美的句點。

◎**欣賞表演後孩子們分享如下：**

＊姊姊有化妝、穿表演服，我們戴頭套。

＊有用大螢幕（影片當序幕）。

＊「星星的心」的歌和我們一樣。

＊姊姊有拿牌子帶我們進場、他們有工作
　人員。

＊他們有打雷的聲音（音效）。

＊他們有舞台、閃光（投射）燈。

◎**紀錄畫～**畫出欣賞兒童劇「巫婆的魔法棒」印象深刻的劇情。

伍、結語～未來期許

一、幼兒園是美感教育種子播撒的起點

　　美感教育是終其一生的教育，在幼兒園階段主要是培養幼兒
對生活週遭環境中的人、事、物的感受與看法，具體做法就是聆
聽、感受、探索、體驗、欣賞，如何開啟幼兒體驗藝術、享受創
作的愉悅感，進而學習尊重及欣賞他人作品及美的事物這都需要
長時間的啟迪與培育，美感教育的養成需要幼兒園和家庭長時間
努力，幼兒園正是美感教育種子撒播的起點。除幼兒園外，社區
環境、家庭，以上相關的人與環境都可能影響幼兒的學習，除了
結合幼兒園課程與生活以豐富幼兒美感經驗外，幼兒園也要結合
園方與家庭資源，以提供幼兒多元運用家庭、社區資源的機會，增
進幼兒參與及關心社區文化、進而培養幼兒欣賞社區多元文化之
美。期許本文能引起共鳴，從幼兒園開始改變，重視美感教育，
讓每一位孩子都從中獲得愛的能量，成為小種子再萌芽壯大。

二、幼教師是美感教育的促進者

　　幼教師宜保有樂觀及正向的學習心，能做良好的示範，持續強化在美感領域的教學專業技巧，積極提昇自信，才能在有計劃的設計活動及適切引導下，多元方式及素材讓幼生體會藝術課程的樂趣。對幼兒來說，與其說藝術創作不如說是在玩遊戲，孩子喜歡馬行空，透過創作表達內心情緒，發揮想像力，教師則是引導者、觀察者，教師是星探，要能發現幼兒的特長，孩子的創作與表演歷程中多給鼓勵與肯定，接納幼兒的創作結果，保存幼兒的創作，要教幼兒賞析能力但不是批評，奠定日後正向鑑賞的習慣與態度。

三、美感教育無終點

　　在陳之華（2011）《美力芬蘭》一書的自序中提到，「美力」的基礎來自「美感」的養成，美感就是對周遭事物的感受力，也是來自對自我環境的了解與認識。「美力、美感」是一種關鑑能力和養份，同時也應該是一位良好公民的基本能力。幼兒園與家長的關係是特別的合夥關係，若能從幼兒園將美感教育能量及正確的觀念散播至每個家庭，使每個孩子都能長期接受薰陶，讓美感教育不只是片斷的學習而是一站又一站充滿有意義、有延續性、有意義且愉悅的學習旅程。

參考書目

教育部（2013）。《幼兒園教保活動課程暫行大綱》。台北：教育部。

陳之華（2011）。《美力芬蘭：從教育建立美感大國》。台北：天下
　　文化。

賴碧惠、吳亮慧、劉冠麟（譯）（2004）。《幼兒藝術與創造性發
　　展》。台北：華騰文化。（Robert Schirrmacher, 2004）

蔣姿儀、駱明潔、阮淑宜、魏美惠、林珊仔、謝瑩慧、謝明昆、林佳
　　慧、陳柔伊（合著）（2011）。《幼兒園教保活動與課程》。台
　　北：五南圖書。

林玫君（編譯）。《創作性兒童戲劇入門》。台北：心理。（Barbara T.
　　Salisbury）

胡寶林（1986）。《戲劇與行為表現力》。台北：遠流。

史綺君、涂艷秋（編著）。（2002）。《幼兒音樂》。台北：龍騰文化。

鄭博真（2013）。《幼兒園統整課程與教學理念與實務》。台北：華騰
　　文化。

美感藝術課程在幼兒園的運用
——以「海洋首都」主題課程為例

蔡惠容

高雄市立鎮昌國小附幼教師

摘要

　　幼兒的藝術表現，是幼兒用來溝通想法和表達的語言形態，因為幼兒階段的口語表達能力有限，我手畫我心，成為幼兒情感的最真實的表現，幼兒常常將自己的生活經驗，透過畫筆來詮釋他的認知。因而美感教育藝術課程，在幼兒園成為重要的課程之一，本文以新課綱為理論基礎，談幼兒美感領域的學習。

　　新課綱的基本理念，以幼兒為中心，依據後現代課程觀點發展而成。而幼兒美感教育，藝術課程含概了「探索與覺察」，「表現與創作」，「欣賞與回應」等三大內涵。其課程目標：1.喜歡探索事物的美。2.體察豐富愉悅的美感經驗。3.享受各種藝術創作的樂趣表現豐富的想像力。4.表達自己對各種藝術創作的感受與偏好。美感領域的教保實施原則，從「做」與「受」的互動歷程中，體驗心靈的充實與豐富感受。

　　幼兒美感藝術課程，以作者在教學中美感活動，「海洋首都」主題課程為探討重點，提供有興趣的幼教夥伴參考。

關鍵詞：幼兒園新課綱、美感課程教育

壹、緒論

幼兒探索世界的認知方式，常常是整體的，視覺、聽覺、觸覺、味覺等感官的應用，及期累積的經驗，往往影響孩子的認知建構。年紀越小的孩子對接觸的新奇事物或喜愛的物品，幼兒會依據自己的生活經驗與文化背景，賦予獨特的象徵義意與意涵。幼兒隨著年紀的增長，其認知能力的在探索中堆疊，幼兒會將經驗的感知慢慢分類並細分與建構，形成龐大的認知資料系統，也就是孩子在生活中是主動的建構與自己有關的人，事，物，並將這些習得的經驗轉換為知識。

而新課綱的誕生，強調幼兒生活學習的文化社會情境，幼兒在生活文化中，是主動積極參與生活社會文化互動，並學習觀察，發現問題，尋求解答，在真實的生活中，建構自己的知識系統。

在這樣的概念下，幼兒的美感教育將透過幼兒的藝術表徵方式，學習觀察與發現世界，透過各種藝術媒材進行創作，建構幼兒的認知概念，並傳達幼兒個人的知識建構歷程。

一、研究動機與目的

探討新課綱的課程架構，從幼兒的認知發展，看幼兒美感教育的課程運用。

二、研究限制與範圍

幼兒藝術課程，以「海洋首都」主題課程為主要呈現內容。

貳、文獻探討

一、幼兒園新課綱的課程意涵

「幼兒教育及照顧法」於民國101年開始實施，幼稚園和托兒所將同稱為「幼兒園」。依據法規第12條幼兒園之教保服務內容：

(1) 提供生理、心理及社會需求滿足之相關服務。

(2) 提供營養、衛生保健及安全之相關服務。

(3) 提供適宜發展之環境及學習活動。

(4) 提供增進身體動作、語文、認知、美感、情緒發展與人際互動等發展能力與培養基本生活能力、良好生活習慣及積極學習態度之學習活動。

(5) 記錄生活與成長及發展與學習活動過程。

(6) 舉辦促進親子關係之活動。

(7) 其他有利於幼兒發展之相關服務。

幼兒園教保活動課程大綱及服務實施準則，由中央主管機關定之。（教育部2011）故教育部成立研編小組，編擬幼兒園教保活動課程大綱，作為未來幼兒園課程實施之依據。

根據教育部（2012）「幼兒園教保活動課程暫行大綱」及幸曼玲（2012）「幼兒園教保活動與課程大綱的發展與理念」，新課綱以「仁」的教育觀，承續孝悌仁愛文化，以培養愛人愛己、關懷環境、面對挑戰、踐行文化的素養，並奠定幼兒終身學習的基礎，學習成為會思考、講道理、會合作及具自信能包容的健康未來公民社會。重視幼兒與生活環境互動關係，關注幼兒心智能

力的發展，以幼兒全人發展和生活文化環境的價值為課程準則，已能夠培養幼兒覺知辨識、表達溝通、關懷合作、推理賞析、想像創造、自主管理等六大能力。所以將教保活動分為六大領域：身體動作與健康、認知、語文、社會、情緒、美感。

從新課綱的宗旨就可以知道，新課綱以發展幼兒全人發展為基礎，幼兒的發展和能力是課程實踐依循的標的，從仁的教育觀點出發，以建立覺知辨識，表達溝通，關懷合作，推理賞析，想像創造，自主管理等六大能力。從這樣的基礎架構來看，課程的呈現方式，不再是線性的，統一的，或可測量的及可確定的，課程的活動，是透過教者與學習者和環境相互作用，在平衡與不平衡間，交互演化和發展的。

美國教育學者William E.Doll認為二十一世紀的後現代課程，需要具備四個特點，（一）豐富的（Rich）指多元開放與合作的多重領域對話，課程不再是單一領域，語文課程的呈現可能有社會情緒的內容，也可能有藝術繪畫的表徵對話。（二）回歸的（Recursive）指課程豐富性的產生，在與自身的直接體會和發現中，反覆思考，組織，重構。（三）關聯的（Relational）指課程觀點需要不斷尋求相互之間的關係與聯繫。（四）嚴密的（Rigiorous）是關係與聯繫之目的性的周嚴考量。（William E.Doll, 1999）

從這樣的課程特點來看，這是統整課程的概念，美國認知心理學者布魯納（Bruner）認為課程的設計，不只是知識上的傳授，更需要依據，孩子的各認知發展階段和生活背景，設計具有結構性的課程，而非零星的知識概念，讓孩子可以透過活動課程，進行探索，推理思考，將所習得的能力與概念，進行概括與類比，有助提升孩子發現問題並解決問題的能力。（陳芸慧，2012）

布魯納在教學的應用上，提出四個原則：

（一）動機原則：強調幼兒學習動機的重要性，教師在進行教學時，首先要先瞭解孩子學習的需求，引發孩子好奇，認同，成就的內在動機。

（二）結構原則：課程教材間的結構關係，需要相互聯繫配合，孩子在結構的聯繫中建構與獲得自己的知識。

（三）順序原則：螺旋課程由簡入深，由具體到抽象，由動作表徵到符號表徵，新舊概念在重重堆疊中，建立新的認知理解。

（四）增強原則：來自孩子內在的動機，透過學習的課程活動，孩子發現學習的策略與認知的理解，而獲得滿足的增強作用。

這樣的教學設計原則，可以讓教保者在課程設計中，提供更豐富的探索活動課程，讓孩子可以自在喜悅的遊戲學習，及經由相互間的聯繫讓孩子習得知識。

從杜威（JohnDewey, 1859-1952）的課程觀點，幼兒的學習是自我建構的過程，幼兒經驗的發展，經有與外界環境的交互作用並在經驗中反思，再重組，重構中建立。做中學為杜威的重要學習概念，也是新課綱中，強調幼兒自主遊戲探索與學習的課程方向。

課程活動中幼兒是學習的主體，知識的意義是由學習者賦予的，對學習者而言，知識需要具備實用性與工具性，以方便和所處的社會環境進行互動，因而人與人互動下的社會文化共識，是集體對談和辯證後所產生結果。因而新課綱的實施原則中，強調了學習社群的建構。

二、美感領域的學習

蔣勳認為，「美」是生活中點點滴滴留下的回憶，「美的生活」是主觀的知覺感受，但這些對生活的感受力，來自美感的教育，但美感教育不是來自博物館，不是來自單一的課程，更不是將所有美加起來就可變成美。美感的知覺，來自生活所處的文化生態環境，並和個體生命的價值相連繫，美是關懷、美是感受、美更是寬容的表現。

認知心理學家迦納（Howard Gardner）在《七種IQ》（Frames of mind）的著作中提到，愛因斯坦是利用視覺空間研究科學概念的典型人物。愛因斯坦也曾說：「語言在我的思考中沒有任何地位，我的思考建構來自特定心靈記號，這些記號以視覺的形態進行複製、組合。」

美國哥倫比亞大學也在有關的藝術課程實驗中發現，透過藝術課程學習的學生，更能發展全方位的學習態度，可以進行批辦思考和發表感受的能力，善與將經驗連結，從不同的角度來看待問題，進行問題解決。

這樣的實驗在美國的教育界，產生了新的課程思考方針，進行了藝術和教育合作的計畫，（Chicago Arts Partmerships in Education，簡稱CAPE）由政府和基金會出資，讓藝術家和老師共同研擬課程，以統整課程為概念，幼兒園的孩子可以經由繪畫、肢體動作活動中認識形狀，國小的孩子可以從歌曲民謠中認識歷史背景。（張華芸，2002）

從多元智能的概念中，人不是只使用一種知能進行學習的認知活動，尤其對幼兒而言，視覺、聽覺、觸覺、味覺能力的發展，都先於語言和理性的認知能力，所以幼兒園裡的美感課程將

扮演重要的角色。

國立台南大學戲劇創作與應用學系教授兼系主任林玫君（2012）是教育部委託進行美感領域幼兒園教保活動與課程大綱的計畫主持人，依據其「幼兒園教保活動與課程大綱美感領域」的資料，歸納整理有關美感領域如下：

她引用了心理學家Kostelnik所說的：「美，指的是能讓感官或心靈感到愉悅的事物。」的概念，來說明美的感知能力，是透過個體敏銳的知覺感官，和外界環境進行對話與連結，所產生的愉悅感受和感動。這樣的感動會引動孩子對美的情意探索。將與生活環境產生美好的情感關係，進而關懷與認同社會文化。

對美的探索能力、美的創造能力和美的欣賞能力這些能力都是幼兒與生俱來的。孩子只是將這些潛在的能力加以發展，運用好奇、探索、在美的生活中環境裡，享受創作想像的樂趣，發展個人的美感經驗。

（一）美感領域理論

1.「探索與覺察」的美感經驗：

探索能力是幼兒進行和環境互動的基本能力，依據杜威的教育核心「經驗」（experience）概念，探索與覺察是和環境進行互動，所採取的最初行動力，杜威認為：「生命的持續是必須和環境互動，並學習和環境共處」，人面對環境的互動並非完全是被動的，或被環境所塑造。（Dewer, 1957:84）

探索經驗是積極嘗試的行動，但也必須覺察探索中所經歷的結果，幼兒的每一個探索行動（activity）需要有一個覺察結果（consequence），如果幼兒的行為只有探索的動作，沒有覺察，

則依杜威的說法這並不是經驗，更不能說是學習。

　　杜威舉例說明，當小孩子將手指伸進火裡，這個動作並不是經驗，只有當把孩子手伸入火中的動作，和所經歷的感受結果連結，才會真正的產生了覺察與經驗。也可以說：經驗的學習是孩子探索與覺察的前後連結關係。「做」（doing）變成是一種「試」（trying）經歷變成了覺察事情連結關係的一種教學。（吳木崑2009）

　　提供美的生活經驗，凡舉是自然變化、生活器物、人文環境……等探索與覺察的體材。引動幼兒好奇探索、發現與覺察，豐富美感經驗。

2.「表現與創作」的美感經驗：

　　藝術創作是藝術家透過作品和世界溝通的媒介，幼兒的創作塗鴉動機，也傳遞著幼兒所認知的世界，也就說創作是人類內在的需求與本能，是自我表達的形式之一。義大利Reggio的教學實務，以幼兒的「一百種語言」說明創作藝術表現，是幼兒思考、表達的紀錄歷程，也是幼兒探索和表達工具。（侯天麗，2005）

　　表現與創造活動（Creative activities）涵蓋了：視覺藝術中繪畫工具材料的使用，並運用線條、形狀、色彩、造型等不同的藝術元素和素材進行創作，鼓勵幼兒發表創作的感受與想法；聽覺藝術的音樂節奏與聲音的運用，透過唱歌、音樂欣賞、打擊樂器，感受音樂的節奏與聲音的表現；戲劇的扮演活動，透過生活模仿，運用肢體動作、口語、服裝道具，學習欣賞與扮演。

3.「回應與欣賞」的美感經驗：

　　提供各種藝術形式創作的欣賞機會，如視覺、音樂、舞蹈

或戲劇表演，滿足幼兒探索環境與環境互動，因為愛美是人的天性，對美的感受是本能，並在過程中學習敘述與表達。透過多元藝術形式鼓勵孩子討論和評估，以建立幼兒的自我的評定標準與偏好。

　　教育學家Hartmunt von Hentig認為美感欣賞的目的，是培養視覺與觸覺的溝通能力，是察覺與批辦的能力，是資訊獲得與傳達的能力，是實現和自我決定的能力，是分析與綜合的能力更是培養自信與補賞的能力。（梁福鎮，2001）

（二）美感領域的範圍與目標

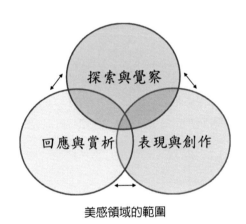

美感領域的範圍

美感領域的目標：
1、喜歡探索事物的美。
2、體察豐富愉悅的美感經驗。
3、享受各種藝術創作的樂趣表現豐富的想像力。
4、表達自己對各種藝術創作的感受與偏好。

（三）美感領域範圍與學習指標

美感領域的範圍	情意	藝術媒介	學習指標
1.探索與覺察	美-1-1 體驗生活環境中愉悅的美感經驗	美-1-2 運用五官感受生活環境中各種形式的美	美-幼-1-1-1探索生活環境中事物的美，體驗各種美感經驗 美-幼-1-2-1探索生活環境中事物的色彩、形體、質地的美 美-中-1-2-1探索生活環境中事物的色彩、形體、質地的美，覺察其中的差異 美-幼-1-2-2探索生活環境中各種聲音 美-中-1-2-2探索生活環境中各種聲音，覺察其中的差異 美-幼-1-2-3探索日常生活中各種感官經驗與情緒經驗 美-小-1-2-3覺察並回應日常生活中各種感官經驗與情緒經驗
2.表現與創作	美-2-1 發揮想像並進行個人獨特的創作	美-2-2 運用各種形式的藝術媒介進行創作	美-幼-2-1-1享受玩索各種藝術媒介的樂趣 美-中-2-1-1玩索各種藝術媒介，發揮想像並享受自我表現的樂趣 美-小-2-2-1把玩各種視覺藝術的素材與工具，進行創作 美-中-2-2-1運用各種視覺藝術素材與工具，進行創作 美-大-2-2-1運用各種視覺藝術素材與工具的特性，進行創作 美-小-2-2-2運用線條、形狀或色彩表現想法，並命名或賦予意義 美-中-2-2-2運用線條、形狀或色彩，進行創作 美-小-2-2-3以哼唱、打擊樂器或身體動作模仿聽到的旋律或節奏 美-中-2-2-3以哼唱、打擊樂器或身體動作反應聽到的旋律或節奏

			美-大-2-2-3運用哼唱、打擊樂器或身體動作進行創作
			美-小-2-2-4以高低強弱快慢等音樂元素表達感受
			美-幼-2-2-5運用簡單的動作或玩物,進行生活片段經驗的扮演
			美-中-2-2-5運用動作、玩物或口語,進行扮演
			美-中-2-2-6進行兩人以上的互動扮演
3.回應與賞析	美-3-1 樂於接觸多元的藝術創作,回應個人的感受	美-3-2 欣賞藝術創作或展演活動,回應個人的想法	美-幼-3-1-1樂於接觸視覺藝術、音樂或戲劇等創作表現
			美-中-3-1-1樂於接觸視覺藝術、音樂或戲劇等創作表現,回應個人的感受
			美-中-3-1-2樂於參與在地藝術創作或展演活動
			美-小-3-2-1欣賞視覺藝術創作,描述作品的內容
			美-大-3-2-1欣賞視覺藝術創作,依個人偏好說明作品的內容與特色
			美-小-3-2-2欣賞音樂創作,描述個人體驗到的特色
			美-小-3-2-3欣賞戲劇表現,描述個人體驗到的特色
			美-大-3-2-3欣賞戲劇表現,依個人偏好說明其內容與特色

1、探索與覺察:透過身體感官,探索生活週遭事物的變化與美好感受。

2、表現與創作:運用多元的藝術的媒材發揮想像與創作能力,發展和創作特有的作品。

3、回應與賞析:表達自己對生活環境中多元藝術創作,並依自我的感覺和喜好,表現看法。

（四）美感領域教學實施原則

美感領域的教保實施原則，為可以從「做」與「受」的互動歷程中，體驗心靈的充實與豐富感受。從美感的環境、充足的時間與空間、材料與藝術活動、表達與欣賞、表現與回應等五大層面思考與提供美感領域活動。

1、美感的環境：營造豐富多元的藝術環境，和藝術素材和媒介操作經驗。

2、充足的時間與空間：充足的探索和創作的時間。鼓勵原創性的自我表現，

3、材料與藝術活動：提供美感的生活情境，透過生活的食／衣／住／行／育／樂，讓審美經驗更加豐富，增進創作的生活材料。並提供適齡適性的媒材與藝術活動，鼓勵合作和小組互動學習，接納個別的差異和獨特性。

4、表達與欣賞：增加多元類別的藝術，培養幼兒美感經驗，且分享與回應喜好的內容。

5、表現與回應：善用當地社區文化與家長資源，豐富幼兒的美感藝術經驗。

（五）美感領域評量原則

1.探索與覺察保育員的檢核面向：

是否提供幼兒親近大自然、觀察動植物與探索環境和藝術的經驗？

是否設計與營造多元的藝術環境，運用視覺、音樂或戲劇扮演等課程讓孩子可以自由探索與運用媒材，感受並體驗視覺、聽

覺和身體表現的美好經驗？

2.表現與創作保育員的檢核面向：

是否提供幼兒從生活遊戲中，運用視覺、聽覺等藝術媒介進行欣賞和創作的機會？

是否提供幼兒以視覺、聽覺或戲劇的藝術形態，表現自我機會？

3.回應與欣賞保育員的檢核面向：

是否鼓勵幼兒操作藝術材料和探索的機會，並自由的進行創作？

是否鼓勵幼兒運用聲音、肢體、樂器等工具呈現音樂節奏的快慢強弱？

是否鼓勵幼兒進行角色扮演遊戲，透過身體動作、表演道具、語言表現生活故事？

（朱進財、周嘉蘋，2012）

三、海洋首都

高雄市位於台灣南部，是台灣的第二大都市，具有「海洋首都」的美稱。難得具備、山、海、自然美景的山、海城市，美麗的「愛河」從南到北貫穿高雄市區，形成山、海、河、湖交會的國際城市。高雄市西濱的「柴山自然生態公園」，有城市之肺的功能，「高雄港」更渾然天成，西面台灣海峽和中國大陸相隔，南臨巴士海峽，自古以來就是一個國際重要大商港，是印度洋和東北亞航運中心重要轉運站；井然有序的棋盤式街道及雄偉整齊都市景觀，讓高雄市歷史，歷久彌新。

　　高雄市擁有天然良港與腹地廣闊的海岸線，形成交通運輸的便利與發達，帶動了工商業的發展繁榮，是工業經濟發展和建設重心，大量勞動人口聚居，帶動工商的發展，重工業聚集，鋼鐵業、石化業、造船業和高雄前鎮與楠梓加工出口區，「前鎮漁港」更高居全國遠洋漁業之首。「小港機場」是南台灣唯一兼具國際與國內航線的機場，除了每天密集的國內航次以外，更有便利的國際航線飛往世界各大都市。高雄市坐擁海、陸、空交通動線之便，將成為南台灣及亞太地區重要的交通樞紐。

參、研究方法

一、研究主題

　　本研究教學中美感活動，採用文獻分析法，探討新課綱設計的幼兒美感領域活動課程。

二、研究工具

　　（一）新課綱。
　　（二）海洋首都主題活動課程記錄。

三、研究步驟

　　（一）蒐集與新課綱有關文獻。
　　（二）應用新課綱設計幼兒美感領域活動。
　　（三）撰寫研究報告。

四、資料處理

（一）歸納整理與新課綱有關文獻。

（二）分析與新課綱美感領域的關係。

肆、結果與討論

一、新課綱以發展幼兒全人發展為基礎

幼兒的發展和能力是課程實踐依循的標的，從仁的教育觀點出發，以建立覺知辨識，表達溝通，關懷合作，推理賞析，想像創造，自主管理等六大能力。主要基本理念，以幼兒為中心，依據後現代課程觀點，課程統整、學習建構、多元智能發展而成。

二、幼兒美感領域

（一）幼兒美感領域內容：以杜威的教育核心「經驗」（experience）為概念，幼兒的藝術創作，是思考表達的工具，是溝通、察覺、批辨的能力和實現自我的訓練。

（二）範圍有：探索與覺察、表現與創作、回應與賞析。

（三）目標有：1.喜歡探索事物的美，2.體察豐富愉悅的美感經驗，3.享受各種藝術創作的樂趣表現豐富的想像力，4.表達自己對各種藝術創作的感受與偏好。

（四）美感領域的教保實施原則，為可以從「做」與「受」的互動歷程中，體驗心靈的充實與豐富感受。從空間、時間、情境、體驗、資源等五大層面思考與提供美感領域活動。

三、如何應用新課綱設計幼兒美感領域活動課程

研究者以「海洋首都」主題活動課程分享。

四、海洋首都的課程發展

「海洋首都」的課程發展是以孩子居住的城市為課程架構，目的是讓孩子認識自己居住的城市，這樣的主題名稱，是因為高雄有天然的港口，美麗的愛河是山、河、海的大城市。

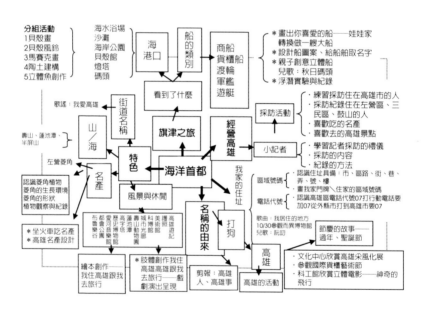

（一）引起動機――由戶外教學中建構

旗津之旅展開課程的序幕――先透過老師戶外探勘，拍攝旗津風景照片，再利用PowerPoint跟孩子介紹旗津港口、海岸風光，讓孩子先有港口印像。旗津之旅，當天孩子確確實實進行一

場豐富之旅。這趟旅行孩子觀察到貝殼的創作，馬賽克的拼貼創作、觀察港口的特色、船的樣貌……，是經驗的累積，建構對海洋城市的概念。

（二）戶外教學的迴響──孩子的所看所聞及想法

　　接下來孩子畫下旗津印象，討論戶外教學心得，孩子說娃娃家要做艘大船，孩子設計了大船圖稿，請家長提供大紙箱，孩子設計的大船圖稿進行票選活動，選定後孩子進行上色，上色的工程，利用每日的早上分組時間進行，孩子先用報紙黏貼紙箱的底層，在進行上色。

製作貝殼風鈴、貝殼沙畫、馬賽克的拼貼畫、陶土製作高雄港灣

【高雄人‧高雄事】的剪報、【高雄遊記】，以學習單的方式進行，請孩子和家人一起討論與關注高雄活動的相關訊息、利用假日和家人一起探訪高雄的景點，孩子們用圖畫表徵紀錄，高雄的風情。老師再透過展示張貼分享，和孩子們一起關住高雄的大小事。

唱捕魚歌、我居住的地方──孩子還將歌詞改編創作呢！並在晨會中表演，還製作大魚當表演的道具。

（三）豐富孩子的視野──參與高雄的重要景點的活動

1、文化中心的「高雄采風畫展」──欣賞高雄景點風光，在畫家眼中的景象。

2、科工館的立體電影「神奇的飛行」──認識人類的夢想與實現

3、高雄國際貨櫃藝術節──欣賞藝術家的貨櫃裝置藝術，藝術是可玩可欣賞的。

學習場所不只限與教室，學習透過環境的互動，會更有助學習的成效。教育學者杜威提倡的教育理念：「做中學」「生活中學習，學習中生活」說明了學習由生活中開始，且永無止境。今日孩子的學習只是開啟孩子的窗，期待孩子打開學習的視野迎接日新月異的未來。

（四）孩子的學習和老師的鷹架

1、我住在哪裡！

─孩子當個小小記者，來訪問班級的每一個人，並學習紀錄，孩子發現，住高雄的人最多，而大家就住在這叫「高雄」的城市。小小的訪問孩子學到了，紀錄、資料整理和自信及人際互動──開始問孩子住在哪裡始還有孩子說我住在永和，我住在台北，我住在嘉義呢！

2、我住在高雄，高雄有哪些景點呢？

孩子們因為有製作【高雄遊記】的參觀紀錄，很快的，就說出高雄具特色的景點，孩子們以認領的方式，選擇30各高雄特色，在請孩子用圖畫表徵的方式呈現景點特色，孩子創作的過程十分順利，因為孩子經過了觀察、討論、發表，更容易的將認知概念，用圖畫表徵出來。老師將作品收集成冊，裝訂成大繪本，定名為「我住在高雄跟我去旅行」，此書也成為班上孩子們的寶貝，因為每頁皆有每個孩子的精美畫作與遊歷的經驗。

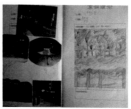

（五）繪本製作的小故事

◎家羽畫龍虎塔，畫面寫實，令老師驚嘆。告訴媽媽，媽媽說家羽沒有去過龍虎塔，問家羽，家羽說看照片的，畫完龍虎塔欲罷不能，家羽還想再畫，請家羽想想，高雄有哪些景點，家羽說畫音樂廳，家羽畫起音樂廳臨場感十足，媽媽也驚嘆，媽媽問：你有去過音樂廳嗎？家羽說：有！是爸爸和阿伯帶我去的。

◎桂木畫85層大樓，足足畫了兩天，還畫出周圍的道路，畫完後，在家中又畫了左營軍艦，來園告訴老師說，大家忘記高雄還有左營軍港。

◎郁淇畫完高雄捕魚的大船，看到桂木的85層大樓，說高雄還有50層世貿大樓，又畫了一張50層的世貿大樓。

◎妮軒說河堤公園有個月光橋，因為在她家的附近，並在圖中畫出從家走到月光橋的道路。

肢體創作的課程活動，是因為孩子為週會表演捕魚歌的經驗，老師帶孩子們一起進行肢體創作遊戲，所以讓孩子運用肢體創作，做做看！肢體創作的課程，從身體的伸展開始，在讓孩子想像自己是飛機、船、各種動物……孩子在創作表演過程中，發現與認識自己身體有無限的潛能，並透過肢體創作學習和同伴合

作，如一人的飛機、兩人合作變成的飛機、三人所展現的飛機，各有不同樣貌，過程中，孩子需要與他人協調和合作才能完成，孩子的表演讓人讚賞，許多創作的樣貌，讓老師發現孩子有無限的創作能力。

　　為鼓勵孩子創作的表現，更透過班群的互動，孩子們的創意就在相互觀摩中被激盪出火花，並為孩子尋求表演機會，老師主動跟學校協商，定與12月25日用另類慶祝聖誕節的方式——月亮班星星班表演【我住在高雄跟我去旅行】和全園的孩子老師一起慶祝這西洋的宗教節日。

　　表演是場浩大的工程，需要布景、服裝、道具，尤其是布景，老師因為孩子們有「我住高雄跟我去旅行」的大繪本製作經驗，大膽嘗試，讓孩子畫在大布上，老師提供了20尺的大棉布，用捲軸式的攤在教室的地板上進行創作，畫畫的顏料是黑墨汁，讓孩子用直接用黑墨汁構圖，這個構想有點大膽，但孩子在討論創作內容的過程中已有自己得想法，當孩子大筆一揮時，真讓老師驚艷，孩子完全是有想法與概念的，每一個孩子，創作自己想要表現的部份，孩子們創作的過程非常專注，其他欣賞的孩子，就像觀賞大藝術家創作般的專心。

　　＊為表演製作的布幕「我住在高雄跟我去旅行」引起讚美的迴響，給孩子展現的舞台，是老師的工作，因而透過園方的協助到高雄火車站展出，讓旅人一進高雄就能從孩子的畫中欣賞到高雄之美。

（六）孩子的學習是經驗的累積，也是新舊經驗交互衝擊的結果。

計劃表演中，孩子還學習認識什麼是名產，進而設計名產，孩子將之前所學習的印象，利用油土製作出高雄的特色。又透過集體創作，畫出高雄特色的大捲軸畫。過程中孩子用身體的肢體創作、立體雕塑、繪畫呈現生活的經驗。呈現過程，孩子需要將學習經驗和生活經驗內化，再透過知覺、空間、語言、視覺等知能來加以呈現。學習已不再是一些制式認知，完全跟生活沒有關聯概念。沒有內化的學習容易遺忘，其學習的就失去意義。

課程的主角是孩子，孩子關心的、有興趣的，就是課程發展中心，老師是課程和孩子的牽線人，在其間建構孩子多元的智能學習，而家長就是老師最大的支柱感謝家長們的支持和配合，讓老師無後顧之憂的引領孩子『快樂的學習』。

（七）繪本作品欣賞

1、譯云畫封面自己模仿老師寫上【我住在高雄跟我去旅行的字樣】並將高雄的特色皆畫出來──高雄愛河燈會、港口、機場、菱角、85層大樓、嘟嘟火車、高雄捷運──豐富的讓人懷疑這是大班孩子的畫作嗎！不知情的

人還會認為這是國小孩子的作品喔！

2、怡萱的——高雄123～10的馬路用不同的色彩來代替象徵的線條來替代具相的馬路

3、廷毅的——晚上的高雄用黃色的點和咖啡杯來表現細細欣賞就可以感受到高雄月夜的浪漫

4、銘宸畫——愛河在黑色的天空閃耀著美麗的燈光行人從橋上走過藍色的河水在告訴大家愛河的美麗

5、亭儒——城市光廊用俯視的廣角鏡畫出在光廊中人們的悠閒

6、家羽——音樂廳將主題大膽呈現兩旁階梯上的圖案似在告訴大家這裡有一場快樂的音樂會正要上演

7、桂木——85層大樓用線條表現大樓的雄偉及周圍道路的繁華

8、郁淇——要告訴大家從裕誠要到50層大樓和回家的路要如何走

9、文澤——漢神百貨熱鬧豐富有去漢神百貨的路有快樂的人和小鳥多彩的線條皆再告訴大家那是個快樂的地方

10、吳騫——火車站大家來搭火車火車跑的好快人都看不清楚了

11、家衛——小港機場飛機畫的非常細膩小小的人在一旁等待上機呢

12、欣芸——高雄捷運開挖了有怪手有工程車彎曲了路告訴大家工程的辛苦

13、蕭薆——港口是高雄的大門有大郵輪有渡輪

伍、海洋首都主題的課程的美感領域學習指標：

課程目標	情意	藝術媒介
探索覺察	美-1-1 體驗生活環境中旗津海岸的美感經驗 體驗生活環境中裝置藝術的美感經驗	美-1-2 運用五官感受旗津海岸中各種藝術形式的美 美-1-2-1 探索生活環境中旗津海岸的色彩、形體、質地的美，覺察其中的差異 探索生活環境中裝置藝術的色彩、形體、質地的美，覺察其中的差異 美-1-2-2 探索生活環境中海洋和貝殼的聲音，覺察其中的差異 美-1-2-3 覺察並回應參觀活動的感官經驗與情緒經驗
表現創作	美-2-1 發揮想像並進行貝殼沙畫、馬賽克的拼貼、陶土的個人獨特的創作 美-2-1-1 玩索貝殼沙畫、馬賽克的拼貼、陶土等藝術媒介，發揮想像並享受自我表現的樂趣	美-2-2 運用貝殼沙畫、馬賽克的拼貼、陶土製作的藝術媒介進行創作 美-2-2-1 運用貝殼沙畫、馬賽克的拼貼、陶土視覺藝術素材與工具的特性，進行創作 美-2-2-2 運用線條、形狀或色彩，進行繪本與畫布創作

		美-2-2-3 運用哼唱、打擊樂器或身體動作進行我居住的地方音樂歌詞創作 美-2-2-5 運用動作、玩物或口語，進行我住在高雄跟我去旅行扮演 美-2-2-6 進行合作戲劇表演我住在高雄跟我去旅行的互動扮演
回應與欣賞	美-3-1 樂於接觸多元的藝術創作，回應個人的感受 美-3-1-1 樂於接觸視覺藝術、音樂或戲劇等創作表現，回應個人的感受 美-3-1-2 樂於參與裝置藝術、高雄采風畫展藝術創作或展演活動	美-3-2 欣賞藝術創作高雄采風畫展動，回應個人的看法 美-3-2-1 欣賞視覺藝術創作，依個人偏好說明作品的內容與特色 美-3-2-2 欣賞音樂創作，描述個人體驗到的特色 美-3-2-3 欣賞戲劇表現，依個人偏好說明其內容與特色

陸、結論與建議

　　新課綱以發展幼兒全人發展為基礎，幼兒的發展和能力是課程實踐依循的標的，從仁的教育觀點出發，以建立覺知辨識，表達溝通，關懷合作，推理賞析，想像創造，自主管理等六大能力。主要基本理念，以幼兒為中心，依據後現代課程觀點，課程統整、學習建構、多元智能發展而成。幼兒美感領域內容：以杜威的教育核心「經驗」（experience）為概念，幼兒的藝術創作，是思考表達的工具，是溝通、察覺、批辦的能力和實現自我的訓

練。目標有：1、喜歡探索事物的美，2、體察豐富愉悅的美感經驗，3、享受各種藝術創作的樂趣表現豐富的想像力，4、表達自己對各種藝術創作的感受與偏好。美感領域的教保實施原則，為可以從「做」與「受」的互動歷程中，體驗心靈的充實與豐富感受。從美感的環境、充足的時間與空間、材料與藝術活動、表達與欣賞、表現與回應等五大層面思考與提供美感領域活動。

　　如何應用新課綱設計幼兒美感領域課程活動方面，以「海洋首都」主題活動課程供教保工作者參考。

參考書目

一、中文部分

天下編輯（2004）。〈美的學習-捕捉不到的競爭力〉。張華芸。人才培育藝術不缺席（120-124）。臺北市。

William E.Doll，王紅宇譯（1999）。《後現代課程觀（A Post-M0dem Perspective On Curriculum）》。臺北市。

朱進財、周嘉蘋（2012）。〈幼兒園新課綱美感領域教材教法研究～以「大家來玩香皂」單元為例〉。2012幼兒保育與產業經營研討會。大仁科技大學。

吳木崑（2009）。〈杜威經驗哲學對課程與教學之啟示〉。臺北市立教育大學學報第40卷第一期（35-54）。臺北市。

陳木金（1999）。〈美感教育的理念與詮釋之研究〉。國立臺灣藝術學院教育學程中心主辦「全人教育與美感教育詮釋與對話研討會」學術研討會論文集。

侯天麗（2005）。〈學習畫畫or畫畫學習？〉。高雄美術館藝術認證雙月刊（20-21）。高雄市。

梁福鎮（2001）。《審美教育學：審美教育起源、演變與內涵的探索》。臺北市。

陳芸慧（2012）。〈建構主義理論之探討〉。檢索日期2012年10月23
日，http://www.nhu.edu.tw/~society/e-j/53/53-13.htm

二、英文部分

Dewey, J.(1957). *Reconstruction in philosophy*. Boston: Beacon Press.

二、網路

教育部（2012）：「幼兒園教保活動課程暫行大綱」。全國教保資訊網。
檢索日期2012年10月23日，http://www.ece.moe.edu.tw/wp-content/
uploads/2012/10/幼兒園教保活動課程暫行大綱含發布令.pdf

美感教育與課程的另一種樣貌
——以蒲公英藝術幼兒園為例

黃莉莉

（蒲公英幼兒園園長）

摘要

　　美感教育應該是一組完整的概念，它包含了各個面向與各個領域，它是一個涵蓋在生活質量中的另一個面向的生命態度，絕對不是只有眼睛所能看到的一件藝術創作作品或單純的一堂美術課程。但這樣的概念已行之有年，也深植於普遍家長對於藝術認知的成形中。因此，將藝術延伸再擴大，可將它重新定義與詮釋，甚至重新界定它，讓它可以是感受的、是心裡層面的，是眼睛看得到、耳朵聽得見、可以感覺、可以表達的……更多的總合。而這樣的一組概念必須放在先前的教育裡，包含了學齡前的教育，好讓它在小小的心靈裡就開始成長與茁壯、包含了學齡前教育的幼兒老師們，讓這些老師可以用更宏觀的精神去看待，並執行在課程與生活環境上、包含了家長一起教育進來，好讓家長可以接納並用不同的眼光來看待並支持關心美感教育這塊領域的力量。此篇文章將以幼兒教育的課程中去分享、檢視和省思，並在課程結束後的成果可以提供相關人員進入更深層次的思考，原來美感教育的課程可以如此的延伸和擴張、可以用不同的眼光去包含更多的，與可以實驗的。

壹、前言

美學是一種抽象的概念，在希臘代表的是「知覺」的意思（Perception）。雖然可能很多人都覺得學習美學是很重要的一件事，但真正可以理解的概念卻有許多細節需要釐清。美學並不等於藝術，但美學包括了藝術，以及其他的表演藝術，像是音樂、舞蹈等，但可能還不只這樣（賴碧慧等譯，2007）。美學可說是一種美感教育：它可能是一種非雜亂的、用譬喻方式表現的知識與經驗；還包括了在藝術、動作、音樂、生活中對美麗的喜愛與追求；是一種在自然在自然環境中與個人周遭裡，對天然美觀的感應與欣賞；也可能是一種對生命基本人性的反應；代表了美麗的擁有者，並能欣賞周遭環境中的美麗；是與個人經驗相互連結，能連結知識與感覺，認知與感性。為了藝術教育的目的，Lankford（1992）定意美學為「用來理解藝術本質的一組概念」，美學概念幾乎包含了所有藝術層面，從過程到結果，可以將美學的追求定義為澄清自然界中藝術問題的過程，這些美學的經驗包括：觸摸窗戶上發亮結霜的紋路、觀察蜘蛛網的光滑程度、在風大的天氣裡觀察樹葉和樹枝的搖動、聆聽並隨著歌曲的節奏搖動、因為天氣的感受而寫出詩一般的語詞、仔細品嚐剛出爐麵包的氣味……，諸如此類的行為感受。而這與狹義的藝術定義畫出一張作品是不同的。

這是一首由孩子為「臭豆腐」這道美食創作的一首詩：

〈臭豆腐〉

臭豆腐，美味的金盒子，

裝載著酸酸甜甜的泡菜；
臭豆腐，白色的藍天空，
飛舞著香香軟軟的白雲；
臭豆腐，香脆的黑餅乾，
充滿著甜甜鹹鹹的滋味；
臭豆腐，穿著風的衣服，
香味從雲裡微微的飛出。

臭豆腐外皮脆，卡滋卡滋鹹又香；
臭豆腐內餡軟，水嫩水嫩甜又鮮。
第一口，出現幸福的眼；
第二口，出現開心的笑；
再一口，出現滿足的臉。

另外，孩子也為了自己的畢業典禮創作了一首歌曲〈想念〉：

孤單的我，在山上吹著涼涼的風，想起想念的那個人。
涼涼的風輕輕的吹來，吹來花的種籽，
隨著你的遠去，種籽將隨你飄去，讓想念飄到你的心裡。
想念是下雨天的聲音，滴滴答答「想」不停，
像是在傳送想念的音符，讓我想起喜歡的你。
想念是快樂的，快快樂樂的小天使，快快樂樂的我，
想念就成了快樂回憶，回憶裡有蒲公英、有同學，有歡樂
的笑聲。
讓我在黑夜裡做個美夢。
陽光天使推開黑夜，照亮我們、溫暖我們，

風把雲輕輕的吹來，小鳥也啾啾的叫著，
好像是在陪我們唱起想念的歌。
天使、風、陽光、小鳥和雲，
在告訴我們不用害怕，只要想起你，就不再害怕。

到底什麼是美學？在幼兒階段面對這樣的議題其實很有趣。
從這饒富詩性的詩與歌曲去關切孩子的學習歷程與學習環境，並
去探討這詩有其相關的學習擴張和延伸可以看到什麼，是帶領幼
兒學齡前階段的幼兒老師可以關注並思考的。而事實上若是夠瞭
解幼兒，就能明白幼兒自己就是美學專家，他們對大人覺得不足
為奇的事物，會自然地透過驚奇與驚訝表現出他們的美學態度。
教師在美學教育中該扮演什麼樣的角色呢？教師是否能透過服
飾、行為、與溝通來樹立美學典範，校園環境室內與室外也可以
讓人覺得具有美學氣息，使人愉悅充滿靈感，透過環境用心於概
念的建立，反而比做太過的操弄性的干預反而來得有意義。

詩與感受之間是有關聯的。歌曲意境與內在美感有關聯，歌
詞感受和美感教育學習歷程有關聯，環境與孩子之間更有許多交
錯互動累積而來的能量，從小到大潛移默化的醞釀和累積所進行
的每一個階段的課程，這之間都是息息相關的。

以下將以蒲公英家藝術幼兒園進行旗山老街美食地圖，而延
伸出來的美食地圖，與發展出來的美食童詩和有關此方案主題的
藝術行為的創作為案例。並以此為分享。

貳、課程方案的背景與動機

一、輕輕吹蒲公英飛

有愛才有力量！雖然有愛不一定擁有一切，但是愛能促使人努力上進，力求改變，創造出想要的生活，使幸福相伴而生，蒲公英擁有無限愛的種子，形成力量，散撥出去，讓所有接觸蒲公英的一切擁有幸福！美感教育在生活中必須真實呈現，不當它是種課程，而是一種生活態度，然後就像蒲公英的種子一樣傳遞出去。

（一）開放教育下的藝術環境，感受藝術是一件多麼自然的事

藝術教育對蒲公英而言，是一件極為自然的事，因此稱它為藝術教育倒不如說它是一種醞釀於生活中的美學觀，是一種可以緊密與連結之後產生對話的密碼，一旦被開啟，就像全身上下的細胞開始暢通呼吸一般的自然。

因此，美學追求的美感應該在日常生活裏視為理所當然的自然美感，藝術教育與美學教育對幼兒而言，應該是隨手可得的一種自然情境，筆者認為幼兒應該不斷在環境中吸收與接受刺激，為的是得到一種自然生成的美學概念。

就像公共藝術家曾英棟教授曾經說過：「為什麼台灣的藝術環境無法延伸到每一個角落，因為，從小給孩子看的是醜的，長大時美的概念自然就好不到哪裡去；如果從小看的是美的，那麼結果當然也就會不一樣！」我們同意這種說法，幼兒應該不斷在環境中吸收與刺激，因此我們應該在環境中佈置美麗的事物，讓

他們吸收，接觸，也讓他能夠感受、進而可以隨時訓練自己感動的能力，最後再適時的發射出來。在蒲公英的學習環境裡就能隨時發生感動，得到感受。而蒲公英藝術所表的是一種美學觀點、一種橫跨各領域的能力與建構。它能幫助孩子在生活中呈現、在課程中展現。

（二）藝術環境下孩子的能力建構與發展

美學代表著「知覺」，能知道、感受以及覺識！美學並不是一蹴可及的，必須要讓幼兒持續不斷地接觸到美的事物。事實上，Montessori是一位在幼教環境中強調美學重要性的先驅，也堅持幼兒必須要有優美的環境，他強調「清潔、秩序與美感的重要性，成功地創作美麗的環境」。因為孩子從環境中吸收，在美麗與充滿美學環境中的孩子，會培養出美好的品味。而蒲公英一直保持著這樣的覺知。

美學雖然是一種抽象的概念，但在希臘文中代表著「知覺」，能知道、感受以及覺識！它已經涵跨領域與跟真實生活緊接在一起，是一種觀點，更是一種生活態度，且不單純直指藝術狹義的本身。因此美學教育在幼教階段其實非常重要，它在某些時候或許大過於認知的學習，但這一點卻不一定被大多數的家長所認同！家長要的是看得到的實質成效、要的是回家馬上能得到的內心滿足！但是，蒲公英要給孩子的是「任何的」材料。這材料包含了但得見摸的到，與看不見及摸不著的。我們面對幼兒，發展成一個人文關懷，激發了動機，希望提供幼兒發展上所有層面所需的一切。也相信對所處環境中的美麗能夠感到驚奇的孩子，將能欣賞文字、數字、故事、詩詞、方程式、書籍、符號、與文化的美麗。更認為具有美感的孩子在長大成人之後，能夠欣

賞有品味的設計或圖案，才能夠在購買汽車、選擇衣服、家飾、和娛樂上成為一位聰明的消費者。甚至擴大到規劃成城市、興建公路、解決污染問題、貧窮、城市沒落等問題上。因此我們讓孩子體驗藝術的價值，並直接參予各種不同的藝術活動。因為我們知道美學的體驗能夠培養各領域及概念的發展。而美學是哲學的一支，包括了個體對美麗事物的追求與反應，它包含了態度、過程、體驗及反應等。

這些想法不僅是初衷，它更是蒲公英對於教育的堅持！因此，在少子化必須因應的時刻，不能做的是退縮、迎合與妥協！現在更是應該專注的把初衷聚焦起來，讓藝術這一塊擴大再擴大、延伸再延伸，找到一塊屬於可以繼續於美感教育的場域，讓專業與共識連成一條線，確定一條正確的方向，繼續毫無畏懼的耕耘，並讓孩子的幼兒發展階段從美感出發，醞釀與建構在每一步穩定的步伐中。

二、美感教育的環境與資源：限制與困難

關於美的定義有很多，能客觀也有主觀。對學齡前幼兒的經驗來講，眼睛所看到的、耳朵聽到的、心理所感受到的大部分都是直觀的經驗，而這些直觀感受對孩子而言卻非常重要。身處在環境中的孩子直觀直接帶來感受，感受帶來經驗，而經驗能不能帶領孩子進入感動的層次，則必須是成人在鋪陳環境中必須在意的。但對於成人來說什麼是美？什麼是藝術？如何稱之為具有美感力的環境？則考驗著成人的基本認知與背景經驗。這屬於成人的認知裡倘若狹義的界定在是否能夠畫出一張很像的圖、或者完成一件臨摹成真的作品。那麼這樣的認知所帶來的環境與學習就會是美感教育中的一種限制與困難了。

　　我認為一個具備美感力教育的環境，它必須是開放性的一種「藝術」概念。所以從一個大面向來看，環境中的事物能否「激發孩子學習的動力與熱情」、「教會孩子學習的方法與策略」，「讓孩子成為學習的主人」，「懂得為自己設定目標、培養積極正向的態度」。這是環境美學與認知學習相互運作下的學習成效。但這又跟快樂學習不太一樣，有了這些條件，還必須在學習認知上有著不同的眼光，再與環境美學共同結合在一個平衡點上，才能讓開放教育中與環境美學達成一個較好的狀態。因此，這些都不僅是「快樂」學習就能做到。這些是在基礎教育裡，比成績更重要的事；也是家長和老師不應該放棄的期許。而蒲公英在快樂學

　　習與環境教育中的同時，我們真的看到了孩子學習的快樂，更看到了因為它而延伸出去的學習動機與熱情、孩子也在後來學習的路上學習的方法與策略中，解決了自己的與別人的問題。而就是蒲公英所謂的藝術觀點。而蒲公英的孩子後來慢慢長大之後，更發現了他們比起傳統中學習的孩子，更能設定目標，學習的態度也趨於積極與正向。但教育是一個長久以來的問題，問題的根本得從根源著手，學齡前教育就是一個機會，機會在手上，做多少算多少也是一種心態。在鄉下要迎合的東西很多，家長一個要求，你不做，明天或許他就轉學，從某個角度來看，好像都等著被宰割。藝術環境中若沒能感受它之於孩子的優勢，就很容易對於學習失去信心。開放教育中原有的限制與困難早就存在。除了認知以外的學習，不論是美學觀、品格或其他無關乎讀寫算的學習，都是限制與困難。這條路不簡單、也不好走縱使你認為，或你知道二十年後的孩子應該就這麼教育與培養，但學習成效就是無法一蹴可及，著急的爸爸媽媽、阿公阿嬤仍催促著，你

應該再塞一點、再多一點，不管是否孩子會塞爆，或是否早已經埋下一定會掛掉的定時炸彈。何時學習的動機會終了，早就像算命一樣算得好好的，但無奈中仍是不得不。

在開放教育中的日子，堅持你所相信的價值，雖然很容易被遺忘，忘了張開眼睛，打開耳朵，去觀察、去發現。但我們仍必須相信身處在一個具有美感力環境中的孩子是有可以有創造力的。而創造力是一種態度而非天資，是可以仰賴後天的調整來給與的。對幼兒而言，把創造力看成是做事情的方式可能更有幫助，創造力是使用一種特別且不同的方式看待世界，沒有對或錯，只有可能性（賴碧慧等譯，2007）。因此孩子在環境中他們會嘗試新點子，並以不一樣的方式做事情；也會突破限制與探討的可能性，在操作中願意轉換點子與尋找材料、會把東西拆開並用不同的方式組合回去、他們也會親自地操作物品、他們會在問題中想像、幻想或單純地做白日夢、也會想要去解決問題或嘗試想出辦法，常常問問題、挑戰已接受的思考或行為模式……。正因為從課程中瞭解了孩子的能力，與主動學習的熱情與動力，縱使存在著限制與困難，仍是值得與學齡前的成人努力的。

三、美感教育之教學團隊的理念與運作

一個有策略的帶領方案的教師會找出能夠把創造力與課程結合一體的方法。因此成人的教育很重要。

（一）成人的教育開放教育中的幼教老師

方案課程的帶領老師，在想法上、思考上與做法上，不同於傳統教學下的老師。創造力存在於生活中各種時時刻刻發生的細節中，因此課程對於一個進行中的方案來說，就又不能歸類於

課程，因為它已與生活與創造力結合成一體。所以老師的思考與想法就不能認為課程就是課程，隨時都能引發法討論，必須變成習慣，一種思考邏輯，與一種隨時預備好的態度來面對所謂的教學。因此，在蒲公英，專業教師眼界的提升，有助於拓寬孩子的視野與接觸的面向。教師的內在美感對孩子會產生正面的作用，並且顯現出他們的獨特性。所以當孩子在社會互動中發展新奇、創造性的了解和分析的時候，老師就提供支援。老師隨著孩子不同的學習活動而提供不同的支持型態，因此老師的學習必須是廣泛的。

開放教育中，美學的角度並不是簡單的用套裝教材、系列叢書、課本、單元，或是買來的教材就可以培養而成的，因此教師的多方接觸與學習必須變成一種習慣。

洛利斯‧馬拉古齊指出：「你知道，世界是一幅永遠待完成的素描，總是奇妙地生生不息。」所以，對孩子而言，世界就是一幅待完成的素描，永遠充滿好奇與新鮮感，但要如何讓這些奇妙的元素能生生不息的延續呢？這也是蒲公英們成人要思考與努力的方向——遊戲、探索、觀察、好奇、愛發問、天馬行空……，這都是孩子的天性，更是孩子學習與世界接觸的一種方式。如何讓孩子願意主動學習、對世界感興趣、對事物充滿好奇，以及滿足他們各種不同的慾望與需求。因此，增強並豐富孩子的學習環境與空間是重要的課題。而老師必須預備好，因此，老師該如何學習，就變成在團隊中一件重要的事。在蒲公英學習的成人，學習的面向不能只是幼教專業，那是不夠的。老師必須獲取相當的能量，這能量將讓老師在每個階段中學習呼吸與釋放，唯有能量充足，才能好好的面對自己，細數自己缺了什麼、該補充什麼？願意再做些甚麼？而這是開放教育中的老師面對自

己的一種態度。

（二）方案課程的動機與形成

1.開啟方案課程模式之動機

　　方案取向是一種提供發展性、主動積極、投入性，以及有意義學習活動的好方法。一次的方案教學活動，是在一段可以自由延展的時間內所作的深入研究，其所選的主題，是個人、一小群的團體或整個班級所感到想要探究的，這是一種強調自主性的學習。民國88年以前從單元教學，演化成主題教學，認為面對幼兒，應該有一種更完整的課程學習層面，不應切割，更不能因主題的限制，而阻擋了孩子想要繼續探究的學習動機。因此，不再訂購坊間出版社教材。而以孩子的興趣為出發點而開始自編教材，採用方案教學。自此發現孩子更能整個投入在學習活動中，並能藉著努力尋找主題的解答，孩子學到了技巧和觀念。因此，蒲公英的方案課程開始發展，並且創造了一個新思維。

2.方案形成的開始：傾聽、說孩子的故事

　　我們從傾聽孩子開始，為何要傾聽並說孩子的故事是因為：
（1）傾聽孩子的複雜性和多元性是必要的。
　　　・只有聽才會引出對話。
　　　・聽也是去證實某些事情一定會發生，是好奇的聽，不是提供答案的聽，是引發問題的聽。紀錄孩子的故事也是傾聽孩子的一部分。在蒲公英如何記錄沒有任何一種既定的規定。它只是一種嘗試兒童被看見的權利。透過紀錄、拍照、錄影其實能夠與孩子在一起，這是一種參與性的過程。所以蒲公英老師的紀錄是一

種看得見的聽。

　‧方案就是故事，留下痕跡、學習過程留下的見證。重視的不是孩子的最終作品，而是這之中的過程。這過程讓老師反思時保持思想中的彈性。反思時當覺得理論、條規、行為都不對時，就能理解他們是一個隨時都在變化的個體。因此，在方案課程中我們接納過程中發生的意外、錯誤，與驚喜，和珍惜這之中的價值。我們認為懂得聽孩子，就是了解孩子。

（2）因為聽見孩子，才能從興趣出發——如美食地圖

3.各種故事中形成可延燒的方案而繼續發展

　　這些故事包括了人際互動、認知、情意、技能、品格養成、校園文化、問題解決、一種興趣或一種喜好的延伸等。

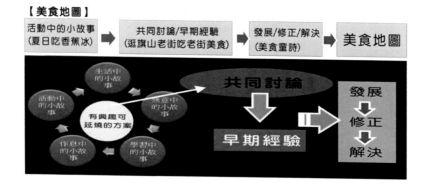

（三）學習型組織，形成團隊支援系統

1.蒲公英學期師資訓練

　　當一顆鑽石可以閃閃發光，那麼所照亮的就不只是自己。

蒲公英有著優質的校園文化，每一個學期的師資訓練就是其中的一種。當每一個人願意為了共同的目標而努力，那麼團隊的光就很容易共同的聚集而發射。這個光芒為的就是所有的孩子。在蒲公英，每一個學期，老師都必須有著共同的操練，這個操練讓每個人功力大增，能力增強不只有專業能力，它還包含了在職場所應具備的各種素養，是一筆不小的總和力，內化之後轉為互動之用、與孩子的互動、與家長的互動、與同事的互動更與自己產生互動，這當中擁有許多加乘而來的能量。當我們不斷的運用它，這個鑽石團隊的每一顆鑽石也因著琢磨而散發出各種光芒，溫和的、親切的、傾聽的、專業的、可以呈現的、可以感受的，更是可以感動的。

2.美好的甜甜圈：分組學習

　　分組學習就是一個最好的學習機制，資深老師經驗與能力的分享與教導，讓每一次都是全新的學習。每次師訓都以教育為基礎的理論，以多元感受、多元知能、腦力激勵的師訓課程。為提昇本身職能的認知及個人風格的掌握，並強化領導智慧與管理運作技巧，讓每位老師皆能在個人工作崗位發揮最優質的能力，作好班級經營；並於工作場域中強化職場EQ，用最好的工作態度，贏得讚賞，獲得自信，創造最佳的良性循環。在蒲公英每個人都可能化身為講師，這是從每次的師訓中養成的能力。

3.新思維、新觀念

　　蒲公英除了幼教專業訓練，也必需提昇老師們面對幼教場域之因應能力，強化老師對工作的認同與組織的共識。幼教專業中透過課程分享，修正與改進方案策略。也讓同仁在帶領方案課程

時，找到迷思與盲點，而使課程真正為了孩子。透過團隊的團討與分析，擬定具體可行的改善行動方案，促進個人與團隊績效的提昇；更透過精心設計的團隊競賽活動，激發同仁內在潛能與旺盛企圖心，並培養出責任感、榮譽心及心手相連的革命情感，以期上下一心攜手並進，交出亮眼的團隊成績。老師們可以從每次的實際模擬演練中獲得技巧互動學習中增加能力。

參、蒲公英學習觀點的落實與實踐

孩子的學習是一個逐步發展的過程，許多的能力經過修正累積而來。每一個環節都少不得，它是一個歷程，更是每一個階段的成長故事。而美感力教育的發展它必須建構在一個觀點的落實與實踐，而不是憑空降落的一組教材。因此環境中的鷹架必須在那之內。

鷹架中逐漸的發展

（一）孩子的先備經驗與能力

鷹架和教育最主要的目的，就是將孩子保持在他們的最近發展區內活動。這可以兩個方式達成：（1）建構孩子的活動和周圍環境，如此在任何時候對孩子目前的需要與能力，不斷調整成人介入的程度。（2）好的鷹架者在與孩子合作時將他們保持在ZPD的第二個方法，就是很小心的調整幫助和教導的量，使之等同於孩子目前的能力。

這兩個理論觀點都提及孩子在社會中與環境的互動，強調學習者積極參與建構意義。在社會情境中孩子是積極的參與者，與

環境發生關係，事實上孩子必須在最近發展的區間有機會參與，在團體中獲得有能力的同儕的支持而逐漸建構自己的能力；而老師必須懂得適時建立鷹架與卸除鷹架，才能令學習中的孩子激發潛在的學習動機與意願而達到較高的能力發展。

　　在蒲公英，孩子美感力的建構從小班開始。從主題延伸出來的能力，其實是經驗的累積。在這之前已經提過，所謂美感力不單直指著藝術教育，它包含了許多觀點。而這經驗是逐步建構出來的。包含了解決問題的策略與模式、大量的閱讀、用藝術解決問題，與在蒲公英藝術情境的浸泡。以蒲公英家夏卡爾班發展的美食地圖方案，當時是大班年紀，他們在後續高潮階段發展了十首關於老街美食的童詩與畫作，並共同畫出旗山老街美食地圖。但事實上他們的能力是從小班開始的方案就開始逐步建構了，這段學習過程能力的累積確實幫助了他們後來

　　的能力建構與發展。不論是各領域的發展、面對問題的解決策略模式，語文發展能力、與主動學習的動機，都是一種主動的、積極的與且具有美感力的。

（二）全語文的學習觀點

　　十首童詩的童趣、文字的靈活度、與力量的呈現，其實必需探討其學習的方式與架構。在蒲公英的方案教學中，讀寫是一個活動，一種思考的方法，而不是一組技巧；它是有意義的活動-

人們讀、寫、說和思考真實的想法和訊息，以便能沉思並延伸他們所知道、和別人溝通呈現他們的觀點，以及去了解和被了解（Langer, 1987.4）。如果將方案中的讀寫行為視為一個活動，則活動理論的假設對讀寫發展的應用是很重要的。

當在活動理論中考慮讀寫的時候，它必須被想成是一個動態的過程，被社會情境所塑造，只在於情境的關係中才可以了解。教學時焦點必須放在讀寫活動的目標上，或對參與者的意義上。因此孩子的詩若是在全語文的學習觀點裡被架構出來，那麼詩令人所感到的驚艷就不足為奇。

1.蒲公英家的讀寫萌發——學習一種好的開始：美食地圖中的讀寫萌發實例

讀寫萌發的概念著重從幼兒觀點、而非從成人觀點，瞭解幼兒逐漸呈現和發展的讀寫行為。在蒲公英讀寫萌發的觀點是將讀和寫視為一體，強調幼兒在學習閱讀和寫字的過程中，是一個主動的參與者和建構者。蒲公英強調幼兒需要在真實環境或遊戲情境中，有探究和自學的機會，並獲得同儕和老師的社會支持及鷹架維持。幼兒的讀寫經驗應被組織成幼兒需要的方式，讀和寫應對幼兒是有意義的、真實的，讀寫活動應在幼兒的生活環境中適當運作，讓讀和寫成為幼兒遊戲中所需要的。在蒲公英家方案教學中，結合了讀寫萌發的觀點，將讀和寫視為一體，強調兒童在學習閱讀和寫字的過程中，就如同他們在學習說話一樣，是一個主動參與者和建構者。兒童在學習口語時，常會發生錯誤，尤其是語法上的錯誤，反映出他們正嘗試運用著語言的知識，並試著從中尋找語言的規則。方案的課程進行中，孩子常在討論與溝通的過程經驗錯誤，並找到合適的語言用法。老師應視幼兒為文字

的「建構者」（Ferreiro,1986），也應知道他們在書寫的發展上各有不同的發展階段，更因考慮到個別的發展，除了團體活動中外，老師也會用不同的方式予幼兒互動。在延伸美食童詩圖時發現孩子的興趣。老師即積極地加入相關的閱讀和書寫活動，以滿足孩子的探索慾望，便開始思考：「我還能提供什麼？才能幫助幼兒繼續他的童詩發展。」隨著老師和學生互動模式的改變，教室的活動和環境，也會跟著改變，以延續讀寫的發展。因此老師所提供的資料後來成為童詩發展較為成熟的重要因素。

在蒲公英的方案課程中，一個規劃完善的情境佈置與資源提供是非常重要的，它提供給所有的幼兒從事以及探索文字的機會，而教導者的角色在這樣的環境下也相形重要。

2.深度學習的擴張——蒲公英的閱讀傳奇

Goodman（1986）指出幼兒置身於一個文字社會裡，在文字的環境中成長，其讀寫基礎便以奠定。當幼兒觀察到大人以閱讀和書寫來滿足其需要或作為溝通工具時，他們就已經意識到文字

是環境中一種自然的、具功能性的東西。因此，蒲公英認為孩子知道要如何學習，因為主動理解是他們的天性（Smith,1986）。孩子會向他們身邊的人學習，從與父母、兄弟姊妹、親戚、保母的交談中學習，從真實的生活情境對話中學習。學齡前期的孩子在閱讀與書寫的發展上可能因為個別差異而分別處於不同的階段，不同的孩子需要不同的互動方式。因此，為幼兒安排多樣化的閱讀活動、閱讀經驗，以及豐富的教室環境，最重要的是身旁週遭的成人必須學會等待與給予機會，以利幼兒讀寫行為的發展。

　　蒲公英積極推行閱讀活動，除了班級閱讀，也推親子共讀活動。在園時間關於閱讀活動，我們鼓勵老師與孩子共同的出聲閱讀，或老師為孩子念讀故事是經常的、有時孩子也會選擇一個小角落獨自閱讀，或三五人一起享受閱讀時間。因此，孩子從小班開始就有大量閱讀的經驗。他們讀繪本、讀地圖、讀蒐集回來的說明單、名片和相關詩集。

閱讀旗山老街路線並共同討論　　閱讀點菜單　　　　兩人一起討論建築形式

3.經驗圖表——文字發展與詩的形成之間

　　將語文轉換成文字，對孩子來說非常奇妙，「原來講的話可以變成字！」這種驚嘆號，有時觸動了，對孩子來說是一種學習的驚喜。

　　這個過程就是所謂的「經驗圖表」，經驗一個過程的圖像，可能是圖畫、可能是文字、也可能是表格，總之是一個討論的完整或部分呈現。對蒲公英的老師來說只做正確的書寫示範，或只是記錄或討論的「一些東西」；對學齡前的孩子來說，過程的專注與延續討論就是重點；對家長來說，了解討論過程運作的目的與意義，反而比在意孩子會不會寫重要的多。孩子修改、創作完十首美食童詩是透過探索、品嚐、紀錄感覺之後的修正歷程。經驗圖表上對於文字的琢磨與修正，孩子有著事件記憶的累積。每個人臉上洋溢著一種成就感，也帶有一些驕傲，驕傲是因為他們完成了一項艱鉅的工作。

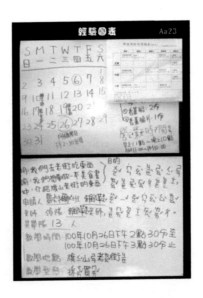

　　修改童詩必須耗費許多精神思考、判斷、連結、回想、提取等，思考可以使用哪些語句、判斷是否適合、連結其他想法或文字、回想自身的經驗或感受、提取資料庫中的文字或語彙，而

孩子語文的能力便能在此展現，顯現如何編排句子、文字的表達用、詩的主軸或概念、是否有足夠又豐富的語彙可以提供使用。所以，當孩子能將閱讀的文字轉化成個人的背景知識，且能事實有效地利用或提取，表示孩子閱讀的能力是逐漸成熟的，也代表孩子對文字的感受力、聯想力的能力是逐漸進步的。

（三）課程發展的各種資源

孩子積極參與在方案課程進行扮演著課程催化劑的角色。Silberman（1970）非常強調「假如學習是由學習者的興趣出發，而不是教師的興趣，應該會有效率的多，」而且「順著孩童的興趣學習，並不表示要放棄成人的權威，只要是改變行使權威的方式。老師在帶領課程中的角色，要非常的留意，很多時候老師容易忽略孩子可能可以發展的能力而變成主要教導者，Vygotsky的最近發展區可以來解釋方案教學中學習者的角色教學可以超越並引導發展，他指出：「孩子今天能和別人合作做到的東西，明天他就可以獨自做到。因此唯一最好的教導就是超越發展之前加以引導；但並不那麼針對已經成熟的，而是在成熟中的功能。因此，課程發展中的各種資源的支持與介入是有必要的。因此「美食地圖」發展的過程中包含了以下：

1.做為仲介的其他成人

通知單發放

孩子發現地圖中地名的英文字而請教的
專家-jane

旗山老街賣香蕉脆餅的老闆娘

正在打電話詢問事項的負
責人

找到賴老師借指南針

熱情捐款的阿公

拿到募款通知單的其他成人

2.情境資源：協助後續發展的驚喜

在方案教學中不管是知識或是個人，都是持續改變與演進當中，故沒有終極性的知識，也沒有所謂的重複，人類也不可能絕對的完美（Freire, 1970/1997, 65），所以需要歷經不斷的反省（reflection）與積極的行動（action），才能持續創造自己與發展經驗。但是學齡前幼兒有許多表徵與能力展現是來自真實生活的行為情境。因此課程設計上就具備較多的行為情境與資源。如此他們能將所讀到的、或聽到的，與他們原先所知道的，結合在一起，而真正地了解正在學習的事；而這個過程需孩子們自己主動去建構。

這個過程為孩子們提供了情感認知經驗與基礎。而與關心的事物產生連結。

因此美食童詩的形成與發展，情境資源的給予和支持佔了極重要的比例。牆壁上張貼的各種地圖資訊、孩子們讀的詩集及繪本，都成為後來童詩發展很重要的角色之一。

圖書相關資源：
● 來我家玩(照著地圖走)
● 樹先生跑哪裡去了？(童詩精選集)
● 有太陽真好(童詩集)

地圖相關資料：
● 南臺灣觀光地圖
● 魅力蕉城美食地圖
● 北台灣觀光地圖
● 金門觀光簡介
● 高雄市觀光旅遊指南

3.事件與活動：形成劇本記憶

因戶外教學表現不佳，而申請未通過，孩子們想辦法而產生的道歉信活動

認為詩的豐富性與文學性應該可以再提高而提供意見的老師

為了美食研究而舉辦的募款活動

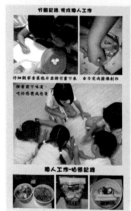
竹籃記錄 完成職人工作
仔細觀察香菇照片並將它畫下來
職人工作-拍照記錄

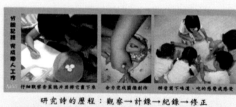
竹籃記錄 完成職人工作
仔細觀察香菇照片並將它畫下來　合力完成圖像創作　樹香寫下味道、它的感覺或感受
研究詩的歷程：觀察→計錄→紀錄→修正

需要英譯地名而查字典

版面調整而使用影印機

幼兒與所學習的事物產生了經驗連結，就較容易內化。當孩子的內化能力有所展現或被看見，我們就能較確切的認為，孩子有所收穫或課程教學適應孩子的需求。在美食地圖中，老師扮演支持孩子的角色，因此較能體認並接納幼兒在成長模式及速度上的差異性，事件活動中也讓孩子透過感官感覺，積極投入學習與發現的活動，引領孩子從事思考建構的工作。

4.問題解決策略模式

在最近發展區內積極仲介孩子的學習。老師仲介不只是示範或展示如何去做某些事情，當老師與學習者互動時，可以持續的分析學習者如何思考、用什麼策略解決問題和如何建構意義。在這個過程中，老師決定了需要提供多少，以及什麼形式的支持給學生。

「美食地圖」中老師時常鼓勵孩子透過動手、溝通、與對話積極參與學習活動，也必給孩子充裕的時間去發展課程中學習的興趣；也給幼兒充分時間發問與接受答案，如此在各種不同難度及複雜度的概念與想法，就能得到解決或繼續發展下去。

經費預估的數學計算　　想辦法解決版面的問題　　影印機縮小比例的實驗　　嘗試打電話給市府單位

（四）方案主題中藝術觀點的各種樣貌

幼兒環境中所發生的一切，不論是否經由規劃而產生，我們要著重於規劃藝術活動，並將未預期的，未經規劃的活動轉變成有意義的學習體驗。

1.用藝術來解決問題

每個幼兒教育者都知道過程比結果來得重要。用藝術來解決問題是一種過程，在過程中幼兒選擇了表達的素材，運用材料，發掘任何的可能性。在蒲公英創造力是一種態度而不是天資，對幼兒而言，把創造力看成是做事情的方式可能更有幫助，所以創造力是使用一種特別且不同的方式看待世界，沒有對或錯，只有可能性。

2.因主題而發展的藝術創作

繪畫不再是簡單的美術技巧的呈現，繪畫過程中從「想像」到「表現」，往往涉及兒童的心理、情緒、與認知等層面。因此，在主題中的創作大部分會因為需求和感受而出現。這樣的創作不僅解決了需求，更表達了意念，對孩子而言通常除了滿足感官感覺，更讓藝術創作的意義進入

了更深的層次。在美食地圖中因為需求和感受而繪製了旗山火車站，這樣的作品對孩子而言是極其有意義的一種創作行為。

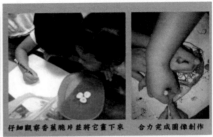

畫出路線

仔細觀察香蕉脆片並將它畫下來　合力完成圖像創作

3.視覺美感力的觸發與提升

　　有時我們會在進行一件工作時，思維會決定它的價值與面向。而能力的累積則會決定視覺美感力的提升。在編排美食地圖時，孩子因為版面的配置與對畫面的要求，而形成一再重複的做一件工作，為的是要版面看起來舒服好看。這時可以確定的是，這件工作不只要完成，還要完整和「好看」。這時的好看就是視覺美感力的提升。

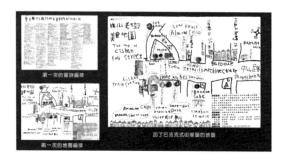

（五）各領域的探索與發展

　　當方案在進行時，幼兒是主動的學習者，幼兒們問許多有關主題的問題，做許多的活動來延伸主題，也藉繪畫、扮演、搭建及其他的表徵來呈現對主題的瞭解，也統整了語文、數學、社會、科學及藝術等領域。方案課程強調行動因素、全心全意、充滿活力的，有目的的活動，它的內容必須是一個待解決的實際問題，有目的、有意義的活動，由學生計畫、實行，包括有始有終、可增強經驗的活動，因此使學生透過設計獲得良好的成長。在美食地圖中，孩子因為活動而有著各領域的接觸與發展。

肆、蒲公英美感教育學習歷程／課程設計與架構

一、玩出精彩・遇見未來

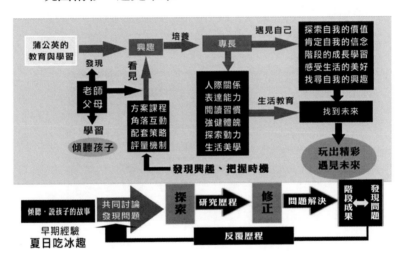

二、從興趣開始：我愛的旗山──美食地圖

　　古色古香的旗山，充滿著人文氣息與地方特色。旗山，一個陪伴你我成長的記憶軌道，承載著你我的童年故事、特殊情感與難忘懷的氣味。氣味裡，有各式美食、百年古蹟、濃厚的人情味，是一種在地的文化與精神的傳承，在這種氛圍成長的你我，都是幸福的，感染著這份山城的優美與典雅。

（一）孩子的早期經驗與討論的開始

美好經驗的給予，將開啟另一個新旅程；愉快回憶的點滴，將啟發另一個新討論。正因為吃香蕉冰的美好經驗，讓孩子對於旗山美食產生了興趣。

回程中，經過旗山老街時，孩子你一言我一語，訴說著在旗山老街上曾吃過的美食，或曾在在古老街道上所發生的點滴回憶，這些生活記憶，引領孩子展開關於旗山老街的討論。

1.探索與討論：古色古香的旗山老街

對孩子而言，旗山老街是一條很老的街道，裡面有著開很久的老店，更擁有許多百年古蹟佇立於此，在旗山的各式地圖上孩子各有各的發現與感受。

教室張貼的地圖，孩子喜歡圍繞在一起討論和分享。特別是在上次吃完常美冰店的香蕉冰後，他們時常討論著旗山老街上的美食。

孩子對旗山老街上的百年古蹟充滿好奇，因此老師利用教室所展示的仿巴洛克式街屋圖，介紹老街上的建築與古蹟，及旗山的舊地名-蕃薯寮。

2.發現問題

（1）八角斜頂在哪裡？

旗山老街上四個旅客必來觀賞的古蹟與建築有「仿巴洛克式街屋、石拱迴廊、天后宮和火車站」，孩子最感好奇的是旗山火車站的八角斜頂，真的有八個角嗎？

──分享有關於老街上的歷史與建築後，孩子們好奇地問……

幼兒：什麼是是八角斜頂？是因為它有有八個角嗎？

老師：斜頂也就是指斜斜的屋頂，八角斜頂是指有八個像這種三角形的所建構成的屋頂，但我不確是不是有八個？新堯：數一數就知道了。大家異口同聲「我們去數數看就知道了。」孩子決定請老師擬訂一份旗山老街上歷史建築的學習單，讓他們利用假日時間，請爸爸媽媽帶他們去實地考察與探究。

（2）地圖上的N和S是什麼？它又在哪裡？

孩子們熱烈討論和觀察　　立璿發現地圖上的"S"。　　研究指標和方位詞。　　隨意指完方向後，拿出
分享地圖上的內容。　　　　　　　　　　　　　　　　　　　　　　　　　經驗圖表對照方位。

教室張貼的旗山地圖有許多類型，例如有美食地圖、單車路線地圖、社區導覽地圖、行政區景點導覽圖等，孩子很喜歡聚集在地圖前述說著自己的現或發表著自己的經驗。這些刺激讓他們更加喜愛教室中的地圖，也沉醉在與旗山相關的討論中。

3.動機出現

（1）我們好想吃湯圓

「旗山的湯圓圓又圓，ㄅ一ㄅ一ㄅ一，ㄅ一ㄅ一ㄅ一，五十塊（台語）」孩子一直覺得旗山的湯圓很好吃，但是在地圖上並沒找到湯圓店，那家好吃的湯圓店到底是哪一間店？它到底在哪裡呢？

孩子向賴老師借指南針，在共同閱讀指南針的操作說明後，孩子們至廣場舞台上進行方位的研究，再由老師協助記錄研究結果。

（2）走，我們一起去吃旗山美食吧！

選好了三樣美食香蕉船、香蕉脆片和義大利麵，以及確定戶外教學日期與時間後，孩子主動申請戶外教學。

確定通過審核時，他們緊接著進行下一階段的討論與工作的分配。孩子分享自己在老街上品嚐過的美食，說著說著，孩子們開始萌發出介紹旗山老街美食的想法了。

孩子決定利用學習單蒐集店家相關的資料。資料分享後，孩子決定店家開始賣湯圓時再去吃！

4、分組決定

夏卡爾班有13個人，孩子發現如果一組4個人，可以分成兩組4個人，一組5個人，剛好是他們要分的三組，因此孩子決定4個人一組，最多5個人。

孩子自己分組並在分組名單中寫下自己的姓名，並協調各組人員的工作-採買、拍照、文字記錄與畫畫（圖像記錄）。工作項目確定後，各組就將工作的分配告知老師，並完成工作內容的記錄。

（二）問題解決策略階段

1.美食研究經費從哪來？

　　孩子已從單純的「品嚐」到「工作分配」，儼然已有美食研究的雛形產生，無論研究項目為何，它都需要相關的研究經費，經費要從哪來呢？討論後，孩子決定要向蒲公英的老師和夏卡爾班的爸爸媽媽募款，每個人最少請他捐10元，最多捐100元，並決議使用紙箱製作募款箱。需要募款多少錢才夠呢？經過驗算後，孩子知道第一次的美食研究經費需要368元。

2.我們需要多少錢？

　　孩子們決定要進行3次美食研究，總共要吃10道菜。為了預估三次戶外教學所需的費用，孩子們決定以第一次所需要的費用預估三次美食研究的經費。

　　第一次需要368元，那三次全部的金額又是多少呢利用圖表計算結果得知是1104元，接著又使用真實的金錢來計算。先將3次的368元排好後，再讓孩子依照「個十百千」依序將錢放置在上面，進行費用的計算、換算與記錄。

3.開始募款及活動流程解決？

經過驗算後，孩子確定我們所需要募款的金額為1104元，而我們募款的對象總共有33位（父母13名、老師和教職員20名），所以孩子決定修改最高募款金額，從原本的100元下修為60元。

確定洞的大小　完成通知單　使用影印機-募款通知單　發放募款通知單　　　縣政宣導募款活動情形

（三）研究探索與實驗階段

1.經費計劃與執行

每天記錄募款所得金額，並將研究的花費記錄下來，以掌控經費是否超支。此外，每次的美食研究，都會先規劃外出路線與時間，孩子會主動計算各組所需的經費並準備外出的錢袋。

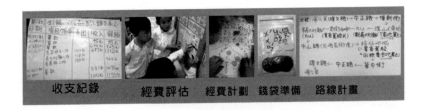

收支紀錄　　　經費評估　經費計劃　錢袋準備　路線計畫

2.購買、觀察、紀錄、發表

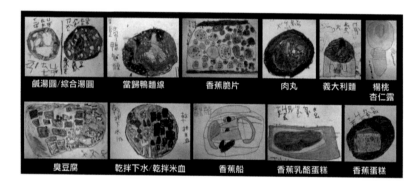

3.第一次的美食童詩

　　孩子分組紀錄下吃的感覺、聞的味道、個人的感受後，全班再一起討論、發表、聯想和修改美食童詩的內容。童詩內容置於附頁中。

（四）再發展階段

完成美食童詩的修改後，孩子開始進行美食地圖的繪製工程。他們決定分工合作製作旗山老街的美食地圖。

1.繪製美食地圖

分組工作（古蹟製作、繪製地圖、店家介紹、仿寫童詩）→發現問題→合作解決
孩子自己看圖畫下的地圖　　　孩子票選的天后宮門神

孩子自己看圖畫下的地圖　　孩子票選的天后宮門神　　鐵路圖畫

2.影印──神奇縮小術

美食地圖的繪製已經完成了，接下來就是要將資料與地圖連結成一份完整資料的時候了，但是資料太大放不進去地圖裡……討論後，孩子決定要將資料、圖像使用影印機縮小！

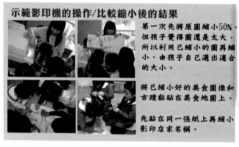

示範影印機的操作/比較縮小後的結果

第一次先將原圖縮小50%，但孩子覺得圖還是太大，所以利用已縮小的圖再縮小，由孩子自己選出適合的大小。

將已縮小好的美食圖像和古蹟黏貼在美食地圖上。

先貼在同一張紙上再縮小影印店家名稱。

孩子將影印縮小好的圖、詩、字剪下並貼上雙面膠。剪好影印縮小資料後，孩子將所有資料放在地圖上編排。

3.地圖為什麼要折？要怎麼折？

孩子的地圖已經越來越完整了，但是好像好少了些什麼？

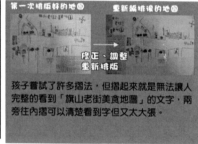

孩子嘗試了許多摺法，但摺起來就無法讓人完整的看到「旗山老街美食地圖」的文字，兩旁往內摺可以清楚看到字但又太大張。

4.我們想讓地圖更完整？

重新調整好地圖的排版後，芊諭發現這樣會摺到字，所以決定再調整一次版面。

發現教室角落中放置的地圖上，有街道名稱和美食的英譯，討論後，他們決定要將英文加入美食地圖中，讓更多人可以了解旗山的美食和古蹟。

5.咦！地圖怎麼會有英文字？

　　全部的街道名稱只知道中山路的英譯，那其他的街道譯名該怎麼辦呢？與孩子分享了「台灣地區地名查詢系統」的操作方式後，便讓孩子自己拼音、動手查看所需的街道譯名。孩子在查詢的過程中發現有兩種拼音法，在說明和釐清概念後，孩子也了解到為什麼旗山的英文會有四種不同英譯的原因了。

6.美食要怎麼用美語表達呢？

　　美食地圖只剩下旗山美食的美語文字就可完成了，部分美食名稱已確定，有的資料是不確定的，最後孩子決定先查字典，如果還是找不到，再問美語老師Jane。

　　還是找不到，要怎麼辦呢？孩子決定向Jane借其他字典查查看。查到資料後，孩子主動問Jane這個字的意思正確嗎？是他們需要的資料嗎？

7.美食地圖完成了!

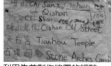

利用先前製作地圖的經驗,
很快地完成書寫和黏貼的工作。

經驗圖表記錄下
我們的討論內容
,以及我們所查
詢的資料,孩子
在有需求或想回
顧時,孩子都會
主動翻閱相關的
經驗圖表。

經驗圖表

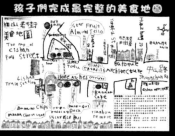

伍、親師溝通與互動：教學評量發展

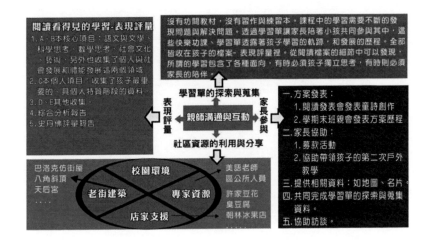

陸、具體成果展現

孩子的能力與獲得

（一）孩子各領域能力的發展

1、身體動作與健康：參觀、分享美食的感受與喜好、介紹
美食等。

2、認知：生活經驗、提議與討論、分組、經費預算計劃、
確定金額的計算、地圖方位、省思外出表現、研究老建
築、老街文化、建構新知識、累積經驗。

3、語文：美食、老街研究、童詩縮小影印、使用影印機、

童詩的研究、語句修辭與表達、查字典、打電話詢問。

4、美感：感受與喜好的發表與分享、繪製地圖、發表童詩、創作古蹟建築、天后宮的門神圖象創作、地圖最後的美編、美食的繪製、美食攝影、製作地圖。

5、社會：購買美食、打電話詢問、參觀、募款、提出申請單、老街研究、募款方式。

6、情緒：探究能力、概念釐清、推測／預估能力、省思。

（二）孩子的創作

1、美食童詩，如附件。

2、美食地圖，如附件。

（三）後續的發展

1、孩子的敘說

（1）「我有帶舅舅、舅媽去旗山老街吃好吃的東西。」（蔡○璿）

（2）「每次我去旗山老街都會去吃當歸鴨麵線，吃完一定要再去吃豆花。」（林○堯）

（3）「旗山的香蕉冰很好吃！」（還回家跟妹妹炫耀）（陳○諭）

（4）「我當導覽人員帶親戚朋友去旗山老街吃美食看古蹟。」（朱○福）

（5）「我覺得我們的地圖做得很好、詩寫得很好。」（很多小朋友）

（6）「我有帶爸爸趣我們研究的地方吃東西，還跟他說地圖有哪些是我寫的。」（陳○晴）

（7）「我會帶舅舅趣老街吃東西，會介紹也會分享詩。」
（某小朋友）

2、家長的分享

（1）「這個方案很精采，讓我了解孩子的學習，真希望有
對外發表的機會。」（蔡○璿的爸爸）

（2）「對錢有敏感度出現，因為去超商，會搶著去付錢和
數錢。」（王○晴的媽媽）

（3）「美食地圖很可愛，很適合貼在老街的店家，可讓旅
客拍照留念。」（○堯媽咪）

（4）「很不可思議，老師能帶領孩子創作詩和做地圖，很
佩服，孩子會一直不停的提起吃東西這件事。」（○
璿的媽媽）

（5）「讓人想當導遊介紹旗山。」（○華媽媽）

（6）「孩子對於金錢概念有增長，會算錢，對個十百千都
有概念。」（○堯媽媽）

柒、結語

孩子的學習是有階段的，認知發展從從具體到抽象，老師必
須能依照孩子每一個階段的需要，給予適當的啟發與引導，孩子
的發展與學習才能完整。互動式的教學也讓孩子從中獲得所需的
資料與新知識。

當孩子的興趣被開啟，願意去做，翻閱各種辭典，老師在旁
協助孩子辭典的翻閱或關鍵字的給予，語言的使用與學習才會更
實際也顯得有意義。因為生活經驗而開啟這段旗山老街的美食研
究，這段研究的歷程很長，但孩子樂在其中，並以此感到驕傲。

的確，許多事情我們不能太過急躁，著急就會忽略了細節，而我們的研究與探討也就無法如此深入且完整。這個方案很明確的讓老師感受到，老師得時時刻刻與孩子站在一起，才能真正理解孩子的學習速度，與瞭解自己應該補足的相關能力。

所謂的「內在動機」，是指學習者認為所學的事物或活動本身就是目的，覺得這些事物或活動本身有趣味、有意義、有價值、帶來挑戰與成就感等。孩子如果覺得學習過程雖然辛苦但很有趣，雖然困難但想挑戰，雖然會失敗但有成就感，這就是擁有高度內在動機的展現。

孩子在進行這份美食地圖的樣貌述說得相當完整且清楚。正因如此，孩子除了能懂得關懷在地生活文化之外，更重要的是這段研究歷程，將累積成為孩子的長期記憶。這段歷程也提供老師在教學的過程中有了更多的思考與發現。

未來的期許與展望是：首先，期許讓旗山本地人或遊客透過此內容後的成果——「孩子的美食地圖」，了解孩子眼中的旗山，從接納孩子的趣味中，發現更可愛的旗山；對孩子來說，他們得到了一個更真實的學習過程，若能發表出來，待孩子們長大後，這樣的資料更能成為孩子們關懷旗山的一段見證。其次，希望透過這張美食地圖與童詩作品，讓讀者在閱讀的過程也能感染孩子的童趣更能讓喜歡旗山的朋友，真的能夠透過孩子的童詩創作，循著地圖找到喜愛的旗山美食。

這段研究歷程跨越了各領域的學習，深度與廣度也顧及了分割學習所無法觸及的。期待家長則能從整個歷程中瞭解與接納「學習真的不是只有讀、寫、算」。進而對學習的面向改變思考的觀點，來幫助孩子。

學校就是美感學習的最佳場所，這是一組概念概念性的問

題。這或許可從這一個方案中去感受與重新定義。孩子在環境空間中若能大量的與藝術形成對話，讓課程的角度去包覆眼睛所看到的視界，耳朵所聽到的音樂，更讓心裡的感受互相聯結，孩子會很習慣欣賞美的事物，眼光美的標準會提升，藝術的體質會更健康，這其實是一件很棒的事。從環境中釋放出來的訊息，遠遠比你不斷的教孩子讀寫算或「教畫畫」來得更有意義！

　　有時我們得相信，有時孩子真的不用教，有時我們得相信我們必須讓孩子主動去探索而不是「教」，當你「教」多了，孩子會忘了他有一顆可以思考的頭腦，有一個可看的、可聽的、可感受的心。當你不教了，他的思考就停止了！

　　學習藝術更是如此，孩子可以大量的欣賞來鍛鍊他的審美眼光，來建立他的藝術自信，讓孩子每個都快快樂樂的與藝術當好朋友，才是成人要去思考的。

　　蒲公英給的是一個藝術氛圍的場域，蒲公英可以提供大量的材料，透過藝術材料的引導，引導孩子與材料對話，孩子能夠產生屬於自己的體驗！「材料本身就會跟孩子對話」，在跟材料對話的過程裡面，孩子學會「認識自己」、「喜歡自己」，那他就會去「執行自己」。他碰到挫折的時候，有老師能夠用「哲學語言」的「智慧與愛」跟他討論，讓他再次得到「解決問題」的能力，那麼最後得到的成就感，是他「人生最真實的成就感」。於是他會創作，他會分享，長大後「他再帶領他的家庭繼續與藝術做朋友」，未來他的家庭與事業都會是幸福的，他人生將沒有被打倒的可能性；因為所有的困難、所有的挫折，到他的手邊都像畫圖一樣把它轉化到自己的智慧與愛裡面找到創造的經驗，這是很快樂的事情，這也是問題解決能力的一部分，更是一長串幸福經驗的累積！

參考書目

谷瑞勉譯（民88）。《鷹架兒童的學習：維高斯基與幼兒教育》。台
　　北：心理出版社。

賴碧慧、吳亮慧、劉冠麟譯（民96）。《幼兒藝術與創造性發展》。台
　　北：華騰出版社。

張軍紅、陳素月、葉秀香譯（民87）。《孩子的一百種語言：義大利瑞
　　吉歐方案教學報告書》。台北：光佑文化。

江怡旻（民86）。〈幼稚園方案教學之研究〉。國立台灣師範大學家政
　　教育系碩士論文。

陸錦英（民89）。〈萌發課程中師生不同程度做決定之研究〉。收於
　　國立台北師範學院（編）教育學術論文發表會論文集。台北師範
　　學院。

胡寶林（民89）。〈走出校園，認識社區環境與人物：呼應一個歐洲的
　　「回歸生活環經教育」案例〉。美育，123，6-15。

附錄
幼兒園美感教育學術研討會之心得報告

連郁芸
樹德科技大學師培生

從史前歷史到西洋幼教學者去探究美學觀念的演進，礙於史前記載未有詳細的紀錄下，讓我學到如何運用「推測」的方式在論文的基礎上去深入探討，會中又以杜威的哲學理論尤為發表人所大力推崇，在幼兒教育裡強調「做中學」、「藝術即經驗」等理論，並透過真實生活經驗為基礎去實施統整性課程與教學，增強幼兒對美感教育的創作及思考，以不同年齡作區別的適性教育，也有不同的美感教育形式。

教育部的教保活動暫行大綱只包含2-6歲美感教育的改革，卻忽略0-2歲嬰幼兒的發展，也能透過探索察覺而獲得美感教育的薰陶，其中以張鈺佩及林秀慧教授的發表論文，提醒到這個被忽略的議題，也示意公共托育系統在未來的發展，我也認為嬰幼兒強烈需求的探索與好奇，對感受與認知上的影響有絕大正面的刺激。

美感教育是由過去的音樂與工作合併的領域，以更廣的媒介方式來協同教學，可運用音樂或聲音、圖像及繪畫、雕塑、戲劇、人際互動與社會文化等，去認識各種藝術形式的表現方式及對藝術價值的審美素養，建構幼兒對美學概念的表達及理解，也能經由情感的投射在不同的創作中表現出來，大大增強幼兒的課程內涵。

　　其中最容易讓人忽略及當作工具使用的音樂課程，藉由邱憶惠副教授的發表，對於音樂課程有許多弊端也都提了出來，報告時間不夠充足之下，還未明白她所闡述的觀點，而在休息時間，我將內容仔細研讀後才知曉，音樂課程雖可作為日常制約方式的一種，但這並不是對音樂本身，使幼兒從而獲得欣賞的態度，音樂是著重音律與節拍，它帶領的是內心對音樂本身的感受，情感投射而有所表徵，所以無論是幼兒或是成人，都會對音樂的節奏起伏所感觸，再以音律的起伏去探究就是欣賞的態度，所以音樂是世界性的發展，以不同語言或樂器去構成音符的律動，並可結合動作延伸到肢體課程的展現，所以它是獨立且具有教學意義的一門學科，而非只是輔助性的一種工具，我也十分認同邱憶惠副教授對音樂的看法，並以此弊端慎之。

　　幼兒透過感官經驗做聯結，進而探討美感環境教育的配置，能夠提供大量刺激的即是幼兒對環境的互動，所以請到來自各縣市立小學及公私立幼兒園的校長、園長、教師來探討園所裡設置的美感環境以及搭配時令的美學教育和活動體驗等，都讓我學到很多課程實務的建議以及素材的操作技巧。藝術的啟蒙可透過繪本、參觀教學、影視教具、美勞創作、音樂賞析等啟發美的知覺，生活即是美學，食衣住行育樂及禮節的培養，都能作為美感領域的探討及延伸，落實在生活的每一處角落。

　　如何整合資源，最有印象的莫過於「蒼穹的耀動-窯變‧藏色天目」的參訪教育活動，充分運用城鄉及社會資源，並具有可行性及有效性的實務經驗，計畫如何結合社會文化，人力、資源、時間及金錢的需求與運用是一個很大的工程，從前我的視野侷限在幼兒園所，甚至沒想過能在幼教界做出這般文化性的融合教學，因此對此感到十分吃驚，加上新世代的資訊科技，對幼兒

教育的影響也將從過去傳統的思維顛覆為新，所以未來的幼兒視
野將無限制的擴展，無遠弗屆。

　　美學教育是全球國際教化的改革趨勢，探討到世界各地對美
學經濟的重視，並面臨資訊科技化時代的來臨，因此我淺見的認
為幼兒從小經由好奇所具備的學習能力超乎大人的想像，就好比
不再以傳統的玩沙包等遊戲就能滿足幼兒對新事物的興致，所以
越接近大人關心的議題，越具有強烈的表現及好奇心，在幼兒解
惑的同時，能與大人討論更深入的思想層面，也獲得較正確的資
訊，科技使人開始不再以互動形式去與人接觸，但幼兒的心理並
不會像大人去探究複雜的人情世故或者因為社會互動而帶來的距
離感，所以我並不認為科技會使幼兒失去童貞，相反，那是刺激
幼兒接觸未知的世界的一種媒介，從而獲得解決問題及擴大視野
的方式，只要資訊瀏覽有限制規範，並不會有太嚴重的問題。

　　往後師資培育在不同實習機構所學習到不同的教學方式，其
中有以繪本為教學的史綺君園長的及蒲公英園所黃莉莉園長的發
表及闡述美感教學的部分，讓我對不同教學模式感興趣，不過令
我感到驚訝的是蒲公英園所的教學方式，讓我對幼兒的理解程度
大為驚奇，教導如何引起幼兒內在動機以及延伸幼兒的創作表現
方式，例如文字與歌曲的創作等，文學美感創造絕對是美學的一
部分，文意表達也表示幼兒具有文字理解的程度，並且對於美感
擁有更高的要求，進而去探索及實踐，以孩子為主角核心，身為
老師是建構鷹架及在旁協助的角色，運用多元的社會資源，讓社
會成為孩子的學習樂園。停留在傳統價值觀念，幼兒可能還不合
適這麼早接觸社會，但在教師與幼兒教與學的過程中，其必要性
是引導幼兒的行為實踐，因此，此發表令我對幼兒的思考能力完
全改觀。

　　八小時的過程中，在多篇幼兒教育的發表論述學到很多教育觀念及探討美學的實踐教學，來了很多幼教專家，在學術探討中相互切磋的過程令我嘆為觀止，透過評論者的精闢分析，也讓人省思到多種主觀或客觀的不同看法，這是我第一次報名參加學術研討會，非常感謝師資培育中心讓學生能夠參與這次的活動充分學到很多寶貴的知識，也感受到各個學術領域的專業者與評論人謙遜及尊重的態度，令我十分佩服。題外，師資培育中心準備的便當及水果的搭配十分用心且營養精緻，以及全程附有茶水及手巾的供應，我想對每位前來參加的人都備感溫馨，有機會期望還能參與像這樣的學術研討會，這樣的機會讓我感到非常充實，同時也獲得許許多多內心領會的滿足感。

Do觀點14 PF0143

幼兒園美感教育

編　　者／黃文樹
責任編輯／林千惠
圖文排版／楊家齊
封面設計／蔡瑋筠

出版策劃／獨立作家
發 行 人／宋政坤
法律顧問／毛國樑　律師
製作發行／秀威資訊科技股份有限公司
　　　　　地址：114 台北市內湖區瑞光路76巷65號1樓
　　　　　電話：+886-2-2796-3638　傳真：+886-2-2796-1377
　　　　　服務信箱：service@showwe.com.tw
展售門市／國家書店【松江門市】
　　　　　地址：104 台北市中山區松江路209號1樓
　　　　　電話：+886-2-2518-0207　傳真：+886-2-2518-0778
網路訂購／秀威網路書店：https://store.showwe.tw
　　　　　國家網路書店：https://www.govbooks.com.tw

出版日期／2015年2月　BOD一版　定價／500元

|獨立|作家|
Independent Author

寫自己的故事，唱自己的歌

幼兒園美感教育 / 黃文樹主編 -- 一版. -- 臺北市：獨立
作家, 2015.02
　　面；　公分
BOD版
ISBN　978-986-5729-58-5 (平裝)

1. 藝術教育　2. 學前教育　3. 文集

523.2307　　　　　　　　　　　　　103025783

國家圖書館出版品預行編目

讀者回函卡

感謝您購買本書，為提升服務品質，請填妥以下資料，將讀者回函卡直接寄回或傳真本公司，收到您的寶貴意見後，我們會收藏記錄及檢討，謝謝！
如您需要了解本公司最新出版書目、購書優惠或企劃活動，歡迎您上網查詢或下載相關資料：http:// www.showwe.com.tw

您購買的書名：＿＿＿＿＿＿＿＿＿＿＿＿＿＿＿＿＿＿＿＿＿＿

出生日期：＿＿＿＿＿年＿＿＿＿＿月＿＿＿＿＿日

學歷：□高中 (含) 以下　　□大專　　□研究所 (含) 以上

職業：□製造業　□金融業　□資訊業　□軍警　□傳播業　□自由業
　　　□服務業　□公務員　□教職　　□學生　□家管　　□其它＿＿＿＿

購書地點：□網路書店　□實體書店　□書展　□郵購　□贈閱　□其他

您從何得知本書的消息？

　　□網路書店　□實體書店　□網路搜尋　□電子報　□書訊　□雜誌
　　□傳播媒體　□親友推薦　□網站推薦　□部落格　□其他＿＿＿＿＿

您對本書的評價：(請填代號　1.非常滿意　2.滿意　3.尚可　4.再改進)

　　封面設計＿＿＿　版面編排＿＿＿　內容＿＿＿　文／譯筆＿＿＿　價格＿＿＿

讀完書後您覺得：

　　□很有收穫　□有收穫　□收穫不多　□沒收穫

對我們的建議：＿＿＿＿＿＿＿＿＿＿＿＿＿＿＿＿＿＿＿＿＿＿

＿＿＿＿＿＿＿＿＿＿＿＿＿＿＿＿＿＿＿＿＿＿＿＿＿＿＿＿＿＿＿

＿＿＿＿＿＿＿＿＿＿＿＿＿＿＿＿＿＿＿＿＿＿＿＿＿＿＿＿＿＿＿

＿＿＿＿＿＿＿＿＿＿＿＿＿＿＿＿＿＿＿＿＿＿＿＿＿＿＿＿＿＿＿

11466
台北市內湖區瑞光路 76 巷 65 號 1 樓

獨立作家讀者服務部　　　收

．．

（請沿線對折寄回，謝謝！）

姓　　名：＿＿＿＿＿＿＿＿＿　年齡：＿＿＿＿　性別：□女　□男

郵遞區號：□□□□□

地　　址：＿＿＿＿＿＿＿＿＿＿＿＿＿＿＿＿＿＿＿＿＿＿＿＿＿

聯絡電話：(日) ＿＿＿＿＿＿＿＿＿＿　(夜) ＿＿＿＿＿＿＿＿＿＿

E-mail：＿＿＿＿＿＿＿＿＿＿＿＿＿＿＿＿＿＿＿＿＿＿＿＿＿